Martin Lohm
Privateigentum
[illegible] 11.62

80993 München

Konrad Raab · Manfred Kessler

LATEINISCHE WORTKUNDE

Herausgegeben von
Dr. Karl Bayer und Dr. Erich Happ

C. C. BUCHNERS VERLAG · BAMBERG
J. LINDAUER VERLAG (SCHAEFER) · MÜNCHEN
R. OLDENBOURG VERLAG · MÜNCHEN

LATEINISCHE WORTKUNDE

3. Auflage – **Reformierte Rechtschreibung** – 3 5 4 3 2 1 2002 01 00 99 98
Die letzte Zahl bedeutet das Jahr dieses Druckes.

Alle Drucke dieser Auflage sind, weil untereinander unverändert, nebeneinander benutzbar.

C. C. Buchners Verlag ISBN 3-7661-**5366**-8
J. Lindauer Verlag ISBN 3-87488-**993**-9
R. Oldenbourg Verlag ISBN 3-**486-09912**-4
(die fett gedruckten Ziffern sind die jeweiligen Bestellnummern)

Anregungen erbeten an den federführenden Verlag J. Lindauer
Postfach 626 · 80066 München

Einbandgestaltung: Christel Aumann, München
Gesamtherstellung: Pustet, Regensburg
Printed in Germany

Inhaltsverzeichnis

Vorwort

Das Kernstück der vorliegenden Wortkunde bildet der sogenannte „Münchner Wortschatz“. Er stammt zum größten Teil aus einer umfangreichen Auszählung der Wortfrequenzen bei Autoren, die für Latein als zweite Fremdsprache repräsentativ sein können. Um aber ein „Computer-Latein“ und Ergebnisse von Zufallshäufigkeiten zu vermeiden, haben wir den statistisch ermittelten Sockel von 1800 Wörtern auf gut 2400 Wörter aufgestockt. Ergänzt wurde der Wortbestand

▷ einmal durch Wörter, denen – trotz einer geringen Frequenz bei den Autoren – eine besondere Funktion für das Verständnis des typisch Römischen zukommt (etwa *humanitas, maiestas*);
▷ zum Zweiten durch sogenannte „Kulturwörter“, die für das Weiterwirken des Lateinischen in den modernen Fremdsprachen charakteristisch und für das Verständnis von Fremdwörtern notwendig sind (z. B. *mancipium, subvenire*).
▷ Eine dritte Ergänzung erfolgte im Anschluss an eine durch das Staatsministerium für Unterricht und Kultus durchgeführte Umfrage. Die von den Fachschaften einiger bayerischen Gymnasien eingebrachten Vorschläge für Aufnahme von zusätzlichen Wörtern sowie für Streichungen wurden sorgfältig ausgewertet und nach Möglichkeit berücksichtigt.

Häufigkeitsuntersuchungen haben ergeben, dass sich hohe Frequenzwerte auf eine verhältnismäßig geringe Anzahl von Wörtern konzentrieren. So machen etwa die 100 häufigsten Vokabeln bis zu 50 % der Wörter eines Textes aus, während die nächsten 900 Vokabeln nur noch weitere 35 % abdecken. Diese Erkenntnis wird durch die vorliegende Wortkunde – leicht abgewandelt – für die Schulpraxis nutzbar gemacht. Wörter, die nach den Unterlagen zu den ersten 400 Vokabeln gehören, sind mit einem vollen Stern ✦, die nächsten 500 mit einem leeren Stern ✧ gekennzeichnet. Auf diese Weise müßten nach einer kurzfristig durchführbaren Wiederholung der mit den Symbolen (✦, ✧) gekennzeichneten Wörter (z. B. vor einer Prüfungsarbeit) etwa 75 % der Wörter eines Textes decodierbar sein.

Bei der Anordnung der Wörter wurde bewusst nicht eine alphabetische Liste oder eine Zusammenstellung nach Sachgebieten, Wortfeldern o.ä. gewählt, weil sie in der Lektüre auch nicht in dieser Gruppierung erscheinen. Lernökonomische Gründe legten vielmehr die Bildung von Wortfamilien nahe. Denn Hauptziel der Beschäftigung mit der Wortkunde dürfte letztlich sein die einzelnen Wörter einordnen, ableiten und in ihrer Bedeutung verstehen zu lernen. Mit Hilfe der Wortbildungslehre können aber auch über den angebotenen Vokalbestand hinaus selbstständig weitere Ableitungen erschlossen werden.

Als Lern- und Merkhilfe, keineswegs als zusätzliches Lernpensum ist die „Phrasenspalte“ gedacht. Sie soll das einzelne Wort im Satzverband bzw. in gängigen Wendungen und damit auch in seiner Bedeutungsbreite vorstellen. Dabei wird bewusst in Kauf genommen, dass die Wortbedeutung in der Phrasenspalte oft okkasionell bedingt ist. Vollständigkeit und Ausschließlichkeit sind nicht erstrebt. Andererseits enthalten die Phrasen über den Bestand der Wortkunde hinaus keine neuen Wörter; nur bei geflügelten Wendungen, die als Zitate geläufig sind oder sein sollten (sie werden jeweils durch einen hochgestellten Stern * am Ende des Satzes markiert), ist gelegentlich ein sonst seltenes Wort eingeführt und mit spitzen Klammern 〈 〉 gekennzeichnet.

Die in der letzten Spalte aufgeführten Wörter der englischen (e.), französischen (f.) und italienischen (it.) Sprache erleichtern die Herstellung von Querverbindungen. Zusammen mit den zahlreichen deutschen Fremd- und Lehnwörtern zeigen sie die fundamentale Bedeutung des Lateinischen für das Erlernen der romanischen Sprachen und für das Verständnis der deutschen Sprache.

Zeichenerklärung

✦	die 400 häufigsten Wörter
✧	die nächsten 500 Wörter
*	geflügelte Wendungen
〈 〉	das eingeschlossene Wort ist in dieser Wortkunde nicht aufgeführt
/	Alternative z. B. von Genera, auch für Übersetzung oder Konstruktion
-	Deutlichmachung des Fremdwortanteils
|	Abtrennung des Präfixes
<	entstanden aus

1	✦ **ā / ab / abs** *(Präp. m. Abl.)*	von, von … her, von … aus; seit	remotus a conspectu *aus dem Gesichtskreis entfernt* ab urbe condita (= a. u. c.) *seit Gründung der Stadt (Rom)*	
2	✧ **ācer / ācris / ācre**	scharf, spitz; heftig, eifrig	animum acriter intendere *scharf aufpassen*	e.: eager f.: aigre
	acerbus	herb, bitter	hostem acerbum coercere *einen grausamen Feind in Schach halten*	
	✧ aciēs, aciēī *f*	Schärfe; Schlacht, Schlachtordnung	in prima acie versari *in der vordersten Reihe kämpfen*	
	acūtus	spitz, scharf	homo acutus *ein scharfsinniger Mensch*	e.: acute f.: aigu akut
3	✦ **ad** *(Präp. m. Akk.)*	zu, zu … hin; bei; gegen, um; etwa	ad omnes partes *nach allen Seiten* ad lucem *gegen / am Morgen* ad quadringentos vicos *etwa 400 Dörfer* ad verbum *wörtlich*	f.: à
	✦ atque / ac	und, und auch	longe aliter atque / ac *ganz anders als* pariter atque / ac *genauso wie / gleich wie*	
4	**adūlārī**	schmeicheln	gratiae adulari *um Gunst buhlen*	
5	**aedēs / aedis,** aedis *f*	Tempel	senatum in aedem Iovis convocare *den Senat zur Sitzung in den Jupitertempel einberufen*	
	Pl.:	Haus		
	aedi|ficāre	erbauen, errichten		
	aedi|ficium	Gebäude		e.: edifice f.: édifice
	aedīlis, aedīlis *m*	Ädil	*(römischer Beamter, der für die Versorgung der Hauptstadt zuständig war)*	
6	✧ **aeger / aegra / aegrum**	krank		
	aegrē *(Adv.)*	mit Mühe, kaum; ungern	aegre ferre iniuriam *ungehalten sein über ein Unrecht*	

7	**aémulus**	Rivale, Nebenbuhler; Nachahmer		
	✧ imitārī	nachahmen	aliena instituta imitari *fremde Einrichtungen nachahmen*	e.: to imitate f.: imiter Imitation
	imāgō, imāginis *f*	Bild, Abbild	imago pulchritudinis *ein Idealbild der Schönheit*	e./f.: image imaginär „Image“
8	**aequus**	eben; gleich, gerecht; gelassen	locus aequus *ein ebener / günstiger Platz* Aequam memento rebus in arduis servare mentem!* (HORAZ) *Denk daran, in schwieriger Lage Gleichmut zu bewahren!*	Äquator eichen
	✧ in|īquus	ungleich, ungerecht		e.: iniquity
	aequālis / aequāle	gleich, gleichaltrig		e.: equal f.: égal
	Subst.:	Altersgenosse, Zeitgenosse		
	aequitās, aequitātis *f*	Gleichheit, Gerechtigkeit; Gelassenheit		e.: equity f.: équité
	aequor, aéquoris *n*	Meeresfläche, Meer		
	✧ aequāre	gleichmachen; erreichen	Tarquinius superiores reges aequare studuit. *Tarquinius wollte es den früheren Königen gleichtun.*	
9	**āēr,** āëris *m* *(griech.)*	Luft	per aera (= aerem) *durch die Luft / Lüfte*	e./f.: air Mal-aria
10	✧ **aes,** aeris *n*	Erz, Kupfer; Geld	aes alienum facere *sich verschulden*	e.: ore
	aes|timāre	schätzen, beurteilen	magni aestimare *hoch schätzen*	e.: to estimate f.: estimer
	✦ ex|īstimāre	schätzen, urteilen, meinen		
11	**aestās,** aestātis *f*	Sommer	aestate ineunte *zu Beginn des Sommers*	f.: été
	✧ aestus, -ūs *m*	Hitze; Brandung, Flut	aestu delatus *von der Strömung abgetrieben*	
	aestuāre	glühen, brausen	irā aestuare *vor Zorn schäumen*	

12	✦ **aetās,** aetātis *f*	Lebensalter, Lebenszeit; Zeitalter	a prima aetate *von Jugend an* aetate confectus *vom Alter gebeugt*	e.: age f.: âge
	✧ aeternus	ewig		e.: eternal f.: éternel
	aevum	Ewigkeit; Lebenszeit		ewig
13	✦ **ager,** agrī	Acker, Feld; Gebiet	ager Romanus *das römische Gebiet*	e.: acre Agrar-…
	agrestis / agreste *Subst. Pl.:*	ländlich, wild die Bauern		
	agrí|cola *m*	Bauer		
	agri|cultūra	Ackerbau		f.: agriculture
	per|egrīnus *Subst.:*	fremd, ausländisch Fremder	Nihil interest, civis sit an peregrinus. *Es besteht kein Unterschied, ob es ein Bürger oder ein Fremder ist.*	e.: pilgrim f.: pélerin Pelerine Pilger
14	✦ **ágere,** agō, ēgī, āctum	treiben, betreiben, verhandeln; ausführen	causam agere *einen Prozess führen* Age, dic! *Los, sprich!*	f.: agir e.: act Agent Akt aktiv
	✦ ígitur *(nachgestellt)*	daher, also, folglich		
	āctiō, -ōnis *f*	Handlung, Gerichtsverhandlung; Rede	actio vitae *praktisches Leben* actiones Ciceronis *die Amtstätigkeit Ciceros*	e./f.: action Aktion Re-aktion
	✧ agmen, agminis *n*	Heereszug, Zug; Schar	agmen primum / novissimum *die Vorhut / Nachhut*	
	ad|igere, ádigō, adēgī, adāctum	herantreiben, drängen	ad iusiurandum adigere *zu einem Eid drängen*	
	✦ cōgere, cōgō, coēgī, coāctum	zusammentreiben, sammeln; zwingen	copias in unum locum cogere *Truppen an einem Ort zusammenziehen* metu coactus *aus Furcht*	
	dēgere, dēgō *(ohne Perf.)*	verbringen, leben	aetatem degere *seine Zeit verbringen*	

	(ágere)			
	✧ **ex|igere, éxigō, exēgī, exāctum**	heraustreiben; einfordern; vollenden	Tarquinio exacto *nach der Vertreibung des Tarquinius* vectigalia exigere *Steuern eintreiben*	e.: exact f.: exiger exakt
	✧ **exiguus**	klein, gering; unbedeutend		
	ex|āmen, exāminis *n*	Schwarm; Prüfung		f.: examen Examen
	per|ágere, péragō, perēgī, perāctum	durchführen, vollenden	consulatu peracto *nach Ablauf des Konsulats*	
	red|igere, rédigō, redēgī, redāctum	zurücktreiben; in einen Zustand versetzen	gentes in dicionem imperii redigere *Völker unterwerfen*	e.: to redact f.: rédiger Redaktion
	sub|igere, súbigō, subēgī, subāctum	unterwerfen, bezwingen		
	✧ **agitāre**	jagen, hetzen; betreiben	rem publicam agitare *den Staat verwalten* secum agitare *(bei sich) überlegen*	e.: to agitate f.: agiter Agitation
	ex|agitāre	aufregen, aufhetzen	plebem exagitare *das Volk aufwiegeln*	
	✧ **cōgitāre**	denken, bedenken; beabsichtigen	Cogito, ergo sum.* (DESCARTES) *Ich denke, also bin (d. h. existiere) ich.*	
	cōgitātiō, -ōnis *f*	Gedanke, Über- legung, Absicht		
15	**agnus**	Lamm		f.: agneau Agnus Dei
16	✧ **ait**	er sagt(e), er behauptet(e)	ut ait Thucydides *wie Thukydides berichtet*	
	āiunt	sie sagen, sie behaupten	ut aiunt *wie man sagt*	
	prōd|igium	Wunderzeichen	prodigii simile esse *ans Wunderbare grenzen*	e.: prodigy f.: prodige
17	**āla**	Flügel; Reiterabteilung	alas movere *mit den Flügeln schlagen*	f.: aile Achsel

18	**álacer /** alacris / alacre	lebhaft, eifrig, munter		it.: allegro
19	**albus**	weiß	sol albus *die helle Sonne*	Albe Albino Album
20	✧ **álere,** alō, aluī, altum	ernähren, fördern	Honos alit artes.* (CICERO) *Anerkennung fördert die Künste.*	alt Eltern
	✦ altus	hoch, tief	altius perspicere *tieferes Verständnis haben*	it.: alto Alt Altar
	altum (mare)	das hohe Meer, die hohe See	in altum provehi *in See stechen*	
	altitūdō, altitūdinis *f*	Höhe, Tiefe		e./f.: altitude
	ad|olēscere, adolēscō, adolēvī	heranwachsen, erstarken		
	✧ adulēscēns, adulēscentis *m*	junger Mann	Catilina adulescens *Catilina als junger Mann / der junge Catilina*	e./f.: adolescent
	adulēscentulus	(ganz) junger Mann		
	adulēscentia	Jugend	ab ineunte adulescentia *von frühester Jugend an*	Adoleszenz
	adultus	erwachsen, erstarkt		e.: adult f.: adulte
	prōlēs, prōlis *f*	Nachkomme, Nachkommenschaft		Proletarier
21	✦ **alius /** alia / aliud	ein anderer	longe alia ratione atque antea *auf ganz andere Weise als früher* Alius aliud dixit. *Jeder sagte etwas anderes.*	
	aliī ... aliī	die einen ... die anderen		
	✦ aliēnus	fremd, abgeneigt; unpassend	Non alienum videtur. *Es scheint nicht unangebracht.*	e.: alien
	✧ aliter *(Adv.)*	anders, sonst	Res aliter se habet. *Die Sache verhält sich anders.*	
	aliās *(Adv.)*	ein andermal, zu einer anderen Zeit		„alias“

	(alius)			
	alibī *(Adv.)*	anderswo, anderwärts		Alibi
	aliō *(Adv.)*	anderswohin		
	✧ áli|quis / aliquid *(substantivisch)*	irgendeiner / irgendetwas	Semper aliquid haeret.* *Etwas bleibt immer hängen.*	
	áli|quī / aliqua / aliquod *(adjektivisch)*	irgendein	non sine aliqua spe *nicht ohne jegliche Hoffnung*	
	ali|quantus	ziemlich groß, ziemlich viel		
	ali|quantum	ein ziemliches Stück	aliquantum itineris *ein ziemliches Stück Weg* aliquanto ante *einige Zeit vorher*	
	ali|quot *(indekl.)*	einige, ein paar		
	✧ ali|quandō *(Adv.)*	irgendwann; einmal, endlich einmal	Scribe aliquando ad nos, quid agas! *Schreib uns endlich einmal, wie es dir geht!*	
	alter / altera / alterum	der eine, der andere (von zweien)	Audiatur et altera pars!* (Röm. Rechtsspruch) *Auch die andere Partei soll gehört werden!*	f. : autre Altruismus
	Subst:	der Nächste	Alter alterius auxilio eget.* (Sallust) *Jeder bedarf der Hilfe des Nächsten.*	
22	✧ **amāre**	lieben	Sic me di bene ament!* *So wahr mir Gott helfe!**	f. : aimer Amateur
	✦ amor, -ōris *m*	Liebe	amor sceleratus habendi* (Ovid) *der verbrecherische Besitztrieb*	f. : amour it.: amore
	✦ amīcus *Adj.:*	Freund befreundet	amicos sibi conciliare *sich Freunde gewinnen*	f. : ami it.: amico
	✧ amīcitia	Freundschaft		f. : amitié
	✧ in|imīcus *Adj.:*	Feind feindlich	consilia rei publicae inimica *Pläne, die gegen den Staat gerichtet sind*	e.: enemy f. : ennemi
23	**ambō /** ambae / ambō	beide	ambo consules *beide Konsuln*	
24	**ambulāre**	spazieren gehen		f. : aller ambulant
25	**amnis,** amnis *m*	Fluss, Strom		

26	✦ **amplus**	weit, bedeutend; prächtig, ansehnlich	vir corpore amplo *ein Mann von stattlichem Wuchs* amplissimo genere natus *aus hoch angesehenem Geschlecht*	e./f.: ample
	amplius *(Adv.)*	weiter, mehr	Quid est, quod amplius exspectes? *Worauf wartest du denn noch?*	
	amplitūdō, amplitūdinis *f*	Weite, Größe; Ansehen		Amplitude
27	✦ **an** *bei Wahlfragen:*	ob / ob nicht; oder	Nescio, an veniat. *Vermutlich / vielleicht kommt er.*	
28	**áncora** *(griech).*	Anker	in ancoris esse *vor Anker liegen*	e.: anchor f.: ancre
29	**angustus**	eng, schmal		Angina
	angustiae, -ārum	Enge, Engpass; Schwierigkeit	angustiae Thermopylarum *der Engpass der Thermopylen*	e.: anguish
	angulus	Winkel		Angel Tri-angel
	anxius	ängstlich		e.: anxious
30	✦ **animus**	Seele, Geist; Mut, Gesinnung	virtutes animi *geistige Vorzüge* bono animo esse *guten Mutes sein*	animieren
	✦ **anima**	Atem, Leben; Seele	animam ducere *Luft holen*	f.: âme
	animal, animālis *n*	Lebewesen, Tier	Homo est animal ⟨rationale⟩.* *Der Mensch ist ein vernunftbegabtes Lebewesen.*	e./f.: animal animalisch
31	✦ **annus**	Jahr	puer novem annorum *als Knabe von neun Jahren* suo anno consulatum petere *sich im gesetzlichen Jahr (d. h. zum frühestmöglichen Zeitpunkt) um das Konsulat bewerben*	f.: an Anno Domini (= A.D.)
	annuus	jährlich		Annuität
	annālis / annāle	zum Jahr gehörig		e.: annals f.: annales
	Subst. Pl.:	Jahrbücher		Annalen
	bi|ennium	Zeitraum von zwei Jahren, zwei Jahre	per biennium *zwei Jahre lang*	Biennale
	quot|annīs *(Adv.)*	alljährlich, Jahr für Jahr	Romae magistratus quotannis creabantur. *In Rom wurden die Beamten alljährlich gewählt.*	
	soll|emnis / sollemne	feierlich; üblich (*eigtl.:* alljährlich wiederkehrend)		e.: solemn f.: solennel Missa solemnis

32	✦ **ante** *(Präp. m. Akk.)*	vor	ante lucem *vor Tagesanbruch*	e.: ancient f.: ancien
	(Adv.)	vorher, früher	paucis mensibus ante *wenige Monate zuvor*	
	✧ **anteā** *(Adv.)*	vorher, früher		
	✧ **ante|quam** *(Subjunktion)*	ehe, bevor		
	✧ **antīquus**	alt, altertümlich; wichtig	locus antiquior in senatu *die höhere Stellung / der Vortritt im Senat*	e./f.: antique antik Antiquitäten
33	**anus, -ūs** *f*	alte Frau, Alte		Ahn
34	✧ **aperīre, aperiō, aperuī, apertum**	öffnen, aufdecken	consilium aperire *einen Plan enthüllen*	
	✧ **apertus**	offen, offenkundig, deutlich	aperte loqui *freimütig sprechen*	f.: ouvert
	operīre	zudecken, verbergen	caput operire *sein Haupt verhüllen*	e.: to cover Kuvert
35	**aptus**	passend, geeignet	verbis quam maxime aptis uti *möglichst passende Worte gebrauchen*	e.: apt
	in|eptus	unpassend, ungeeignet; albern	inepte dicere *albern daherreden*	f.: inepte
	✦ **apud** *(Präp. m. Akk.)*	bei, nahe bei	apud Platonem *bei Platon (d. h. in den Schriften Platons)* apud inferos *in der Unterwelt*	
	✧ **ad|ipīscī, adipīscor, adeptus sum**	erreichen; erringen		Adept
	✦ **coepisse, coepī, coeptum**	angefangen haben, begonnen haben	Dimidium facti, qui coepit, habet.* (Horaz) *Frisch gewagt ist halb gewonnen.**	
	cōpula	Band		e./f.: couple Kopula Koppel
36	✧ **aqua**	Wasser		f.: eau Aquarium
	aquae|ductus, -ūs *m*	Wasserleitung, Aquädukt		f.: aqueduc

37	**áquila**	Adler; Legionsadler	miles, qui aquilam fert *der Adlerträger (einer Legion)*	e.: eagle f.: aigle
38	**arāre**	ackern, pflügen		
39	**árbiter,** arbitrī	Augenzeuge, Mitwisser; Schiedsrichter	sine arbitris *ohne Mitwisser / unter vier Augen*	e.: arbiter f.: arbitre
	✦ arbitrārī	meinen, glauben		e.: to arbitrate
	arbitrium	Entscheidung, Urteil; Willkür	arbitrium victoris exspectare *auf die Willkür des Siegers gefasst sein* sui arbitrii esse *sein eigener Herr sein*	
40	**arbor,** árboris *f*	Baum; Schiffsmast	arbor Iovis *Jupiters Baum (die Eiche)*	f.: arbre
41	**arcēre,** arceō, arcuī *(ohne PPP)*	abhalten, fernhalten	Metus homines foro arcet. *Die Furcht hält die Leute vom Besuch des Forums ab.*	
	✧ arx, arcis *f*	Burg; Berggipfel		
	co|ërcēre, coerceō, coercuī, coercitum	zusammenhalten; einschränken; zügeln	iram coercere *den Zorn bezwingen / zügeln*	e.: to coerce
	✦ ex|ercēre, exerceō, exercuī *(ohne PPP)*	üben; betreiben; quälen	artes bonas exercere *die schönen Künste betreiben* Avaritia animos hominum exercebat. *Habsucht ließ die Menschen nicht zur Ruhe kommen.*	e.: to exercise f.: exercer exerzieren Exerzitien
	exercitātiō, -ōnis *f*	Übung	exercitatio dicendi *Redegewandtheit*	
	✦ exercitus, -ūs *m*	Heer		
42	**arcéssere,** arcessō, arcessīvī, arcessītum	herbeiholen, kommen lassen	auxilio arcessere *zu Hilfe holen*	
43	**arcus,** -ūs *m*	Bogen; Triumphbogen	arcum intendere *den Bogen spannen*	e.: arch f.: arc Arkaden

44	✧ **ārdēre,** ārdeō, ārsī; ārsūrus	brennen, glühen		e./f.: ardent
	ex|ārdēscere, exārdēscō, exārsī	entbrennen		
	ārdor, -ōris *m*	Glut; Eifer, Leidenschaft		e.: ardour f.: ardeur
	ārea	Fläche, ebener Platz		Areal Hekt-ar
	✧ āra	Altar	pro aris et focis certare *für Altar und Herd (Haus und Hof) kämpfen*	
45	**árduus**	steil, schwierig	rebus in arduis* (HORAZ) *in schwieriger Lage*	e.: arduous
46	**arēna**	Sand; Arena, Kampfplatz		f.: arène
47	✧ **argentum**	Silber, Geld	immensum pondus argenti *eine ungeheure Menge Silber*	f.: argent Argentinien
	argúere, árguō, argui *(ohne PPP)*	beschuldigen, darlegen	sceleris arguere *eines Verbrechens bezichtigen*	e.: to argue
	argūmentum	Beweis, Grund; literarischer Stoff	Argumenta plus quam testes valent. *Beweismittel haben mehr Gewicht als Zeugen.*	e./f.: argument Argument
48	**ariēs,** aríetis *m*	Widder; Rammbock	*(Mauerbrecher)*	
49	✦ **arma,** -ōrum	Waffen, Gerät	arma capere *zu den Waffen greifen* vi et armis *mit Waffengewalt*	e.: arms f.: arme Alarm Lärm
	armāre	bewaffnen, ausrüsten	navis armata *ein segelfertiges (ausgerüstetes) Schiff*	e.: to arm Armee Armada Armatur
	✦ ars, artis *f*	Kunst, Fertigkeit; Eigenschaft	artes liberales *die (sieben) freien Künste (die eines freien Mannes würdig sind)*	e./f.: art Artist Artillerie l'art pour l'art

	(arma)			
	árti|fex, artificis *m*	Künstler		
	arti|ficium	Kunstwerk; Kunstgriff	simulacrum summo artificio perfectum *ein künstlerisch vollendetes Götterbild*	e./f.: artifice
	in|ers, inertis	ungeschickt, träge	aqua iners *ein stehendes Gewässer*	
	artus, -ūs *m*	Gelenk, Glied		Artikel
50	**as,** assis *m*	As	*(römische Kupfer-Münze)*	„As“
51	**ásinus**	Esel		e.: ass f.: âne
52	**asper /** aspera / asperum	rau, herb, streng	Per aspera ad astra!* (nach SENECA) *Auf rauer Bahn zu den Sternen!*	
53	**astrum** *(griech.)* *Pl.:*	Stern Gestirn; Himmel	Non est ad astra mollis e terris via.* (SENECA) *Zum Himmel führt von der Erde kein bequemer Weg.*	e.: disaster f.: astre Aster Astro-nomie Astro-logie
54	✦ **at**	aber, jedoch, dagegen		
	✧ at|quī	und doch, aber doch		
55	✧ **āter** / ātra / ātrum	schwarz, düster; grauenvoll	dies ater *ein Unheilstag (der römischen Geschichte)*	
	atrōx, atrōcis	schrecklich, furchtbar, wild	monstrum atrox *ein fürchterliches Gespenst*	e.: atrocious f.: atroce
56	**ātrium**	Halle, Atrium	*(Mittelpunkt des römischen Hauses)*	
57	✦ **audēre,** audeō, ausus sum	wagen	Sapere aude!* (HORAZ) *Wage es, weise zu sein!*	f.: oser
	✧ audāx, audācis	mutig, kühn; verwegen	liberius atque audacius dicere *ziemlich frei und verwegen sprechen*	e.: audacious f.: audacieux
	✦ audācia	Mut, Kühnheit; Frechheit		e.: audacity f.: audace
	avē! / avēte!	sei gegrüßt! / seid gegrüßt!	Ave, Caesar, morituri te salutant!* *Gruß dir, Caesar, die Todgeweihten grüßen dich! (Grußformel der Gladiatoren vor dem Kampf in der Arena)*	

	(audēre) ávidus	gierig, begierig	avidus sapientiae *begierig nach Weisheit*	f. : avide
	avārus	habsüchtig, geizig	Semper avarus eget.* (Horaz) *Ein Habsüchtiger bekommt nie genug.*	f. : avare
	✧ avāritia	Habsucht, Geiz	Luxuria atque avaritia mores vexabant. *Verschwendungssucht und Habsucht beeinträchtigten die (guten) Sitten.*	e./f.: avarice
58	✦ **audīre**	hören	ab hominibus male audire *bei den Leuten einen üblen Ruf haben*	Audienz Auditorium
	ob|oedīre	gehorchen	praeceptis oboedire *sich den Geboten fügen*	e.: to obey f. : obéir
59	✦ **augēre,** augeō, auxī, auctum	vergrößern, vermehren, fördern	Temporibus regum res Romanorum civibus, moribus, agris aucta est. *In der Königszeit nahm der römische Staat an Bürgern zu, seine Sitten besserten sich und sein Besitz mehrte sich.*	e.: augment f. : augmenter Augment
	✦ auctor, -ōris *m*	Urheber; Verfasser, Schriftsteller	Aeneas auctor generis Romani est. *Aeneas ist der Stammvater des römischen Volkes.* Themistocle auctore *auf Veranlassung des Themistokles*	f. : auteur Autor
	✦ auctōritās, auctōritātis *f*	Ansehen, Einfluss	auctoritatem maiorum sequi *sich nach dem (guten) Beispiel der Vorfahren richten*	e.: authority f. : autorité Autorität
	augustus	erhaben		f. : août Augustus
	✦ auxilium *Pl.:*	Hilfe Hilfstruppen	auxilio mittere *zu Hilfe schicken*	e.: auxiliary
60	**augur,** aúguris *m*	Vogelschauer, Zeichendeuter		Auguren- lächeln
	augurium	Vogelschau, Voraussage, Ahnung	augurium agere *eine Vogelschau durchführen*	f. : bonheur malheur
61	**aula** *(griech.)*	Halle, Hof		Aula
62	✦ **aura** *(griech.)*	Luft, Hauch; Gunst	aura popularis *Volksgunst*	Aura
63	✧ **auris,** auris *f*	Ohr	aures praebere *Gehör schenken*	e.: ear f. : oreille Aurikel

64	✧ **aurum**	Gold		f.: or Eldorado
	áureus	golden	aetas aurea *das Goldene Zeitalter*	
65	✦ **aut**	oder		
	aut ... aut	entweder ... oder	Aut prodesse volunt aut delectare poetae.* (Horaz) *Die Dichter wollen entweder nützen oder erfreuen.*	
	✦ autem *(nachgestellt)*	aber, jedoch		
66	**autumnus**	Herbst		e.: autumn f.: automne
67	**avis,** avis *f*	Vogel		f.: par avion
	au|spicium	Vogelschau, Vorzeichen; Oberbefehl	imperio auspicioque consulis *unter der Leitung und dem Oberbefehl des Konsuls*	e.: auspices f.: auspice Auspizien
68	✧ **avus**	Großvater	avorum memoriā *zu Zeiten der Großväter*	
	avunculus	Onkel	*(Bruder der Mutter)*	e.: uncle f.: oncle

1	**báculum**	Stab, Stock	baculo nixus *auf einen Stock gestützt*	f.: baguette Bazillen
	im|bēcillus	schwach, kraftlos		f.: imbécile
2	**barba**	Bart, Vollbart	barba promissa *ein lang herabwallender Bart*	e.: beard f.: barbe Barbier Barba-rossa
3	**bárbarus** *(griech.)* *Subst.:*	ausländisch; ungebildet, wild Barbar	homines feri ac barbari *unzivilisierte Menschen*	e.: barbarous barbarian f.: barbare it.: bravo brav
4	✧ **beātus**	glücklich, beglückt; reich	Senecae liber de vita beata *Senecas Buch über das glückliche Leben*	Beate
5	✦ **bellum**	Krieg	bellum gerere *Krieg führen* bellum ducere *den Krieg in die Länge ziehen*	Duell
	bellāre	Krieg führen, bekriegen		
	re|belliō, -ōnis *f*	Aufstand, Erhebung		e.: rebel f.: rébellion rebellieren
6	**bēstia**	Tier, Raubtier		e.: beast f.: bête Bestie „Biest“
	bēlua	(großes) Tier, Untier		
7	**bíbere,** bibō, bibī	trinken		f.: boire
8	**blandus**	schmeichelnd, verlockend	voces blandae *verführerische Stimmen*	e.: to blandish
9	✦ **bonus** *Komparativ:* melior / melius *Superlativ:* optimus	gut, tüchtig	vir bonus *Ehrenmann* consilio bono *in bester Absicht*	f.: bon Bon Bonbon Bonus
	bonum	Gut	summum bonum *das höchste Gut* Cui bono?* (CICERO) *Wer hat den Nutzen davon?*	
	bene *(Adv.)*	gut	res bene gestae *Erfolge*	f.: bien

10	**bōs,** bovis *m/f*	Rind, Ochse, Kuh		e.: beef f.: bœuf Beef-steak
11	**bracchium** *(griech.)*	Arm		e.: embrace f.: bras Bratsche
12	✦ **brevis /** breve	kurz	Vita nostra brevis est, brevi finietur.* (STUDENTENLIED) *Unser Leben ist kurz, bald wird es beendet (werden).*	e.: brief f.: bref Brief Brevier

1	✧ **cádere,** cadō, cécidī; cāsūrus	fallen	in servitutem cadere *in Knechtschaft geraten*	Kadenz
	✦ cāsus, -ūs *m*	Fall, Zufall; Unglück	casu *zufällig*	e.: case f.: cas Kasus
	cadāver, cadāveris *n*	Leichnam		f.: cadavre Kadaver
	✧ ac|cidere, áccidō, áccidī	sich ereignen, zustoßen	omnia, quae homini accidunt *alle Schicksalsschläge, die einen Menschen treffen können*	e./f.: accident
	áccidit	es ereignet sich	accidit, ut ... *es ereignet / ereignete sich, dass ...*	
	con|cidere	zusammenbrechen, einstürzen		
	✧ in|cidere	hineinfallen, geraten (in)	Incidis in Scyllam cupiens vitare Charybdim.* (Walther von Chatillon) *Er kommt vom Regen in die Traufe.**	e.: incident
	oc|cidere	untergehen, zugrunde gehen, umkommen		
	óc|cidēns (sōl), occidentis *m*	Westen; Abendland	sole occidente *bei Sonnenuntergang*	e./f.: occident Okzident
	oc|cāsus, -ūs *m*	Untergang, Westen		
	oc|cāsiō, -ōnis *f*	Gelegenheit	occasio rei bene gerendae *die Gelegenheit zum Handstreich*	e./f.: occasion it.: occasione okkasionell
2	**caecus**	blind; unsichtbar	caeca pericula viae *die verborgenen Gefahren des Weges*	Cäcilie
3	**caédere,** caedō, cecīdī, caesum	fällen, niederhauen	pinus caesa *die gefällte Fichte (dichterisch für: Schiff)*	Zäsur Zement
	✦ caedēs, caedis *f*	Mord, Blutbad		
	parri|cīda *m*	Mörder, Verbrecher; Hochverräter		
	✧ oc|cīdere, occīdō, occīdī, occīsum	niederschlagen, töten	Caesare occiso *nach der Ermordung Caesars*	

4	✦ **caelum**	Himmel; Wetter, Klima	eodem caelo frui *unter dem gleichen Himmel leben* Caelum, non animum mutant, qui trans mare currunt.* (HORAZ) *Den Wohnort, nicht die Gesinnung ändern die Menschen, die über das Meer eilen.*	f. : ciel
	✧ caelestis / caeleste *Subst. Pl.:*	himmlisch die Götter	prodigia caelestia *Vorzeichen am Himmel*	e.: celestial f. : céleste
5	✧ **calamitās,** calamitātis *f*	Unglück, Schaden; Niederlage	calamitatem accipere *eine Niederlage erleiden/ einstecken*	e.: calamity f. : calamité Kalamität
	in|cólumis / incolume	unverletzt, unversehrt, heil	suos incolumes reducere *seine Leute heil zurückbringen*	
	clādēs, clādis *f*	Niederlage, Verlust	cladem affere *eine Niederlage beibringen*	
	per|céllere, percellō, pérculī, perculsum	erschüttern, niederwerfen	civitas timore perculsa *die von Furcht erschütterte Bürgerschaft*	
6	**cálidus**	warm, hitzig		f. : chaud it.: caldo Chauffeur
	calor, -ōris *m*	Wärme, Hitze		f. : chaleur Kalorie
7	**cállidus**	schlau, verschlagen		
8	**campus**	Ebene, Feld	campus Martius *Marsfeld (Versammlungsplatz in Rom)*	e.: camp f. : champ Camping
9	**cándidus**	strahlend, weiß	toga candida *die weiße Toga (Zeichen der Kandidatur für ein öffentliches Amt)*	e.: candid f. : candide kandidieren
	candidātus	Bewerber, Kandidat		e.: candidate f. : candidat Kandidatur
	✧ ac|céndere, accendō, accendī, accēnsum	anzünden, anfachen	animos civium accendere *die Bürger anfeuern*	zünden
	✧ in|cendere	anzünden, entflammen	irā incensus *zornentbrannt*	
	✧ in|cendium	Brand, Feuer, Brandstiftung	incendium alere *den Brand schüren*	f. : incendie

10	**cánere,** canō, cécinī	singen, auf einem Instrument spielen	clarorum virorum laudes canere *Taten berühmter Männer besingen* tubā canere *die Trompete blasen*	Akzent Hahn
	cantāre	singen		f. : chanter chanson Kantate
	carmen, carminis *n*	Lied, Gesang, Gedicht; Spruch	carmina Sibyllina *die Weissagungen der (Seherin) Sibylle*	e.: charm f. : charme Charme
11	**canis,** canis *m/f*	Hund		f. : chien
12	✦ **cápere,** capiō, cēpī, captum	1. ergreifen; erobern	Graecia capta ferum victorem cepit.* (HORAZ) *Das eroberte Griechenland nahm den wilden Sieger (Rom) gefangen.*	kapern „kapieren“
		2. fassen; begreifen	Videant consules, ne quid detrimenti capiat res publica!* *Die Konsuln mögen zusehen, dass der Staat keinen Schaden leide! (Formel für die Erteilung besonderer Vollmachten an die Konsuln)*	
	capéssere, capessō, capessīvī, capessītum	(hastig) ergreifen, packen	praedam capessere *die Beute schnappen* rem publicam capessere *die politische Laufbahn einschlagen*	
	captāre	zu fangen suchen	misericordiam captare *auf Mitleid aus sein*	e.: to capture to catch f. : chasser
	captīvus *Subst.:*	gefangen Kriegsgefangener		it.: cattivo *(= schlecht)*
	✦ ac|cipere, accipiō, accēpī, acceptum	annehmen, empfangen; vernehmen	ut accepimus *wie uns überliefert ist*	e.: to accept f. : accepter akzeptieren
	con|cipere	aufnehmen, empfangen; auffassen	animo concipere *verstehen*	e.: to conceive f. : concevoir Konzept
	dē|cipere	täuschen	Mundus vult decipi, ergo decipiatur.* *Die Welt will getäuscht werden, also soll sie getäuscht werden.*	e.: to deceive f. : décevoir
	dis|cipulus	Schüler		e./f.: disciple
	✧ dis|ciplīna	Unterricht; Fach; Zucht, Erziehung	Stoicorum disciplina *die stoische Schule*	e./f.: discipline Disziplin
	✧ ex|cipere	herausnehmen; aufnehmen	hospitio excipere *gastfreundlich aufnehmen (beherbergen)*	e.: to except f. : excepter

	(cápere)			
	✧ **in|cipere** *Perf.:* **coepī**	anfangen, beginnen	ab Iove incipere *mit Gott anfangen*	
	✦ **oc|cupāre**	besetzen, einnehmen	luctu occupatus *von Trauer ergriffen*	e.: to occupy f. : occuper Okkupation
	per|cipere	erfassen, wahrnehmen, vernehmen	oculis percipere *sehen (mit den Augen wahrnehmen)* fructum percipere *einen Gewinn ziehen*	e.: to perceive perception f. : apercevoir
	✧ **prae|cipere**	vorwegnehmen; vorschreiben		
	prae|ceptum	Vorschrift, Lehre, Regel		f. : précepte
	prae|cipuus	vornehmlich, vorzüglich	praecipue *in erster Linie / vor allem*	
	✦ **re|cipere**	zurücknehmen; aufnehmen, wieder be- kommen	hospitem tecto recipere *einen Gast in sein Haus aufnehmen* se recipere *sich zurückziehen*	e.: to receive f. : recevoir Rezept Rezeption
	✧ **sus|cipere**	aufnehmen, übernehmen	negotium suscipere *eine Aufgabe übernehmen*	
13	**capillus**	Haar *(auf dem Kopf)*		f. : cheveu Kapillargefäße
14	**capra**	Ziege		f. : chèvre kapriziös
15	✦ **caput,** **capitis** *n*	Kopf, Haupt; Hauptstadt	poena capitis *die Todesstrafe* caput Nili quaerere *nach den Nilquellen suchen*	e.: chief f. : chef it.: capo Kap Kapitel Kapitän
	capitālis / **capitāle**	den Kopf betreffend; wichtig; todeswürdig	res capitalis *ein Kapitalverbrechen (eine Sache, die den Kopf kostet)*	e./f.: capital Kapital Kapitälchen *(= Groß-buchstaben)*
	an|ceps, **ancipitis**	zweiköpfig, zweideutig; unentschieden	oraculum anceps *ein zweideutiges Orakel* proelium anceps *ein unentschiedener Kampf*	
	✧ **prae|ceps,** **praecipitis**	kopfüber, über- stürzt; abschüssig	hostes praecipites agere *die Feinde vor sich hertreiben*	
	prae|cipitāre	herabstürzen *(trans. und intrans.)*	se in flumen praecipitare *sich kopfüber in den Fluss stürzen*	e.: to pre- cipitate f. : précipiter

16	**carbō,** -ōnis *m*	Kohle		f.: charbon Karbon Karbid
17	**carcer,** carceris *m*	Kerker, Gefängnis		Karzer
18	✧ **carēre,** careō, caruī; caritūrus	entbehren, nicht haben, frei sein (von)	amicis carere *keine Freunde haben*	Karenzzeit
19	**carō,** carnis *f*	Fleisch, Fleischstück		f.: chair
20	✧ **cárpere,** carpō, carpsī, carptum	pflücken, abreißen	Carpe diem!* (Horaz) *Genieße den Tag!*	e.: harvest Herbst Ex-zerpt
21	✧ **cārus**	lieb, teuer, wertvoll		f.: cher
	cāritās, cāritātis *f*	Liebe; Teuerung	patriae caritas *Vaterlandsliebe*	e.: charity f.: charité Caritas
22	**casa**	Hütte		f.: chez Kaserne Kasino
23	✦ **castra,** -ōrum	Lager	castra movere *aufbrechen / das Lager verlegen* Castra Régina *Regensburg*	
	castellum	kleines Lager; Bollwerk		e.: castle f.: château Kastell
24	**catēna**	Kette, Fessel	in catenis tenere *gefangen halten*	e.: chain f.: chaîne
25	✦ **causa**	Sache; Ursache, Grund	Roma locuta, causa finita!* (Augustinus) *Rom hat gesprochen, (also) ist die Sache entschieden.* causam agere *einen Prozess führen* Cicero causam Rosci dixit. *Cicero verteidigte (den) Roscius (vor Gericht).* causā cognitā *nach Untersuchung des Falles* qua de causa / quam ob causam *aus diesem Grunde / deswegen*	e./f.: cause f.: chose

	(causa)			
	causā *(Abl.)*	um ... willen	visendi causā *um zu besichtigen*	
	ac|cūsāre	anklagen, beschuldigen		e.: to accuse f.: accuser Akkusativ
	ex|cūsāre	entschuldigen, vorschützen	Rogo te, habe me excusatum!* (NT) *Ich bitte dich, halte mich für entschuldigt!*	e.: to excuse f.: excuser
	re|cūsāre	ablehnen, sich weigern		
26	**cavēre,** caveō, cāvī, cautum	Acht geben, sich hüten	Cave canem!* *Warnung vor dem Hunde!* Cavete amittatis! *Verliert ja nichts!*	
	cautus	vorsichtig; sicher	Felix, quem faciunt aliena pericula cautum.* *Glücklich, wen fremde Gefahren vorsichtig machen.*	e.: cautious Kaution
27	**cavus**	hohl, gewölbt		e./f.: cave konkav Kaverne
	cavāre	aushöhlen	⟨Gutta⟩ cavat lapidem.* (Ovid) *Steter Tropfen höhlt den Stein.**	
28	✧ **cēdere,** cēdō, cessī; cessūrus	gehen; weichen; nachgeben	Omnia prospere cedunt. *Alles verläuft nach Wunsch.* loco cedere *von der Stelle weichen*	e.: to cede f.: céder
	cessāre	zögern; rasten		e.: to cease f.: cesser
	✧ ne|cesse est	es ist notwendig (*eigtl.:* es ist unausweichlich)		
	✧ ne|cessārius	notwendig; nahe stehend, verwandt	amici ac necessarii *Freunde und Verwandte*	e.: necessary f.: nécessaire
	✧ ne|cessitās, necessitātis *f*	Notwendigkeit; Notlage	necessitate coactus *notgedrungen*	e.: necessity f.: nécessité
	ne|cessitūdō, necessitūdinis *f*	Notwendigkeit; Verbundenheit *(durch Freundschaft oder Verwandtschaft)*		

	(cḗdere)			
	✦ **ac|cēdere**	heranrücken, hinzutreten, dazukommen	ad rem publicam accedere *sich dem Staatsdienst widmen* Huc accedit, quod … *Dazu kommt, dass …*	e.: to accede f.: accéder
	✧ **con|cēdere**	weichen; gestatten, überlassen	Dux oppidum militibus diripiendum concessit. *Der Feldherr überließ den Soldaten die Stadt zur Plünderung.*	e.: to concede f.: concéder Konzession konzessiv
	dē|cēdere	weggehen; sterben	de vita decedere *sterben*	e.: to decease f.: décéder
	✧ **dis|cēdere**	auseinander gehen; weggehen, sich zerstreuen	in tres partes discedere *sich in drei Teile spalten*	
	ex|cēdere	hinausgehen, herausgehen	modum excedere *das Maß überschreiten*	Exzess
	in|cēdere	einherschreiten; hineingehen	Timor patres incessit. *Furcht befiel die Senatoren.*	
	inter|cēdere	dazwischentreten; widersprechen	Nox nulla intercessit, quin … *Es verging keine einzige Nacht, ohne dass …*	e.: to intercede interzedieren
	✧ **prō|cēdere**	vorwärts gehen, vorrücken	Agmen iter viginti dierum processit. *Das Heer rückte 20 Tagesmärsche weit vor.* Eo superbiae processit, ut … *Er ging so weit in seinem Hochmut, dass …*	e.: to procede f.: procéder Prozedur Prozess Prozession
	re|cēdere	zurückweichen, sich zurückziehen	Recede in te ipsum!* (SENECA) *Zieh dich auf dich selbst zurück!*	Rezession
	sē|cēdere	beiseite gehen, weggehen		Sezessionskriege
	✧ **suc|cēdere**	nachfolgen, nachrücken; gelingen	Aetas succedit aetati.* *Eine Generation folgt auf die andere.*	e.: to succeed success f.: succéder succès sukzessiv
29	**cēlāre**	verbergen, geheim halten	res futuras homines celare *die Zukunft vor den Menschen geheim halten*	e.: to conceal Hehler
	clam *(Adv.)*	heimlich		
	✧ **color, -ōris** *m*	Farbe	colorem mutare *die Farbe wechseln / blass werden*	e.: colour f.: couleur koloriert
	oc|cultus	verborgen, geheim	occultum ferre *geheim halten*	Okkultismus
	oc|cultāre	verbergen, verstecken		

30	**celebrāre**	feiern, verherrlichen; besuchen	in maius celebrare *viel Aufhebens machen*	e.: to celebrate f.: célébrer zelebrieren
	céleber / celebris / celebre	gefeiert, berühmt; viel besucht	nomen celebre *ein berühmter Name*	f.: célèbre
31	✧ **celer / celeris / celere**	schnell, rasch	consilia celeria *übereilte Beschlüsse*	Ak-zeleration
32	**cella**	Kammer, Keller; Tempelraum		e.: cellar Zelle Cellerar
33	**celsus**	aufragend, erhaben		
	collis, collis *m*	Hügel, Anhöhe		f.: colline
	columna	Säule, Pfeiler		e.: column Kolumne Kolonne
	culmen, culminis *n*	Gipfel, First	summum culmen *die Spitze (eines Berges)*	Kulmination
	ex|céllere, excellō *(ohne Perf.)*	hervorragen, sich auszeichnen	inter cetera opera excellere *unter den übrigen Werken herausragen*	e.: to excel Exzellenz
34	**cēna**	Mahl, Mahlzeit	ad cenam invitare *zum Essen einladen*	
	cēnāre	essen, speisen		
35	✧ **cēnsēre,** cēnseō cēnsuī, cēnsum	schätzen, meinen; für etwas stimmen	capite censi *Stimmberechtigte ohne Vermögen (d.h. Leute, die nur das Stimmrecht, aber kein Vermögen besaßen)* legem censere *für ein Gesetz stimmen*	zensieren Zensur
	cēnsor, -ōris *m*	Zensor	*(römischer Beamter, zuständig für die Einteilung in Vermögensklassen und die Überwachung der guten Sitten)*	e.: censor
	cēnsus, -ūs *m*	Schätzung, Zählung; Vermögen		Zins
	sus|cēnsēre	zürnen		

36	**centum** *(indekl.)*	hundert		f. : cent Zenti-meter Pro-zent
	centuria	Zenturie	*(60. Teil einer Legion, ca. 100 Mann)*	
	centuriō, -ōnis *m*	Hauptmann, Zenturio	*(Anführer einer Zenturie)*	
37	**cēra** *(griech.)*	Wachs; Schreibtafel		
38	✧ **cérnere,** cernō *(ohne Perf.)*	sehen, wahrnehmen, erkennen	quae cerni possunt *die sichtbaren Dinge* tum cerneres ... *damals hättest du / hätte man erkennen können ...*	
	✦ certus	sicher, gewiss	Amicus certus in re incerta cernitur.* (Ennius) *Einen zuverlässigen Freund erkennt man in der Gefahr.* aliquem certiorem facere de aliqua re *jemanden von etwas benachrichtigen*	e./f.: certain
	✧ in|certus	unsicher, ungewiss		
	✧ certāre	kämpfen, wetteifern		Kon-zert
	dē|certāre	bis zur Entscheidung kämpfen	proelio decertare *die Entscheidung im Kampf suchen*	
	certamen, certāminis *n*	Kampf, Wettstreit		
	✦ dē|cernere, dēcernō, dēcrēvī, dēcrētum	entscheiden, beschließen	Caesar Rhenum transire decreverat. *Caesar hatte beschlossen den Rhein zu überschreiten.* diem colloquio decernere *einen Termin für die Unterredung festlegen*	f. : décerner Dezernat
	✧ dē|crētum	Entscheidung, Beschluss	senatūs decreta *Senatsbeschlüsse*	Dekret dekretieren
	dis|cernere	unterscheiden; trennen	haud facile discerneres ... *du hättest / man hätte nicht leicht unterscheiden können ...*	e. : to discern f. : discerner diskret
	dis|crīmen, discrīminis *n*	Unterschied; Gefahr, Krise; Entscheidung	in ipso discrimine rerum *mitten in der Gefahr*	Diskriminie-rung
	sē|cernere	absondern, trennen	honestum turpi secernere *das sittlich Gute vom Schändlichen unterscheiden*	Sekret
	sē|crētum	Abgeschiedenheit, einsamer Ort; Geheimnis	in secreto *an einem abgelegenen Ort*	e./f.: secret Sekretär

39	**cervīcēs,** cervīcum *f*	Genick, Hals	cervicibus sustinere *auf den Schultern tragen*	
40	✦ **cēterī,** -ōrum	die Übrigen, alle Übrigen		etc. (et cetera)
	cēterum *(Adv.)*	übrigens, im Übrigen	Ceterum censeo Carthaginem esse delendam.* (nach CATO) *Im Übrigen bin ich der Meinung, dass Karthago zerstört werden muss.*	
41	**cibus**	Speise, Nahrung	copia ciborum *Vorrat an Nahrungsmitteln*	Ciborium
42	**ciēre,** cieō, cīvī, citum	in Bewegung setzen; erregen		e.: to cite f.: citer zitieren Zitat
	citus *Adv.:* citō	schnell, rasch		
	con|citāre	antreiben, aufregen; aufwiegeln	Menenius animos concitatos flexit. *Menenius stimmte die aufgebrachten Leute um.*	
	ex|citāre	aufwecken, erregen; verursachen	feras excitare *Wild aufjagen*	e.: to excite f.: exciter
	✧ in|citāre	antreiben, reizen	equis incitatis *im Galopp*	
	re|citāre	vorlesen, vortragen		e.: to recite f.: réciter Rezitativ
	✧ solli|citāre	heftig erregen; beunruhigen; aufwiegeln		e.: to solicit f.: solliciter
	sollí|citus	heftig erregt; beunruhigt	sollicita plebs *die erregte Volksmenge*	e.: solicitous
	solli|citūdō, sollicitūdinis *f*	Unruhe, Besorgnis		
43	✧ **con|cilium**	Versammlung	in concilio adesse *an einer Versammlung teilnehmen*	e.: council Konzil
	con|ciliāre	gewinnen; vermitteln	sibi amicos conciliare *sich Freunde gewinnen*	f.: concilier
44	**cíngere,** cingō, cinxī, cinctum	umgürten, umgeben	Oppidum muro cingitur. *Die Stadt ist von einer Mauer umgeben.*	f.: ceindre Cingulum um-zingeln

45	**cinis,** cineris *m*	Asche		f. : cendre Cinderella
46	**circus**	Ring, Kreis, Bahn	Circus Maximus *der Circus Maximus (in Rom)*	e.: circus circle f. : cirque Zirkel Be-zirk
	✧ circā / circum *(Präp. m. Akk.)*	um ... herum, rings um	Romulus legatos circa finitimas gentes misit. *Romulus schickte Gesandte zu den benachbarten Völkern.*	ca. (circa) zirka
	(Adv.)	ringsum; ungefähr	omnes circa finitimi populi *alle ringsum angrenzenden Völker*	
	✧ circiter *(Präp. m. Akk.)*	um, etwa (um)	circiter Kalendas Iunias *etwa um den 1. Juni*	
	(Adv.)	ungefähr	quindecim circiter dies *ungefähr 15 Tage*	
47	✦ **cīvis,** cīvis *m*	Bürger, Mitbürger	Civis Romanus sum.* (CICERO) *Ich bin römischer Bürger.*	
	✦ cīvitās, cīvitātis *f*	Bürgerschaft; Staat, Gemeinde; Bürgerrecht	optimus status civitatis *die beste Staatsverfassung* civitatem adimere *das Bürgerrecht absprechen*	e.: city f. : cité it.: citá
	✧ cīvīlis / cīvīle	bürgerlich, öffentlich; politisch	bellum civile *Bürgerkrieg* ius civile *Privatrecht*	e./f.: civil Zivil- Zivilisation
48	**clāmāre**	schreien, (laut) rufen	magna voce clamare *mit lauter Stimme rufen*	e.: to claim Re-klame re-klamieren
	✧ clāmor, -ōris *m*	Geschrei, Lärm		e.: clamour Klamauk
49	✦ **clārus**	hell, klar; berühmt	luce clarius *sonnenklar*	e.: clear f. : clair Klara Klarinette
	✦ prae|clārus	ausgezeichnet, glänzend, vortrefflich	Omnia praeclara rara.* (CICERO) *Alles Vortreffliche ist selten.*	
	dē|clārāre	erklären, verkünden	Numa rex declaratus est. *Numa wurde zum König ausgerufen.*	Deklaration
	✧ classis, classis *f*	Abteilung; Flotte	classem ornare *eine Flotte ausrüsten*	e.: class f. : classe Klasse erst-klassig

50	✧ **cláudere,** claudō, clausī, clausum	schließen, absperren	Ianus clausus *der (als Zeichen des Friedens) geschlossene Janustempel* mare clausum *das (im Winter) nicht befahrbare Meer*	e.: to close Klausur Klause Klausel
	con|clūdere, conclūdō, conclūsī, conclūsum	einschließen; folgern	mare conclusum *ein Binnenmeer*	e.: to conclude f.: conclure konklusiv
	con|clāve, conclāvis *n*	Zimmer, Raum, Gemach		Konklave
	inter|clūdere	abschließen, absperren	hostes commeatu intercludere *den Feinden den Nachschub unterbinden*	
51	**clēmēns,** clēmentis	mild, sanft; nachsichtig	iudices clementes *nachsichtige Richter*	e.: clement f.: clément
	✧ cliēns, clientis *m*	Schutzbefohlener, Klient		e./f.: client Klient-el
	clīvus	Anstieg, Abhang		
	dē|clīnāre	beugen, abwenden; abweichen	vitia declinare *Fehler vermeiden*	e.: to decline Deklination deklinieren
52	✧ **cólere,** colō, coluī, cultum	bebauen, pflegen; verehren	agrum colere *den Acker bestellen* bonos mores colere *die guten Sitten in Ehren halten*	kultivieren
	cultūra	Anbau, Pflege; Ausbildung		e./f.: culture Kultur
	✧ cultus, -ūs *m*	Pflege, Bildung, Verehrung; Lebensweise	vitae cultus *Zivilisation* cultus atque humanitas *Humanität*	e.: cult Kult Kultus
	colōnus	Siedler, Bauer		Kolonist
	colōnia	Siedlung, Niederlassung	Colonia Agrippina *Köln*	e.: colony f.: colonie Kolonie
	in|colere	siedeln, bewohnen	trans Alpes incolere *jenseits der Alpen sesshaft sein*	
	ín|cola *m*	Bewohner, Einwohner		
53	**collum**	Hals	collum dare *sich unterwerfen*	e.: collar f.: cou, col Kollier De-kolleté

54	**cōmis / cōme**	heiter, freundlich, leutselig		
55	✧ **cōnārī**	versuchen, wagen		Imperfectum de conatu
56	per|**contārī**	durchforschen untersuchen; fragen		
57	**cor,** cordis *n*	Herz	Res mihi cordi est. *Eine Sache liegt mir am Herzen.*	f. : cœur Entente cordiale
	con|cordia	Eintracht, Einigkeit	concordia omnium ordinum *die Eintracht aller Stände*	e.: concord f. : concorde Konkordat
	dis|cordia	Zwietracht, Uneinigkeit		e.: discord f. : discorde
	so|cordia	Sorglosigkeit		
	re|cordārī	sich erinnern	meritorum/merita recordari *sich an (die) Verdienste erinnern*	e./f.: record Recorder Rekord
58	**cornū,** cornūs *n*	Horn; Heeresflügel		f. : cor
59	**corōna** *(griech.)*	Krone, Kranz	sub corona vēnire *in die Sklaverei verkauft werden*	e.: crown Koronar-insuffizienz
60	✦ **corpus,** corporis *n*	Leib, Körper; Leiche		e.: corpse e./f.: corps Korporation Korpuskel Corpus delicti
61	**crās** *(Adv.)*	morgen		
62	**crassus**	dick, plump; ungebildet		e.: grease f. : gras „krass“
63	**cremāre**	verbrennen		Krematorium
64	**crepāre,** crepō, crepuī, crepitum	knarren, krachen, schallen	Ostium crepat. *Die Türe knarrt.*	f. : crever „krepieren“
	dis|crepāre *Perf.:* discrepāvī	verschieden sein		Diskrepanz

65	✦ créscere, crēscō, crēvī	wachsen, zunehmen	Tam brevi res Romana crevit. *In so kurzer Zeit wuchs der römische Staat.*	e.: crescent f.: croître it.: crescendo kon-kret
	✧ creāre	hervorbringen, erschaffen; wählen	consulem creare *zum Konsul wählen* senatorem creare *in den Senat berufen*	e.: to create f.: créer Kreatur kreativ
	re|creāre	wiederbeleben, erfrischen		e.: to recreate Rekreation
	crēber / crēbra / crēbrum *Adv.:* crēbrō	zahlreich, häufig häufig, oft	arbores crebrae *dicht wachsende Bäume*	
66	crīmen, crīminis *n*	Vorwurf, Anklage; Verbrechen	crimini dare alicui aliquid *einem etwas zum Vorwurf machen* in crimen vocari *angeklagt werden*	e./f.: crime „Krimi“ Kriminal-... kriminell
67	✧ crīnis, crīnis *m*	Haar	barbam et crinem promittere *Bart und Kopfhaar wachsen lassen*	
68	✧ cruor, -ōris *m*	Blut; Mord		f.: cru
	cruentus	blutig		
	✦ crūdēlis / crudele	grausam, gefühllos	dominatio crudelis *eine grausame Alleinherrschaft*	e./f.: cruel
69	crux, crucis *f*	Kreuz, Kreuzigung; Marter		e.: cross f.: croix it.: croce Kruzi-fix
	cruciāre	plagen, quälen		
70	cubāre, cubō, cubuī; cubitūrus	liegen	cubitum ire *schlafen gehen*	f.: couver
	cubí|culum	Schlafzimmer, Kammer		
	in|cúmbere, incumbō, incubuī; incubitūrus	sich verlegen (auf), sich beschäftigen (mit)	litteris incumbere *sich den Wissenschaften widmen* ad artes bonas incumbere *sich auf die schönen Künste verlegen*	
	suc|cumbere	unterliegen, erliegen	Temporibus Darei et Xerxis Asia Europae succubuit. *In den Zeiten des Darius und Xerxes unterlag Asien Europa.*	e.: to succumb f.: succomber

71	**culpa**	Schuld	Vacare culpa magnum est solacium.* (CICERO) *Frei zu sein von Schuld ist ein großer Trost.*	„mea culpa“
72	✦ **cum** *(Präp. m. Abl.)*	mit, zusammen mit	secum deliberare *mit sich / bei sich überlegen* multis cum lacrimis *unter vielen Tränen*	
	✧ **contrā** *(Präp. m. Akk.)*	gegen		f. : contre Pro & Contra
	(Adv.)	dagegen, demgegenüber	Utrumque contra accidit. *Beides ist ganz anders gekommen.*	
	contrārius	entgegengesetzt, gegensätzlich	Dum vitant stulti vitia, in contraria currunt.* (HORAZ) *Wenn Dummköpfe Fehler meiden wollen, verfallen sie den entgegengesetzten (Fehlern).*	e.: contrary f. : contraire konträr
73	✦ **cum** *(Subjunktion)*			
	1. *(cum historicum)*	als, nachdem	Caesar cum a coniuratis occisus esset, sub statua Pompei iacuit. *Als Caesar von den Verschwörern ermordet worden war, lag er zu Füßen der Statue des Pompeius.*	
	2. *(cum causale)*	da, weil	Cum sors servorum miserrima esset, seditionem fecerunt. *Da die Lage der Sklaven sehr schlimm war, machten sie einen Aufstand.*	*m. Konj.*
	3. *(cum concessivum)*	obwohl, obgleich	Socrates cum facile e custodia effugere posset, noluit. *Obwohl Sokrates leicht aus dem Gefängnis entfliehen konnte, wollte er nicht.*	
	4. *(cum adversativum)*	während	Homo solus particeps est rationis, cum cetera animalia eius sint expertia. *Der Mensch allein ist mit Vernunft begabt, während die übrigen Lebewesen keine haben.*	
	5. *(cum relativum)*	(damals) als; seitdem	Cum Caesar in Galliam venit, ibi duae factiones erant. *Damals als Caesar nach Gallien kam, gab es dort zwei politische Richtungen.* Multi anni sunt, cum te vidi. *Es ist schon viele Jahre her, seitdem ich dich gesehen habe.*	*m. Ind.*
	6. *(cum iterativum)*	(immer) wenn	Cum est otium, libros poetarum legere soleo. *(Immer) wenn ich Muße habe, pflege ich Bücher von Dichtern zu lesen.*	

	(cum)			
	7. *(cum coincidens)*	indem, dadurch, dass, wenn	Hoc cum profiteris, scelus te commisisse concedis. *Indem / wenn du dies bekennst, gibst du zu, das Verbrechen begangen zu haben.*	*m. Ind.*
	cum … tum	sowohl … als auch; … besonders aber; … und überdies	Verba tua cum falsa tum incredibilia sunt. *Deine Worte sind falsch und außerdem / obendrein unglaubwürdig.*	
74	ac|**cumulāre**	anhäufen		f.: accumuler Akku(mulator) kumulieren
75	**cūnctārī**	zögern, zaudern	Unus homo nobis cunctando restituit rem.* (Ennius) *Ein einziger Mann hat uns durch sein Zögern den Staat wiederhergestellt.*	Cunctator *(Schimpf- und Ehrenbezeichnung für Q. Fabius)*
76	✧ **cūnctus** *Pl.:*	ganz, gesamt alle	cuncti mortales *alle Menschen*	
77	✧ **cúpere, cupiō, cupīvī, cupītum**	begehren, verlangen, wünschen	Qui multum habet, plus cupit.* (nach Justin) *Wer viel hat, verlangt noch mehr.* res novas cupere *einen Umsturz herbeiwünschen*	
	✧ **cúpidus**	begierig (nach)	dominandi cupidus *herrschsüchtig* rerum novarum cupidus *revolutionär*	
	✦ **cupiditās, cupiditātis** *f*	Begierde, Leidenschaft	cupiditas discendi *Lerneifer*	e.: cupidity f.: cupidité
	✧ **cupído, cupīdinis** *f*	Verlangen, Leidenschaft	cupido urbis condendae *das Verlangen, eine Stadt zu gründen*	
78	✦ **cūra**	Sorge, Sorgfalt	curis liberatus *von Sorgen befreit* Res mihi curae est. *Eine Sache liegt mir am Herzen.*	e./f.: cure Kur
	✧ **cūrāre**	sorgen (für), sich kümmern (um); pflegen	pontem faciendum curare *eine Brücke bauen lassen*	f.: curer kurieren akkurat
	sē|cūrus	sorglos, sicher		e.: secure sure f.: sûr

79	✧ **cūria**	Rathaus, Kurie; Ratsversammlung		Kurial-
80	**cúrrere,** currō, cucurrī, cursum	laufen, rennen		e.: current f.: courir Kurier
	✦ cursus, -ūs *m*	Lauf, Kurs	cursum tenere *Kurs halten*	e./f.: course
	con|currere, concurrō, concurrī, concursum	zusammenlaufen; zusammenstoßen	ex omnibus locis concurrere *von allen Seiten herbeieilen*	f.: concours Konkurrenz Konkurs
	oc|currere	entgegentreten, begegnen	incendio occurrere *einem Brand vorbeugen*	e.: to occur
	suc|currere	zu Hilfe eilen; in den Sinn kommen	malis succurrere *den Übeln abhelfen*	f.: secourir
81	✧ **custōs,** custōdis *m*	Wächter	corporis custodes *Leibwache*	Küster
	Pl.:	Wache, Posten		
	✧ custōdia	Wache; Haft	custodia libera *freie Haft (Hausarrest)*	e.: custody
	custōdīre	bewachen, behüten		

1	**damnum**	Schaden, Verlust	Damnum nocet, damnum docet.* *Aus Schaden wird man klug.**	e.: damage f.: dommage Damnum
	damnāre	verurteilen, verdammen	capitis damnare *zum Tod verurteilen*	e.: to damn
	con|demnāre	verurteilen	ad metalla condemnare *zur Zwangsarbeit in den Bergwerken verurteilen*	e.: to condemn f.: condamner
2	✦ **dare,** dō, dedī, datum	geben	Do, ut des.* (Röm. Rechtsspruch) *Ich gebe, damit (auch) du gibst.* obsides dare *Geiseln stellen* ad aliquem litteras dare *jemandem einen Brief schreiben* fidem dare *sein Ehrenwort / Versprechen geben* poenas dare *bestraft werden (eigtl.: Strafe bezahlen)* se studiis dare *sich den Studien widmen* aliquid vitio dare *etwas als Fehler anrechnen*	e./f.: date Datum Dativ
	dōnum	Geschenk, Gabe	dono dare *zum Geschenk machen*	f.: don
	dōnāre	schenken, beschenken		f.: donner
	dōs, dōtis *f*	Mitgift	Dos est magna parentium virtus.* *Die Tüchtigkeit der Eltern ist eine reiche Mitgift.*	f.: dot
	✧ circúm|dare	umgeben	Urbs muro circumdatur. *Die Stadt ist mit einer Mauer umgeben.*	
	áb|dere, abdō, abdidī, abditum	verbergen	se in silvas abdere *sich in den Wäldern verstecken*	
	✧ ad|dere	hinzufügen	malum malo addere *ein Übel verschlimmern*	Addition
	✦ con|dere	gründen; bestatten	ab urbe condita (*abgekürzt:* a.u.c.) *seit Gründung der Stadt (Rom)*	
	✦ crē|dere	glauben, anvertrauen	Vix quisquam crederet … *Kaum jemand hätte geglaubt, dass …* Libenter homines id, quod volunt, credunt.* (Caesar) *Die Menschen glauben gerne, was sie sich wünschen.*	e.: creed f.: croire Credo Kredit

(dare)			
crēdibilis / crēdibile	glaubwürdig, glaubhaft		e.: credible
✧ **in|crēdibilis / incrēdibile**	unglaubwürdig, unglaublich	Incredibile est auditu. *Es klingt unglaublich.*	e.: incredible f.: incroyable
dē|dere	hingeben; ausliefern; widmen	vitiis deditus *den Lastern ergeben*	
dēditiō, -ōnis *f*	Übergabe, Unterwerfung	in deditionem venire *sich (bedingungslos) ergeben*	
ē|dere	herausgeben; hervorbringen; äußern	in lucem edi *geboren werden*	e.: edition f.: édition Edition
✧ **per|dere**	verderben, zugrunde richten; verlieren	Amici, diem perdidi!* (Titus) *Freunde, ich habe einen Tag vertan!*	f.: perdre
per|ditus	verloren, verkommen	mores perditi *verkommene Sitten*	
prae|ditus	begabt (mit), ausgestattet (mit)	ratione praeditus *mit Vernunft begabt*	
✧ **prō|dere**	preisgeben, verraten; überliefern	memoriae prodere *überliefern*	
red|dere	zurückgeben; machen (zu)	Vare, legiones redde!* (Augustus) *Varus, gib mir meine Legionen wieder!* ius reddere *Recht sprechen* Pompeius mare tutum reddidit. *Pompeius machte das (Mittel-)Meer (wieder) sicher.*	e.: to render f.: rendre Rendite rentabel Rente
✧ **trā|dere**	übergeben, überliefern	Aristides iustissimus fuisse traditur. *Aristides soll sehr gerecht gewesen sein.*	e./f.: tradition Tradition
3 ✦ **dē** *(Präp. m. Abl.)*	von, von ... herab, von ... her; über; hinsichtlich	de integro *von neuem* Ciceronis de re publica libri *Ciceros Bücher über den Staat* de tertia vigilia *um die dritte Nachtwache (d. h. zwischen Mitternacht und 3 Uhr früh)*	
✧ **dēmum** *(Adv.)*	endlich, erst	tum demum *da erst*	
✧ **dḗnique** *(Adv.)*	endlich, schließlich, zuletzt	Sunt certi denique fines.* (Horaz) *Es gibt schließlich bestimmte Grenzen.*	

4	**dēbilitāre**	schwächen		e.: to debilitate
5	**decem** *(indekl.)*	zehn		f.: dix Dezember Dezimal-...
	dēnārius	Denar *(eigtl.: Zehner)*	*(römische Silbermünze, urspr. 10, später 16 As wert)*	
6	**decet,** decuit	es ziemt sich, es gehört sich	Viros decet ... *Es gehört sich für Männer ...*	f.: décent dezent
	✧ decus, décoris *n*	Schmuck; Würde, Ehre		Dekoration
	dé|decus, dēdécoris *n*	Schande, Unehre	vitam per dedecus amittere *sein Leben schändlich verlieren*	
	decōrus	schicklich, passend; schön	mulier decorā facie *eine Frau von schöner Gestalt*	
	✦ dīgnus	würdig, wert	res memoriā digna *eine Sache, die Erwähnung verdient*	f.: digne
	in|dīgnus	unwürdig		f.: indigne
	✧ dīgnitās, dīgnitātis *f*	Würde, Rang, Ansehen		e.: dignity f.: dignité
	in|dīgnārī	sich empören, sich entrüsten	indignari iniuriam *sich über ein Unrecht empören*	f.: s'indigner Indignation
7	**dēlēre,** dēleō, dēlēvī, dēlētum	zerstören, vernichten		e.: to delete
8	**dēns,** dentis *m*	Zahn	dens aevi* *der Zahn der Zeit**	f.: dent Dentist
9	**dēnsus**	dicht, gehäuft; zahlreich		e./f.: dense Kon-densator
10	✦ **deus**	Gott, Gottheit	Di immortales! *Ihr unsterblichen Götter!*	f.: dieu Adieu!
	✧ dea	Göttin		
	dīvus	göttlich, vergöttlicht	divus Augustus *der vergöttlichte Augustus*	Film-Diva
	✧ dīvīnus	göttlich	divini atque humani iuris peritus *bewandert im göttlichen und menschlichen Recht*	e.: devine divinity f.: divin
11	✧ **dexter/** dext(e)ra / dext(e)rum	rechts (gelegen); günstig	dext(e)ra (manus) *die rechte Hand / die Rechte*	

12	**dī́cere,** dīcō, dīxī, dictum	sagen, sprechen, behaupten; nennen	ars dicendi *die Redekunst* causam alicuius dicere *jemand vor Gericht verteidigen* diem dicere colloquio *einen Tag für eine Unterredung festlegen* ut ita dicam *sozusagen* Homerus caecus fuisse dicitur. *Homer soll blind gewesen sein.*	f. : dire
	✧ dictum	Wort, Ausspruch, Äußerung	dicta Catonis *(geflügelte) Worte Catos*	Diktion dichten
	dictātor, -ōris *m*	Diktator	In summo discrimine rerum Romani virum strenuum dictatorem dicebant. *In einer extremen Notlage ernannten die Römer einen tüchtigen Mann (für sechs Monate) zum Diktator.*	e.: dictator f. : dictateur Diktatur
	diciō, -ōnis *f*	Gewalt, Herrschaft	dicionis suae facere *unterwerfen / in seine Gewalt bringen*	
	✧ con|diciō, -ōnis *f*	Bedingung, Lage	ea condicione, ut / ne ... *unter der Bedingung, dass / dass nicht ...*	e./f.: condition Kondizionalsatz „Condicio sine qua non“
	ē|dīcere	anordnen, verfügen, verkünden		
	ē|dictum	Anordnung, Verfügung	edicta proponere *Verordnungen bekanntgeben*	e.: edict f. : édit Edikt
	in|dīcere	ankündigen	bellum indicere *den Krieg erklären*	
	inter|dīcere	untersagen, verbieten	Romanis omni Gallia interdicere *den Römern den Aufenthalt in ganz Gallien verbieten*	e.: to interdict f. : interdire Interdikt
	ab|dicāre	etwas aufgeben	magistratu se abdicare *ein Amt aufgeben / niederlegen*	
	dē|dicāre	weihen, widmen		f. : dédier
	in|dicāre	anzeigen, verraten	de coniuratione indicare *Hinweise auf eine Verschwörung geben*	f. : indiquer Indikativ
	in|dicium	Anzeige, Kennzeichen	rem per indicium nuntiare *eine Sache verraten*	Indizien
	prae|dicāre	rühmen, öffentlich bekannt machen		e.: to preach f. : prêcher Prädikat predigen

13	✦ **diēs, diēī**	*m* Tag *f* Termin	multo die *spät am Tag* Omnis habet sua dona dies.* *Jeder Tag hat sein Gutes.* in diem certam concilium indicere *auf einen bestimmten Termin eine Versammlung anberaumen*	f.: lundi < lunae dies
	merī|diēs, merīdiēī *m*	Mittag, Süden	a meridie *auf der Südseite*	f.: midi Meridian
	✦ **diū** *(Adv.)* *Komparativ:* **diutius** *Superlativ:* **diutissimē**	lange, lange Zeit		
	diu|turnus	lang dauernd		e.: journey f.: jour Journal
	intér|diū *(Adv.)*	untertags, bei Tag		
	✧ **cottī|diē** *(Adv.)*	täglich		
	cottīdiānus	täglich, alltäglich	Panem nostrum cottidianum da nobis hodie!* (Vaterunser) *Unser tägliches Brot gib uns heute!*	
	ho|diē *(Adv.)*	heute		f.: aujourd'hui
	prī|diē *(Adv.)*	am Tag vorher, tags zuvor	pridie Kalendas Ianuarias *am Tag vor dem 1. Januar (d. h. am 31. Dezember)*	
	postrīdiē *(Adv.)*	am folgenden Tag, tags darauf		
	trī|duum	Zeitraum von drei Tagen, drei Tage	iter tridui *eine dreitägige Reise*	
14	**dígitus**	Finger, Zehe		f.: doigt digital
15	**dīrus**	unheilvoll, grässlich, grausig	dira necessitas *eine schreckliche Notwendigkeit*	
16	✧ **dīves, dīvitis**	reich		
	✦ **dīvitiae, -ārum**	Reichtum, Schätze	Crassum divitiis superare *reicher sein als Crassus*	

17	✦ **docēre,** doceō, docuī, doctum	lehren, unterrichten	litteras docere *in den Wissenschaften unterweisen* Quae nocent, docent.* *Aus Schaden wird man klug.**	Dozent Doktor
	✧ doctus	gelehrt, gebildet	homines docti *Gelehrte / Wissenschaftler*	
	doctrīna	Gelehrsamkeit; Unterricht; Wissenschaft	Graecis doctrinis eruditus *in den Wissenschaften der Griechen bewandert*	e./f.: doctrine Doktrin
	docu|mentum	Beweis; (warnendes) Beispiel	documento esse *als Beweis dienen*	e./f.: document Dokument Dokumentation
	✦ díscere, discō, didicī	lernen, kennen lernen	Homines cum docent, discunt.* (Seneca) *Indem die Menschen lehren, lernen sie.*	
18	**dolēre,** doleō, doluī; dolitūrus	Schmerz empfinden, bedauern	fortunam dolere *über sein Unglück Schmerz empfinden*	
	✦ dolor, -ōris *m*	Schmerz, Kummer		f. : douleur
19	**dolus**	List; Betrug	dolis capi *einer Intrige zum Opfer fallen*	dolus malus
20	**domāre,** domō, domuī, domitum	zähmen, bändigen, bezwingen	invidiam domare *den Neid bezwingen*	f. : dompter Dompteur
	✦ domus, -ūs *f*	Haus	domi militiaeque *im Krieg und im Frieden* domum redire *nach Hause zurückkehren* domo expellere *von zu Hause fortjagen*	e.: dome f. : dôme Dom
	domesticus	zum Haus gehörig, häuslich; einheimisch	res domestica *Privatsache* bellum domesticum *ein Krieg im eigenen Land / Bürgerkrieg*	e.: domestic f. : domestique domestizieren
	domi|cilium	Wohnsitz	locum domicilio deligere *sich einen Platz als Wohnsitz aussuchen*	e./f.: domicile Domizil
	✧ dominus	Herr		it.: Don
	domina	Herrin, Gebieterin		f. : madame Dame

	(domāre)			
	✧ dominārī	herrschen	homo dominandi cupidus *ein herrschsüchtiger Mensch*	e.: to dominate f.: dominer dominieren
	dominātiō, -ōnis *f*	Herrschaft, Alleinherrschaft	dominatio Sullae *die Alleinherrschaft Sullas*	
	dominātus, -ūs *m*	Herrschaft, Alleinherrschaft	Brutus civitatem dominatu regio liberavit. *Brutus befreite den Staat von der Königsherrschaft.*	Dominat
21	✧ **dōnec** *(Subjunktion)*	so lange (als), (solange) bis	Donec eris felix, multos numerabis amicos.* (nach Ovid) *Solange du glücklich bist, wirst du viele Freunde haben.*	
22	**dormīre**	schlafen		f.: dormir
23	✦ **dúcere,** dūcō, dūxī, ductum	führen, ziehen; glauben; halten für	Pompeius Iuliam in matrimonium duxit. *Pompeius heiratete (Caesars Tochter) Julia.* fictum pro facto ducere *Dichtung für Wahrheit halten*	
	✦ dux, ducis *m*	Führer, Feldherr	Aeneā duce *unter der Führung des Aeneas*	e.: duke f.: duc it.: duce Dukaten
	ab|dūcere	wegführen, abbringen	in servitutem abduci *versklavt werden*	
	✦ ad|dūcere	heranführen, veranlassen	precibus adductus *auf die Bitten hin* timore adductus *aus Furcht*	
	con|dūcere	zusammenführen; anwerben, mieten	milites mercede conducti *in Sold genommene Soldaten / Söldner*	e.: to conducte f.: conduire it.: condottiere
	con|dūcit	es nützt	Rei publicae conducit. *Es nützt dem Staat.*	
	dē|dūcere	abführen, wegführen	coloniam deducere *eine Kolonie gründen* rem ad arma deducere *es auf die Entscheidung durch die Waffen ankommen lassen*	deduktiv
	✧ ē|dūcere	herausführen; aufziehen		
	in|dūcere	einführen, veranlassen; auftreten lassen	animum inducere *sich entschließen* Cicero Scipionem inducit de re publica disputantem. *Cicero lässt Scipio über den Staat sprechen.*	e.: to induce induktiv

	(dúcere)			
	✧ per|dūcere	hinbringen, veranlassen; fortsetzen	ad voluntatem suam perducere *für seine Absicht gewinnen*	
	prō|dūcere	vorführen, hervorbringen; fortführen	sermonem in multam noctem producere *ein Gespräch bis tief in die Nacht ausdehnen*	e.: to produce f.: produire produzieren Produkt
	re|dūcere	zurückführen, zurückziehen		e.: to reduce f.: réduire reduzieren
	sub|dūcere	(heimlich) wegnehmen; entziehen		
	trā|dūcere	hinüberführen, hinbringen	copias flumen traducere *die Truppen über den Fluss schaffen*	f.: traduire
	ē|ducāre	erziehen	in manibus alicuius educari *unter den Händen jemands aufwachsen*	e.: to educate Ko-edukation
24	**dūdum** *(Adv.)*	seit langem	iam dudum *schon lange*	
25	✧ **dulcis** / dulce	süß, lieblich, angenehm		f.: doux it.: dolce „Dolce vita“
26	✧ **dum** *(Subjunktion)*	während, solange	Archimedes, dum formas ⟨geometricas⟩ in pulvere describit, patriam expugnatam esse non sensit. *Während Archimedes geometrische Figuren in den Sand zeichnete, merkte er nicht, dass seine Vaterstadt erobert war.* Gens Lacedaemoniorum fortis fuit, dum leges Lycurgi vigebant. *Das spartanische Volk war tapfer, solange die Gesetze Lykurgs galten.*	
	dúm|modo *(Subjunktion)*	wenn nur, wofern nur	Omnia pericula subimus, dummodo servitutem effugiamus. *Wir nehmen alle Gefahren auf uns, wenn wir nur der Sklaverei entgehen.*	
	✧ nōn|dum *(Adv.)*	noch nicht		
27	**duo** / duae / duo	zwei		f.: deux Dualismus Duett
	bis *(Adv.)*	zweimal	Bis dat, qui cito dat.* (PUBLILIUS SYRUS) *Wer rasch gibt, gibt doppelt.*	
	du|plex, duplicis	zweifach, doppelt		e./f.: double Duplikat

	(duo)			
	✧ **dubius**	zweifelhaft; unsicher; gefährlich	haud dubie *ohne Zweifel / zweifellos*	
	✦ **dubitāre**	zweifeln; zögern	Quis dubitet, quin in virtute divitiae sint? *Wer möchte zweifeln, dass in der Tugend Reichtum liegt?* Num dubitas id facere? *Zögerst du etwa dies zu tun?*	e.: to doubt f.: douter
28	✧ **dūrus**	hart, hartherzig; unempfindlich	aures durae *taube Ohren* durius accipere *ziemlich übel aufnehmen*	f.: dur Dur
	dūrāre	andauern; aushalten	Gaudium non duravit. *Die Freude währte nicht lange.*	f.: durer

1	**ecce!**	schau! / schaut! sieh da! / seht da!	Ecce homo!* (NT) *Seht, welch ein Mensch!*	f. : ici
2	**édere,** edō, ēdī, ēsum	essen, verzehren		e.: to eat
3	**egēre,** egeō, eguī	bedürfen, nötig haben	auxilio egere *auf Hilfe angewiesen sein* Maiores nostri neque consilii neque audaciae umquam eguere. (Sallust) *Unseren Vorfahren hat es niemals an Einsicht oder an Kühnheit gefehlt.*	e./f.: indigent
	egestās, egestātis *f*	Mangel, Armut	vitam in egestate degere *sein Leben in Armut zubringen.*	
4	✦ **ego,** meī *(Pers.-Pron.)*	ich	Alter ego.* (Terenz) *Mein zweites Ich.**	f. : je it.: io Egoismus
5	**elementum**	Element; Urstoff, Grundstoff	pueros elementa docere *den Kindern Lesen und Schreiben beibringen*	e.: element f. : élément
6	**émere,** emō, ēmī, ēmptum	nehmen, kaufen	Frumentum neque emi neque ex agris sumi poterat. *Man konnte Getreide weder kaufen noch von den Feldern abernten.*	
	ad|imere, ádimō, adēmī, adēmptum	an sich nehmen, wegnehmen, rauben	omnem spem adimere *alle Hoffnung rauben*	
	dēmere, dēmō, dēmpsī, dēmptum	wegnehmen, etwas abnehmen	metum demere *die Furcht nehmen* fine dempto *ohne Ende*	
	dīr|imere, dírimō, dīrēmī, dīrēmptum	trennen, unterbrechen	colloquium dirimere *die Unterredung abbrechen*	
	✦ ex|emplum	Beispiel, Vorbild	Verba docent, exempla trahunt.* *Worte belehren, (gute) Beispiele reißen mit.* exempli gratiā (*abgekürzt:* e. g.) *beispielshalber*	e.: example f. : exemple Exemplar „Exempel“

	(émere)			
	ex|imius	ausnehmend, außerordentlich	templum eximie ornatum *ein außerordentlich prächtig geschmückter Tempel*	
	✧ **praemium**	Belohnung, Siegespreis	praemio afficere *belohnen*	e.: premium
	prōmere, prōmō, prōmpsī, prōmptum	hervorholen, enthüllen	in publicum promere *bekannt machen*	
	prōmptus	sichtbar; entschlossen		f.: prompt prompt
	red|imere, rédimō, redēmī, redēmptum	loskaufen, erkaufen	captos a servitute redimere *die Gefangenen aus der Knechtschaft loskaufen*	e.: to redeem Redemptorist
	✦ **sūmere, sūmō, sūmpsī, sūmptum**	nehmen, aussuchen	supplicium sumere de condemnatis *die Verurteilten hinrichten (lassen)*	
	sūmptus, -ūs *m*	Aufwand, Kosten	suo sumptu alere *auf eigene Kosten unterhalten*	
	cōn|sūmere, cōnsūmō, cōnsūmpsī, cōnsūmptum	verbrauchen, verschwenden	tempus in litteris consumere *seine Zeit den Wissenschaften widmen*	e.: to consume f.: consumer konsumieren Konsum
7	**epístula** *(griech.)*	Brief		Epistel
8	**épulae, -ārum**	(üppiges) Mahl	ludo et epulis deditus *dem Spiel und Schmaus verfallen*	
9	✦ **equus**	Pferd		
	✦ **eques, équitis** *m*	Reiter, Ritter	eques Romanus *römischer Ritter (Angehöriger der höchsten Vermögensklasse)*	
	✧ **equitātus, -ūs** *m*	Reiterei	equitatum alere *eine Reitertruppe unterhalten*	
	equester / equestris / equestre	zum Reiter gehörig, beritten; ritterlich	equestri loco natus *aus dem Ritterstande stammend* proelium equestre *eine Reiterschlacht*	e.: equestrian

10 ✧ **errāre**	irren, sich irren, sich täuschen	Errare humanum est.* *Irren ist menschlich (d. h. verzeihlich).* stellae errantes *Planeten*	e.: to err f.: errer
error, -ōris *m*	Irrtum; Irrfahrt	errores Ulixis *die Irrfahrten des Odysseus*	e.: error f.: erreur
11 ✦ **esse, sum, fuī; futūrus**	sein	Quid tibi est? *Was ist mit dir los?* Sunt, qui dicant … *Es gibt Leute, die behaupten …* Non est, cur timeas. *Es gibt keinen Grund zur Furcht.* Stultorum / stulti / stultitiae est … *Es ist ein Zeichen von Dummheit …* magni / parvi esse *viel / wenig wert sein* magno usui esse *von großem Nutzen sein* liber Ciceronis, qui est de amicitia *das Buch Ciceros, das von der Freundschaft handelt*	Essenz
✦ **ab|esse, absum, āfuī; āfutūrus**	abwesend sein, entfernt sein; fehlen	Non multum afuit, quin urbs caperetur. *Es hätte nicht viel gefehlt, und die Stadt wäre eingenommen worden.*	
ab|sēns, absentis	abwesend	me absente *in meiner Abwesenheit*	e./f.: absent Absenten-…
✧ **ad|esse, adsum, affuī; affutūrus**	anwesend sein; beistehen, helfen	omnes, qui adsunt *alle Anwesenden* amico absenti adesse *dem abwesenden Freund helfen*	
✧ **de|esse, dēsum, dēfuī**	fehlen, mangeln	Non desunt, qui putent … *Es fehlt nicht an Leuten, die glauben, …* Ut desint vires, tamen est laudanda voluntas.* (Ovid) *Wenn auch die Kräfte fehlen, so ist doch der (gute) Wille zu loben.*	
✧ **in|esse, īnsum, (in)fuī**	enthalten sein, innewohnen		
✧ **inter|esse intérsum, interfuī**	teilnehmen	sermoni interesse *am Gespräch teilnehmen*	e.: to interest f.: intéresser Interesse
ínter|est	es ist ein Unterschied; es ist wichtig	Plurimum interest inter servitutem et libertatem. *Es ist ein sehr großer Unterschied zwischen Unfreiheit und Freiheit.* Omnium interest recte facere. *Es ist für alle wichtig, richtig zu handeln.*	

	(esse)			
	✦ **posse, possum, potuī**	können, vermögen	Multum fortuna potest in re militari. *Im Kriegswesen hängt viel vom Glück ab.*	
	✧ **prae|esse, praesum, praefuī; praefutūrus**	an der Spitze stehen, befehligen, leiten	Legatus provinciae praeest. *Ein Legat steht an der Spitze einer Provinz.*	
	prae|sēns, praesentis	anwesend; gegenwärtig; augenblicklich	in praesens tempus *für den Augenblick*	e.: present d.: présent Präsens Präsenz präsentieren
	✧ **prōd|esse, prōsum, prōfuī; prōfutūrus**	nützen, nützlich sein	Ne delectent nostra verba, sed prosint! *Unsere Worte sollen nicht erfreuen, sondern nützen!*	„Prosit!" Prost
	✧ **super|esse, supérsum, superfuī**	übrig sein, überleben	labori superesse *der Anstrengung gewachsen sein*	
12	✦ **et**	und; auch		f.: et it.: e(d)
	✦ **et … et**	sowohl … als auch	Amicitia et prodest et delectat. *Freundschaft bringt Nutzen und Freude.*	
13	✦ **ē / ex** *(Präp. m. Abl.)*	aus … heraus, von … aus, von … an, seit; infolge	ex oppido *aus der Stadt* quaerere ex amico *den Freund fragen* ex usu esse *nützlich sein* una ex parte *auf einer Seite* ex eo tempore *seit dieser Zeit* Ex quo fit, ut … *Daher kommt es, dass …*	
	extrā *(Präp. m. Akk.)*	außerhalb	extra consuetudinem *ungewöhnlich*	extra
	exterior / exterius	der Äußere		e.: exterior f.: extérieur
	✧ **extrēmus**	der Äußerste, der Letzte	extremum supplicium *die Höchststrafe (d. h. Todesstrafe)* Ad extremum ventum est. *Es kam zum Äußersten.*	e.: extreme f.: extrême extrem Extremitäten
	externus	ausländisch, fremd	bellum externum *ein auswärtiger Krieg*	f.: externe extern
14	✧ **exilium**	Verbannung	exilio afficere *mit Verbannung bestrafen*	e.: exile f.: exil Exil
	exul, éxulis *Subst.:*	verbannt Verbannter		

1	**faber,** fabrī	Handwerker, Arbeiter	Suae quisque fortunae faber est.* *Jeder ist seines Glückes Schmied.*	
	fabricāre fabricārī	anfertigen, herstellen		f. : fabriquer fabrizieren Fabrik
2	✦ **fácere,** faciō, fēcī, factum	tun, machen; herstellen	iter facere *eine Reise unternehmen* bellum facere *einen Krieg vom Zaun brechen* pacem facere *Frieden schließen* quo facto *daher, dadurch* Quid faciam? *Was soll ich tun?* Quid facerem? *Was hätte ich tun sollen?* Fac cogites! *Denk doch bitte daran!*	f. : faire it.: far
	✦ factum	Tat, Handlung; Ereignis	Facta, non verba penduntur.* *Taten zählen, nicht Worte.*	e.: fact f. : fait Faktum faktisch
	pro|fectō *(Adv.)*	in der Tat, auf alle Fälle		
	✧ factiō, -ōnis *f*	Parteiung, politische Umtriebe	Erant tum Athenis duae factiones. *Es gab damals in Athen zwei politische Gruppen.*	e.: faction
	✦ fácinus, facinoris *n*	Tat; Untat, Verbrechen	facinora foeda *scheußliche Verbrechen*	
	✦ fácilis / facile *Adv.:* facile	leicht, mühelos; willig	facile factu *leicht zu tun* haud facile dictu *schwer zu sagen*	e./f.: facile
	✧ facultās, facultātis *f*	Möglichkeit, Fähigkeit	facultas dicendi *Rednertalent*	e.: faculty f. : faculté Fakultät
	✧ dif|fícilis / difficile *Adv.:* difficulter	schwierig, mühsam	iter difficile *eine gefährliche Reise*	e.: difficult f. : difficile diffizil
	dif|ficultās, difficultātis *f*	Schwierigkeit, Beschwerlichkeit	Haec res Caesari magnam difficultatem afferebat. *Dies brachte Caesar sehr in Verlegenheit.*	e.: difficulty f. : difficulté
	faciēs, faciēī *f*	(äußere) Gestalt, Aussehen; Gesicht	facies hominis *das Aussehen eines Menschen*	e./f.: face Fassade

(fácere)			
✧ **bene|ficium**	Wohltat; Auszeichnung	beneficia accipere ab aliquo *von jemand Wohltaten empfangen* beneficia conferre in aliquem *jemand mit Wohltaten überhäufen*	e.: benefit f.: bénéfice Benefiziat
✧ **af|fícere, afficiō, affēcī, affectum**	versehen (mit)	liberum populum servitute afficere *ein freies Volk versklaven* laude affici *gelobt werden*	e.: affect Affekt
✧ **cōn|ficere**	vollenden, fertig machen, erledigen	parens aetate confectus *der vom Alter geschwächte Vater* bello confecto *nach Beendigung des Krieges* quibus rebus confectis *danach / als dies beendet war*	e./f.: confection it.: confetti Konfektion Konfitüre
✧ **dē|ficere**	abfallen; fehlen	a Romanis deficere *von den Römern abfallen* animo deficere *den Mut verlieren* Tempus me deficit. *Es fehlt mir an der Zeit.* Sol deficit. *Die Sonne verfinstert sich.*	Defizit Defekt
✦ **ef|ficere**	bewirken, durchsetzen, zustande bringen	Beata vita perfectā sapientiā efficitur. *Ein glückliches Leben kommt durch vollkommene Weisheit zustande.*	e.: to effect Ko-effizient Effekt
✦ **inter|ficere**	niedermachen, töten		
of|ficere	hinderlich sein, schädigen		
✧ **per|ficere**	durchsetzen, vollenden, zustande bringen	opus perficere *ein Werk zu Ende führen*	f.: parfait perfekt Perfekt Im-perfekt
prae|ficere	an die Spitze stellen, mit der Führung beauftragen	provinciae praeficere *mit der Verwaltung einer Provinz betrauen*	
prae|fectus	Befehlshaber, Statthalter	praefectus navis *der Kapitän*	e.: prefect f.: préfet Präfekt
prō|ficere	Fortschritte machen, nützlich sein	Intellego te multum in philosophia profecisse. *Ich sehe, dass du gewaltige Fortschritte in der Philosophie gemacht hast.*	e./f.: profit f.: profiter Profit
✦ **pro|ficīscī, proficīscor, profectus sum**	aufbrechen, abreisen, reisen; hervorgehen (aus)	in Britanniam proficisci *nach Britannien aufbrechen* a natura proficisci *von der Natur ausgehen*	

	(fácere)			
	re|ficere	wiederherstellen, erneuern	naves reficere *die Schiffe ausbessern* ex longo morbo refici *sich von einer langwierigen Erkrankung erholen*	Refektorium
	suf|ficere	ausreichen, genügen; ergänzen	consul suffectus *ein nachgewählter Konsul*	f. : suffire In-suffizienz
	satis|facere, satisfaciō, satisfēcī, satisfactum	Genüge leisten	satisfacere precibus *Bitten erhören*	e.: to satisfy f. : satisfaire Satisfaktion
3	✧ **fállere, fallō, fefellī** *(ohne PPP)*	täuschen; unbemerkt bleiben	Tempus aliquem fallit. *Jemand täuscht sich in der Zeit.*	e.: to fail fehlen
	✧ **falsus** *Adv.:* **falsō**	falsch, irrig	falsum pro vero habere *Falsches für wahr halten*	e.: false f. : faux „Fauxpas“
4	**famēs, famis *f***	Hunger	famem tolerare *Hunger ertragen*	e./f.: famine f. : faim
5	**fámulus**	Diener		Famulus
	✧ **familia**	Hausgemeinschaft, Familie	pater familiae / familias *Hausvater (als Oberhaupt der gesamten Hausgemeinschaft)*	e.: family f. : famille
	✧ **familiāris / familiāre** *Subst.:*	vertraut, bekannt Freund	res familiaris *Vermögen / Besitz* Ciceronis ad familiares epistulae *die Briefe Ciceros an seine Freunde*	e.: familiar f. : familier familiär
6	**fārī, for, fātus sum**	sprechen, verkünden	scelus non fandum *ein unbeschreibliches Verbrechen*	
	✦ **fātum**	Götterspruch, Schicksal; Verhängnis	Fata obstant. *Das Schicksal ist dagegen.*	e.: fate Fee
	fātālis / fātāle	schicksalhaft; verhängnisvoll	casus fatalis *ein Schicksalsschlag*	e.: fatal fatal Fatalismus
	īn|fāns, īnfantis *Subst.:*	unmündig Kind		e.: infant f. : enfant infantil Infanterie
	fās *n* *(indekl.)*	göttliches Recht, Gebot	contra ius fasque *wider menschliches und göttliches Recht*	

	(fārī)			
	ne|fās *n* *(indekl.)*	Unrecht, Frevel	aliquid nefas ducere *etwas für einen Frevel halten*	
	ne|fārius	gottlos, frevelhaft	nefaria facere *Schandtaten begehen*	
	✦ **fāma**	Gerücht, (guter/übler) Ruf	Fama malum, qua non aliud velocius ullum.* (VERGIL) *Das Gerücht, ein Übel, schneller als irgend ein anderes.* famae consulere *für seinen (guten) Ruf sorgen*	e.: fame famos Feme
	īn|fāmis / īnfāme	verrufen, berüchtigt; schimpflich		f.: infâme infam
	īn|fāmia	übler Ruf, Schande	infamiam sempiternam subire *sich ewige Schande zuziehen*	e.: infamy Infamie
	fābula	Erzählung, Geschichte, Sage; Theaterstück	fabulae fictae *Märchen (eigtl.: erfundene Geschichten)*	e./f.: fable Fabel
	fatērī, fateor, fassus sum	gestehen, bekennen	Qui tacet, fatetur.* *Wer schweigt, gibt zu / gesteht.*	
	cōn|fitērī, cōnfiteor, cōnfessus sum	gestehen, bekennen, offenbaren	reus confitens *ein geständiger Angeklagter*	e.: to confess Konfession
	pro|fitērī, profiteor, professus sum	gestehen; offen bekennen, versprechen	medicinam profiteri *die Heilkunde lehren*	e.: to profess Professor professionell „Profi"
7	**fascis, fascis** *m*	Bündel, Rutenbündel	fasces corripere *die konsularische Gewalt an sich reißen* *(Die Rutenbündel waren die Zeichen der Amtsgewalt der Konsuln.)*	Faschismus
8	**fastīdium**	Ekel, Überdruss; Hochmut	fastidium cibi *Appetitlosigkeit*	
9	**fatīgāre**	ermüden, mürbe machen	itinere fatigatus *vom Marsch ermüdet*	e.: to fatigue f.: fatiguer
	fessus dē|fessus }	ermüdet, erschöpft		
10	**faucēs, faucium** *f*	Schlund, Eingang; Schlucht	Vox faucibus haesit.* (VERGIL) *Das Wort blieb im Hals stecken.* in Etruriae faucibus *in (unzugänglichen) Schluchten Etruriens*	

11	**favēre,** faveō, fāvī, fautum	gewogen sein, begünstigen	nobilitati favere *es mit dem Adel halten* Nemini fortuna semper favet.* *Niemand wird immer vom Glück begünstigt.*	
	favor, -ōris *m*	Gunst, Beifall		e.: favour f. : faveur it.: „per favore!" Favorit
	faustus	günstig, Glück bringend	dies faustus *ein Glückstag*	Dr. Faust
12	**fax,** facis *f*	Fackel, Flamme	faces incendere *Fackeln anzünden*	
13	**febris,** febris *f*	Fieber	febri iactari *vom Fieber geschüttelt werden*	e.: fever f. : fièvre
14	✧ **fēlīx,** fēlīcis	glücklich	feliciter evenire *gut ausgehen* Felix, qui potuit rerum cognoscere causas!* (VERGIL) *Glücklich, wer die Gesetze der Welt erkennen konnte!*	e.: felicitous
	✧ fēmina	Frau		f. : femme Femininum
	✦ fīlius	Sohn		f. : fils
	fīlia	Tochter	cum filiis et filiabus *mit Söhnen und Töchtern*	f. : fille Filiale
15	✧ dē|**féndere,** dēfendō, dēfendī, dēfēnsum	verteidigen, abwehren	ab iniuria defendere *vor Unrecht schützen*	e.: to defend f. : défendre Defensive
	of|fendere	anstoßen; beleidigen		e.: to offend f. : offendre Offensive
16	**fenestra** *(etrusk.)*	Fenster		f. : fenêtre
17	✦ **ferē** *(Adv.)*	ungefähr, fast; gewöhnlich	omnes fere populi *fast alle Völker*	
18	**fēriae,** -ārum	Feiertage	feriis Latinis *am Bundesfest der Latiner*	e.: fair f. : foire Ferien
	fēstus	festlich, feierlich	dies festos agere *Festtage feiern*	e.: feast f. : fête Fest

	(fēriae)			
	fānum	Heiligtum, Tempel	fana spoliare *Tempel ausplündern*	
	pro|fānus	unheilig, ungeweiht		e./f.: profane profan
19	**ferīre**	schlagen, stoßen	hostem ferire *einen Feind töten* animum ferire *Eindruck machen*	
20	✦ **ferre, ferō, tulī, lātum**	tragen, bringen; ertragen; berichten	auxilium ferre *Hilfe bringen* legem ferre *einen Gesetzesantrag stellen (ein Gesetz einbringen)* laudem ferre *Lob ernten* graviter / aegre / moleste ferre *verübeln* ut Graeci ferunt *wie die Griechen berichten* Hannibal Scipioni libere respondisse fertur. *Hannibal soll Scipio freimütig geantwortet haben.*	e.: to bear Legis-lative
	✧ **forte** *(Adv.)*	zufällig, vielleicht	Ibam forte viā sacrā.* (Horaz) *Ich ging zufällig auf der Heiligen Straße.*	
	forsitan *(Adv.)*	vielleicht		
	fortasse *(Adv.)*	vielleicht, etwa		
	✦ **fortūna** *Pl.:*	Schicksal, Glück Güter, Vermögen	fortunae cedere *sich in sein Schicksal fügen* fortunas adimere *den Besitz wegnehmen*	e./f.: fortune
	fūr, fūris *m*	Dieb		
	✧ **af|ferre, ǽfferō, attulī, allātum**	herbeitragen, herbeibringen; melden	hoc nuntio allato *auf diese Nachricht hin* cladem afferre *eine Niederlage beibringen*	
	au|ferre, aúferō, abstulī, ablātum	wegtragen, wegbringen; rauben	se auferre *sich davonmachen* Aufer! *Da nimm!*	Ablativ
	circum|ferre, circúmferō, circumtulī, circumlātum	herumtragen, ringsum verbreiten		

(ferre)

✧ **cōn|ferre, cṓnferō, contulī, collātum**	zusammentragen; zusammenbringen; vergleichen	exemplum conferre *ein Beispiel anführen* crimina in aliquem conferre *jemandem Verbrechen zur Last legen* se ad studia conferre *sich den Studien widmen*	e.: to confer Konferenz kollationieren „cf.“ (< confer!)
✧ **dē|ferre, dḗferō, dētulī, dēlātum**	herabbringen; überbringen, melden	regnum deferre *die Königswürde antragen* navis aestu delata *ein von der Strömung abgetriebenes Schiff*	e.: to defer
✧ **dif|fere, dífferō, distulī, dīlātum**	aufschieben	Nihil differamus in proximum diem!* *Was du heute kannst besorgen, das verschiebe nicht auf morgen!**	e.: to differ f.: différent Differenz in-different
intrans. (ohne Perf.):	verschieden sein	Gentes Galliae moribus valde differebant. *Die Volksstämme Galliens waren in ihren Sitten sehr verschieden.*	
✧ **ef|ferre, éfferō, extulī, ēlātum**	aufheben, herausheben; bestatten	laudibus efferre *mit Lob überhäufen* victoriā elatus *durch den Sieg übermütig geworden* mortuum funere amplo efferre *einen Toten feierlich bestatten*	
īn|ferre, ī́nferō, intulī, illātum	hineintragen; zufügen	vim inferre *Gewalt antun*	e.: to infer
of|ferre, ófferō, obtulī, oblātum	entgegenbringen, anbieten	invidiae se offerre *sich dem Neid aussetzen*	e.: to offer f.: offrir Offerte Opfer
✧ **per|ferre, pérferō, pertulī, perlātum**	hinbringen; ertragen, aushalten	Fama Romam perlata est. *Die Kunde drang nach Rom.* labores perferre *Strapazen ertragen*	
✧ **prae|ferre, práeferō, praetulī, praelātum**	vorziehen; an den Tag legen	otium labori praeferre *das Nichtstun der Arbeit vorziehen* sensus aperte praeferre *seine Gefühle offen zeigen*	e.: to prefer f.: préférer Präferenz Prälat
prō|ferre, prṓferō, prōtulī, prōlātum	hervorbringen, vorzeigen; ausdehnen	oratio prolata *eine mündlich vorgetragene Rede* diem proferre *den Termin verschieben*	
probrum	Vorwurf, Schande		

	(ferre)			
	✦ **re|ferre, réferō, rettulī, relātum**	zurückbringen; berichten, melden	gratiam referre *Dank abstatten* par pari referre *Gleiches mit Gleichem vergelten* pedem referre *sich zurückziehen* Relata refero.* *Ich war nicht Augenzeuge (eigtl. ich gebe Berichtetes wieder).*	e.: to refer Referent Referat Relation relativ
	rē|fert, rētulit	es ist wichtig, es ist daran gelegen	meā refert *es liegt in meinem Interesse*	
	✧ **trāns|ferre, trānsferō, trānstulī, trānslātum**	hinübertragen; übertragen, übersetzen	artem ad usum transferre *die Kunst / Theorie auf die Praxis anwenden* verba translata *Worte im übertragenen Sinn (d. h. Metaphern)*	e.: to transfer f.: transférer Transfer e.: to translate
21	✦ **ferrum**	Eisen, Schwert	Ferrum tuetur principem, melius fides.* *Das Schwert (d. h. eine Leibwache) schützt den Fürsten zwar, besser schützt ihn aber das Vertrauen.* ferro ignique *mit Feuer und Schwert*	f.: fer
22	**ferus**	wild, roh; ungezähmt		
	fera *Pl.:*	(wildes) Tier Wild		
	✧ **ferōx, ferōcis**	wild, trotzig	animus ferox *eine radikale Einstellung*	e.: ferocious f.: feroce
23	**fervēre**	glühen, brennen; brausen	undae ferventes *brausende Wellen*	
24	**festīnāre**	eilen, sich beeilen	Festīna lente!* (Augustus) *Eile mit Weile!**	
25	✦ **fidēs, fideī** *f*	Treue, Glaube, Vertrauen	fidem dare *sein Wort geben* rei fidem facere *eine Sache glaubhaft machen* fidem habere *Glauben schenken* fidem servare *sein Wort halten* se in fidem Romanorum permittere *sich in den Schutz der Römer begeben*	e.: faith f.: foi
	fidus **fidēlis / fidēle**	treu, zuverlässig	aliquem sibi fidum facere *sich jemands Treue versichern*	f.: fidèle

	(fidēs)			
	fidūcia	Vertrauen, Zuverlässigkeit	fiducia sui *Selbstvertrauen*	
	pér|fidus	treulos, tückisch		e.: perfidious f.: perfide perfid
	✧ foedus, foederis *n*	Vertrag, Bündnis	sibi aliquem foederibus iungere *jemand durch Verträge an sich binden* foedera violare *Verträge brechen*	f.: fédéral Föderalismus CH (< *Confoederatio Helvetica)*
	cōn|fidere, cōnfidō, cōnfīsus sum	vertrauen	amicis confisus *im Vertrauen auf die Freunde*	e.: to confide confident f.: confier
26	✦ **fierī,** fīō, (factus sum)	werden, geschehen; gemacht werden	Quid de eis fieri placet? *Was soll mit diesen geschehen?* Fieri potest, ut ... *Es ist möglich, dass ... / Möglicherweise ...* Fieri non potest, ut / quin ... *Es ist unmöglich, dass / dass nicht ...* Fiat iustitia, pereat mundus!* (Kaiser Ferdinand I.) *Recht muss werden, mag auch die Welt zugrunde gehen!*	
27	✧ **fígere,** fīgō, fīxī, fīxum	heften, befestigen	stellae sub alto aethere fixae *die Sterne am hohen Himmel*	e.: to fix f.: fixer fixieren Fix-stern
	af|fīgere	anheften, festmachen	cruci figere / affigere *kreuzigen (lassen)*	e.: to affix
28	✧ **fíngere,** fingō, finxī, fictum	formen, gestalten, bilden; erdichten	Simulata et ficta numquam diuturna.* *Lügen haben kurze Beine.**	e.: to feign f.: feindre Fiktion fingiert Finte
	figūra	Form, Gestalt, Bild		e./f.: figure
29	✦ **fīnis,** fīnis *m* *Pl.:*	Grenze, Ende; Ziel Gebiet	Rubico erat finis Galliae. *Der (Fluss) Rubikon bildete die Grenze Galliens.* dicendi finem facere *eine Rede beenden* a fine incipere *das Pferd vom Schwanz her aufzäumen* (eigtl.: mit dem Ende beginnen)*	f.: fin it.: fine Finale Final-satz

(fīnis)			
✦ **fīni|timus**	angrenzend, benachbart	civitates finitimae *die angrenzenden Stämme*	
fīnīre	begrenzen, beendigen		e.: to finish f. : finir
īn|fīnītus	unbegrenzt, unendlich		e.: infinite f. : infini Infinitiv
dē|fīnīre	abgrenzen, näher bestimmen	Quid dicatur, definiam. *Ich will das Gesprächsthema genauer bestimmen.*	e.: to define f. : définir Definition
30 ✧ **firmus**	stark, fest, zuverlässig	Concordi populo nihil firmius est. *Es gibt nichts Stärkeres als ein einiges Volk.*	e.: firm f. : ferme Firma
īn|firmus	schwach, unzuverlässig		f. : infirme
firmāre	stärken, befestigen, sichern	regnum firmare *die Herrschaft festigen*	f. : fermer Firmung
af|firmāre	bekräftigen, bestätigen; behaupten		e.: to affirm f. : affirmer affirmativ
✧ **cōn|firmāre**	stärken, verstärken; bekräftigen	pacem et amicitiam confirmare *Frieden und Freundschaft bekräftigen*	e.: to confirm f. : confirmer Konfirmation
31 **flāgitium**	Schandtat, Vergehen; Niederträchtigkeit	flagitia committere *Schandtaten begehen*	
32 ✧ **flamma**	Flamme, Feuer, Glut		e.: flame f. : flamme
īn|flammāre	anzünden; anfeuern	Dux classem inflammari iussit. *Der Feldherr ließ die Flotte in Brand setzen.*	e.: to inflame f. : enflammer
fulgēre, fulgeō, fulsī	blitzen, strahlen	Luna fulgebat. *Der Mond leuchtete.*	
fulmen, fulminis *n*	Blitz	Iuppiter fulmina torquet. *Jupiter schleudert die Blitze.*	fulminant
flagrāre	brennen, lodern	desiderio flagrare *sich vor Sehnsucht verzehren* in flagranti* (Codex Iustinianus) *auf frischer Tat*	e./f.: flagrant

33	cōn|**flāre**	blasen, zusammenbringen, anstiften	invidiam conflare *Neid erregen* grande aes alienum conflare *sich tief in Schulden stürzen*	In-flation De-flation
34	**flāvus**	gelb, blond	Tiberis flavus *der schmutziggelbe Tiber*	
35	✧ **fléctere,** flectō, flexī, flexum	biegen, beugen	animos hominum iratorum flectere *erzürnte Menschen umstimmen*	e.: to flex f.: flexion flexibel re-flektieren flechten
36	**flēre,** fleō, flēvī, flētum	weinen, beklagen	Barbari flentes pacem petiverunt. *Die Barbaren baten weinend um Frieden.*	flennen
37	af|**flī́gere,** afflīgō, afflīxī, afflīctum	niederschlagen, entmutigen	naves gravissime afflictae *sehr schwer beschädigte Schiffe* casu afflictus *vom Unglück schwer getroffen*	e.: to afflict f.: affliger
	cōn|flīgere	zusammenstoßen, kämpfen		e.: to conflict Konflikt
38	**flōs,** flōris *m*	Blume, Blüte	flos aetatis *die besten Jahre des Lebens*	e.: flower f.: fleur Flora Floskel
	flōrēre, flōreō, flōruī	blühen	urbes florentes *wohlhabende Städte*	e.: to flourish florieren
39	**flúere,** fluō, flūxī	fließen, strömen	Cuncta fluunt.* (nach HERAKLIT) *Alles befindet sich im Wandel.*	e.: fluent e.: flux
	flūctus, -ūs *m*	Flut, Strömung, Woge	fluctibus excitatis *wenn die Fluten aufgewühlt sind*	Fluktuation
	✦ flūmen, flūminis *n*	Fluss, Strom	secundo flumine *flussabwärts* adverso flumine *flussaufwärts*	
40	**focus**	Herd, Heim	pro aris et focis certare *für Haus und Hof kämpfen*	f.: feu
41	**fódere,** fodiō, fōdī, fossum	graben, stechen	terram fodere *die Erde aufgraben*	Fossilien
	fossa	Graben, Kanal	castra vallo fossaque munire *das Lager mit Wall und Graben sichern*	f.: fosse Fossa Carolina

42	**foedus**	hässlich, abscheulich	foeda atque crudelia facinora facere *abscheuliche und grausame Verbrechen verüben*	
43	**folium**	Blatt		f. : feuille Folie Foliant Feuilleton
44	**fōns,** fontis *m*	Quelle; Ursprung	Ad fontes!* (Wahlspruch der Humanisten) *Zu den Quellen!*	e.: fountain f. : fontaine it.: fontana Fontäne Fontanelle
45	**forīs** *(Adv.)*	draußen, außerhalb; im Krieg	foris cenare *auswärts essen*	
	forās *(Adv.)*	hinaus, heraus	foras edere *bekannt machen*	
46	✧ **fōrma**	Form, Gestalt; Schönheit	formae ⟨geometricae⟩ *geometrische Figuren* mulier formā exellens *eine außergewöhnlich schöne Frau*	e.: form f. : forme
	fōrmāre	formen, gestalten		e.: to form f. : former it.: formaggio formatieren
	fōrmōsus	wohlgestaltet, schön		
47	**formīdō,** formīdinis *f*	Furcht, Schreckbild	formidinem inicere *Furcht einjagen*	e./f.: formidable
	formīdulōsus	fürchterlich, schrecklich		
48	✦ **fortis /** forte	tapfer, mutig	viri fortes *Helden* Fortes fortuna adiuvat.* (Terenz) *Den Tapferen hilft das Glück.*	f. : fort it.: forte fortissimo Fort
	fortitūdō, fortitūdinis *f*	Tapferkeit, Mut	gloria fortitudinis *ein Ruhm, der auf Tapferkeit beruht*	
49	✧ **forum**	Marktplatz; Öffentlichkeit; Forum	in foro versari *sich auf dem Forum aufhalten*	Schul-forum
50	**frángere,** frangō, frēgī, frāctum	brechen, verletzen, schwächen	corpore fractus *gebrechlich (eigtl. körperlich gebrochen)* animum alicuius frangere *jemanden entmutigen*	e./f.: fracture Fragment Fraktur Fraktion
	frágilis / fragile	zerbrechlich, schwach	gloria fragilis *unbeständiger Ruhm*	e./f.: fragile fragil
	suf|frāgium	Abstimmung; Wahl, Wahlrecht	in suffragium ire *abstimmen* civitas sine suffragio *eine Gemeinde ohne Wahlrecht*	e./f.: suffrage Suffragetten

51	✧ **frāter,** frātris *m*	Bruder		e.: fraternal f.: frère fraternisieren
52	**fraus,** fraudis *f*	Täuschung, Betrug; Nachteil	fraude ac dolo *mit List und Tücke* legi fraudem adhibere *ein Gesetz umgehen*	e.: fraud f.: fraude
	frūstrā *(Adv.)*	vergebens, umsonst; grundlos	frustra tempus consumere *seine Zeit verschwenden*	e.: to frustrate f.: frustrer frustrieren
53	**frémere,** fremō, fremuī	brausen, lärmen; murren	Venti fremunt. *Die Winde tosen.* dentibus fremere *(vor Wut) mit den Zähnen knirschen*	f.: frémir brummen
54	**frēnum** (*Akk. Pl. auch* frenos)	Zügel	frena / frenos remittere *die Zügel schießen lassen*	f.: frein it.: freno
55	✧ **frequēns,** frequentis	zahlreich, häufig	Cives frequentes in forum convenerunt. *Die Bürger eilten in Scharen auf das Forum.* urbs frequens tectis *eine Stadt mit vielen Häusern*	e.: frequent f.: fréquent
	frequentia	zahlreicher Besuch, Volksmenge	frequentia audientium *zahlreiche Zuhörerschaft*	e.: frequency f.: fréquence Frequenz
56	**frīgus,** frīgoris *n*	Kälte, Frost	patientia frigoris *die Fähigkeit, Kälte zu ertragen*	
	frīgidus	kalt, starr		e.: frigid f.: froid frigidaire it.: freddo
57	**frōns,** frondis *f*	Laub	frondibus ornare *mit Laub schmücken*	
58	✧ **frōns,** frontis *f*	Stirn, Gesicht; Vorderseite	cohortes in fronte collocare *die Kohorten vorne aufstellen*	e./f.: front Front frontal
59	**fruī,** fruor *(ohne Perf.)*; fruitūrus	genießen, sich erfreuen	voluptate frui *sich dem Vergnügen hingeben*	
	✧ frūctus, -ūs *m*	Frucht, Ertrag; Nutzen	ex otio fructum capere *aus der freien Zeit Nutzen ziehen*	e./f.: fruit
	frūgēs, frūgum *f*	Feldfrüchte		frugal
	✦ frūmentum	Getreide	hostes frumento intercludere *den Feinden die Getreidezufuhr unterbinden*	f.: froment

60	✧ **fúgere, fugiō, fūgī; fugitūrus**	fliehen (vor), meiden	hostes fugere *vor den Feinden fliehen* fugiens laboris *arbeitsscheu*	f.: fuir
	✦ **fuga**	Flucht	fugae se mandare *sich zur Flucht wenden* fugā salutem petere *sein Heil in der Flucht suchen*	Fuge zentri-fugal
	fugāre	in die Flucht schlagen, vertreiben	hostes fundere ac fugare *die Feinde vernichtend schlagen*	
	fugi|tīvus *Subst.:*	flüchtig Überläufer; entlaufener Sklave	Ea res per fugitivos nuntiatur. *Dies wird durch Überläufer gemeldet.*	e.: fugitive f.: fugitif
	cōn|fugere	sich flüchten	ad philosophiam confugere *bei der Philosophie Zuflucht suchen*	
	ef|fugere	entfliehen, entkommen	Rationem ostendam, quā tanta mala effugiatis. *Ich will euch einen Weg zeigen, wie ihr aus einer so misslichen Lage herauskommen könnt.*	
	per|fugere	sich flüchten; überlaufen		
	pro|fugere	sich flüchten		
61	**fūmus**	Rauch, Dampf		e.: fume Parfüm
62	**fūndere, fundō, fūdī, fūsum**	ausgießen, zerstreuen	copias fundere *die Truppen auseinandertreiben* vocem fundere *die Stimme ertönen lassen*	f.: fondre
	cōn|fundere	vermischen, verwirren	voces confusae *wirres Geschrei*	f.: confondre konfus Konfusion
	dif|fundere	zerstreuen, verbreiten	Sanguis per venas in omne corpus diffunditur. *Das Blut verteilt sich durch die Adern im ganzen Körper.*	diffus
	ef|fūsus	zerstreut; aufgelöst, losgelassen	large effuseque donare *verschwenderisch schenken*	
63	**fundus**	Boden, Grundstück	fundum relinquere *ein Grundstück hinterlassen*	e.: fund f.: fond Fond
	fundā|mentum	Grund, Grundlage	Iustitia est fundamentum regnorum.* *Gerechtigkeit ist die Grundlage jeder Herrschaft.*	f.: fondement Fundament fundamental

64	✧ **fungī,** fungor, fūnctus sum	verrichten, verwalten	officio fungi *seine Pflicht tun* munere fungi *ein Amt verwalten*	fungieren Funktion
65	**fūnus,** fūneris *n*	Begräbnis; Verderben	Apud Gallos funera erant magnifica. *Bei den Galliern waren Leichenfeiern prächtig.*	e.: funeral f.: funérailles
66	✧ **furor,** -ōris *m*	Wahnsinn; Tollheit; Wut		f.: fureur it.: furore
	furēns, furentis	wütend, tobend	libidinibus furens *in glühender Leidenschaft*	
67	**futūrus**	zukünftig	rerum futurarum scientia *die Kenntnis der Zukunft*	e.: future f.: futur Futur

1	✧ **gaudēre,** gaudeō, gāvīsus sum	sich freuen	Gaudeamus igitur, iuvenes dum sumus!* (STUDENTENLIED) *Freuen wir uns also, solange wir jung sind!*	e.: to enjoy f.: jouir
	✧ gaudium	Freude, Vergnügen		e.: joy f.: joie „Gaudi“
2	**gélidus**	kalt, eisig		
	glaciēs, glaciēī *f*	Eis, Frost	Glacies aspera plantas secat. *Grimmiger Frost schädigt die Pflanzen.*	f.: glace e./f.: glacier Gletscher
3	**gémere,** gemō, gemuī	seufzen, stöhnen, ächzen		f.: gémir
4	**géminus**	Zwillings-; doppelt	geminus frater *Zwillingsbruder*	f.: jumeau
5	**gemma**	Edelstein		e.: gem Gemme
6	**gena**	Wange		f.: joue
7	**gener,** generī	Schwiegersohn		f.: gendre
8	✦ **gérere,** gerō, gessī, gestum	tragen, führen; verrichten	bellum gerere *einen Krieg führen* dum haec geruntur *inzwischen (eigtl.: während dies ausgeführt wurde)* his rebus gestis *danach (eigtl.: als dies ausgeführt war)* in gerenda re publica *bei der Verwaltung des Staates* res gestae *die Geschichte (eigtl.: die vollbrachten Taten)* se honeste gerere *sich anständig betragen*	Gerundium Gerundiv Geste
	ag|ger, aggeris *m*	Damm	aggerem exstruere *einen Damm errichten*	
9	**gladius**	Schwert	gladio minari *mit dem Schwert bedrohen*	Gladiole
10	**globus**	Kugel, Haufe		e./f.: globe Globus global

11	✦ **glōria**	Ruhm, Ehre	Gloria in ⟨excelsis⟩ deo!* (NT) *Ehre sei Gott in der Höhe!*	e.: glory f.: gloire Gloriole
	glōriārī	sich rühmen, prahlen	vitiis gloriari *sich seiner Fehler rühmen*	
12	gí|**gnere,** gignō, genuī, genitum	erzeugen, hervorbringen	Ad maiora quaedam nos natura genuit. *Die Natur hat uns zu Höherem geschaffen.*	Genitiv
	✦ gēns, gentis *f*	Geschlecht, Stamm, Volk	ex gente clarissima Corneliorum *aus dem hochberühmten Geschlecht der Cornelier* Ubinam gentium? *Wo denn in aller Welt?*	f.: gens „Gendarm“
	✦ genus, generis *n*	Geschlecht, Gattung, Art	nobili genere natus *aus einem vornehmen Geschlecht* Sunt tria genera rei publicae. *Es gibt drei Arten von Staatsverfassungen.*	e.: gender f.: genre
	generāre	erzeugen, hervorbringen	Deus hominem generavit. *Gott hat den Menschen erschaffen.*	Generator Generation
	generōsus	adelig, edel		e.: generous f.: généreux generös
	genitor, -ōris *m*	Vater	genitor deorum *Vater der Götter (Bezeichnung für Jupiter)*	
	✦ in|genium	Anlage, Begabung	scriptorum magna ingenia *große schriftstellerische Talente*	e.: ingenious Ingenieur Genie
	in|genuus	edel, von freien Eltern (stammend)	Artibus ingenuis quaesita est gloria multis.* (Ovid) *Ruhm wurde von vielen durch die Künste erworben.*	e.: ingenuous f.: ingénu
	✦ in|gēns, ingentis	ungeheuer, gewaltig		
	prō|geniēs, prōgeniēī *f*	Abstammung, Nachkommenschaft; Nachkomme	virtutem, non progeniem quaerere *nach der Leistung, nicht nach der Herkunft fragen*	
	benī|gnus	gütig, freigebig	Legatio nusquam benigne audita est. *Die Gesandtschaft wurde nirgends freundlich angehört.*	
	✦ nāscī, nāscor, nātus sum	geboren werden, entstehen	Nemo sine vitiis nascitur.* *Kein Mensch wird ohne Fehler geboren.* Omne malum nascens facile opprimitur.* (Cicero) *Jedes Übel lässt sich im Entstehen (noch) leicht unterdrücken.*	f.: naître Re-naissance

(gí|**gnere**)			
✦ nātus *Subst.:*	geboren Sohn	anno post Christum natum nono *im Jahre 9 nach Christi Geburt* novem annos natus *im Alter von neun Jahren* Maiā natus *der Sohn der Maia*	Renate René
nātū *(Abl.)*	von Geburt, dem Alter nach	minor natu *jünger* grandis natu *hochbetagt*	
nātiō, -ōnis *f*	Volksstamm, Volk	urbes atque nationes subigere *Städte und Völker unterwerfen*	e./f.: nation Nation inter-national
co|gnātus *Subst.:*	blutsverwandt Verwandter	cognatos sibi conciliare *die Verwandten für sich gewinnen*	e.: cognate
✦ nātūra	Natur, Wesen; Welt	secundum naturam vivere *in Einklang mit der Natur leben*	e./f.: nature
nātūrālis / nātūrāle	natürlich, wesenhaft	filius naturalis *ein leiblicher Sohn* *(im Gegensatz zum Adoptivsohn)*	e.: natural f.: naturel Naturell
13 ✦ co|**gnóscere,** cognōscō, cognōvī, cógnitum	erkennen, bemerken, kennen lernen	Cognovi vos fortes fidosque. *Ich kenne euch als tapfere und treue Männer.* causā cognitā *nach Untersuchung des Rechtsfalles*	f.: connaître
co|gnitiō, -ōnis *f*	Erkenntnis, Bekanntschaft	cognitiones rerum capitalium *gerichtliche Untersuchungen bei Kapitalverbrechen*	
nóscere, nōscō <gnōscere	kennen lernen	Nosce te ipsum!* *Erkenne dich selbst!*	
✧ nōvisse *und* nōsse, nōvī, nōtum	kennen, wissen	Quam quisque norit (= noverit) artem, in hac se exerceat!* *Schuster, bleib bei deinem Leisten!**	e.: to know
✧ nōtus	bekannt	scriptor notus *ein angesehener Schriftsteller*	e.: notorious notorisch
nōtitia	Kenntnis; Bekanntschaft, Begriff	dei notitiam habere *eine Gottesvorstellung haben*	Notiz
✧ ī|gnōtus	unbekannt	homo ignotus et novus *ein unbekannter Emporkömmling*	
a|gnōscere	(wieder) erkennen anerkennen		
ī|gnōscere	verzeihen	Ignoscito saepe alteri, numquam tibi!* (Publilius Syrus) *Verzeih oft dem Nächsten, niemals dir!*	

	(co|gnóscere)			
	✦ nōbilis / nōbile	edel, berühmt, vornehm	nobilissimi civitatis *die vornehmsten Bürger der Stadt*	e./f.: noble „nobel" Nobel-garde
	ī|gnōbilis / īgnōbile	von niederer Abkunft; unbekannt	mulier ex aliqua familia non ignobili *eine Dame aus einer recht angesehenen Familie*	e./f.: ingnoble
	✧ nōbilitās, nōbilitātis *f*	Adel, Berühmtheit	coniuratio nobilitatis *eine Verschwörung unter dem Adel*	e.: nobility f.: noblesse
	nārrāre	erzählen, erwähnen		e.: to narrate f.: narrer
	ī|gnārus	unwissend, unkundig	Crassus haud ignarus eius consilii fuit. *Crassus kannte diesen Plan genau.*	
	ī|gnōrāre	nicht wissen, nicht kennen	haud ignorare *genau kennen / genau wissen*	e.: to ignore f.: ignorer ignorieren Ignoranz
14	✧ **gradus, -ūs** *m*	Schritt, Stufe; Rang	gradus aetatis *die Altersstufen* gradus honorum *die Ämterlaufbahn*	e./f.: grade Grad graduiert de-gradieren
	✧ ág|gredī, aggredior, aggressus sum	herangehen, angreifen	facinus aggredi *eine Tat in Angriff nehmen* a latere aggredi *an / in der Flanke angreifen*	Aggression aggressiv
	con|gredī	zusammentreffen; kämpfen		Kongress
	✧ ē|gredī	herausgehen, hinausgehen, verlassen	curiā egredi *die Ratsversammlung verlassen*	
	in|gredī	hineingehen, einherschreiten	viam ingredi *einen Weg einschlagen* orationem ingredi *eine Rede beginnen*	Ingredienz
	prō|gredī	weitergehen; vorrücken, Fortschritte machen		e.: to progress f.: progrès progressiv
15	**grandis / grande**	groß, alt; erhaben	grandis natu *hochbetagt* grandem pecuniam debere *viel Geld schulden*	e./f.: grand it./span.: grande

16	✧ **grātus**	angenehm; dankbar		Persona non grata
	✦ grātia	Gunst; Ansehen; Dank; Anmut	gratiam minuere *den Einfluss verringern* gratiam habere *Dank wissen* gratias agere *(mit Worten) danken* gratiam referre *(mit einer Tat) danken*	e.: grace f. : grâce it.: grazie Grazie graziös gratis
	grātiā *(Abl.)*	um … willen	amicitiae gratiā *um der Freundschaft willen* meā gratiā *um meinetwillen / mir zuliebe*	
	grātulārī	beglückwünschen; danken	Totius fere Galliae legati ad Caesarem gratulatum convenerunt. *Gesandte von fast ganz Gallien kamen zu Caesar, um ihn zu beglückwünschen.*	e.: to congratulate gratulieren
17	✦ **gravis / grave**	schwer; drückend ernst	poenae graves *schlimme Strafen* graviter ferre iniurias *über Ungerechtigkeiten ungehalten sein*	e./f.: grave gravierend
	gravitās, gravitātis *f*	Gewicht; Würde; Ernst		e.: gravity Gravitation gravitätisch
18	**gremium**	Schoß; das Innere	rem in deorum gremiis ponere *eine Sache den Göttern anvertrauen*	Gremium
19	**grex,** gregis *m*	Herde, Schar	Qualis rex, talis grex.* *Wie der Herr, so sein Gesinde.* gregem facere *sich versammeln / sich zusammenrotten*	Ag-gregat Kon-gregation
	✧ ē|grégius	hervorragend, ausgezeichnet		
20	con|**grúere,** cóngruō, congruī	zusammenfallen, übereinstimmen	Dicta cum factis congruunt. *Die Worte stimmen mit den Taten überein.*	e.: congruent Kongruenz
21	**gubernāre** *(griech.)*	steuern, leiten	consilio regere et gubernare rem publicam *den Staat mit Umsicht lenken und leiten*	e.: to govern f. : gouverner Gouverneur Gouvernante
22	**gula**	Kehle; Genusssucht		f. : gueule

1	✦ **habēre,** habeō, habuī, habitum	haben, halten; besitzen	senatum habere *eine Senatssitzung abhalten* orationem habere *eine Rede halten* in numero amicorum haberi *unter die Freunde gezählt werden* in animo habere *beabsichtigen* Res ita se habet. *Es verhält sich so.*	f. : avoir
	habitus, -ūs *m*	Zustand, Aussehen, Kleidung	habitus carporis *Körperhaltung* habitus animi *die seelische Verfassung*	e./f.: habit Habit
	habitāre	wohnen, bewohnen		e.: to inhabit f. : habiter
	ad|hibēre, adhibeō, adhibuī, adhibitum	anwenden; heranziehen, dazunehmen	vim adhibere *Gewalt anwenden* medicum adhibere *einen Arzt zuziehen*	
	co|hibēre	festhalten; einschränken, hindern	lacrimas vix cohibere *die Tränen nur mit Mühe unterdrücken*	
	✦ dēbēre, dēbeō, dēbuī, dēbitum	sollen; schulden, müssen	Et dimitte nobis debita nostra!* (VATERUNSER) *Und vergib uns unsere Schuld!* Beneficium oblivisci non debetis. *Ihr dürft die Wohltat nicht vergessen.*	e.: debt duty f. : devoir Debet
	praebēre, praebeō, praebuī, praebitum	darreichen, gewähren; zeigen	aures praebere *Gehör schenken* severum se praebere *sich streng zeigen*	Pfründe
	✦ pro|hibēre	abhalten, hindern, verhindern	itinere prohiberi *am Marsch gehindert werden* cives calamitate prohibere *die Bürger vor Schaden bewahren*	e.: to prohibit prohibition
2	✧ **haerēre,** haereō, haesī; haesūrus	hängen, stecken bleiben, nicht loskommen	Semper aliquid haeret.* *Etwas bleibt immer hängen.*	Ad-häsion Ko-häsion
3	✦ **haud** *(subjektiv verneinend)*	nicht	Haud scio, an satis sit. *Ich weiß nicht, ob es nicht (schon) genügt. / Vermutlich genügt es (schon).* haud dubie *zweifellos / ganz sicher* haud procul *nicht weit / ganz in der Nähe*	

4	**haurīre,** hauriō, hausī, haustum	schöpfen, leeren	poculum haurire *den Becher leeren* voluptates haurire *die Vergnügungen auskosten*	
	ex|haurīre	ausschöpfen, erschöpfen, leeren		e.: to exhaust
5	**herba**	Pflanze, Kraut; Halm		e.: herb f.: herbe Herbarium
6	**hērēs,** hērēdis { *m* / *f*	Erbe Erbin		e.: heir f.: hérédité
7	**herī** *(Adv.)*	gestern		f.: hier
8	✦ **hic /** haec / hoc	dieser		
		1. *der unmittelbar vor Augen Stehende*	hi mores *die heutigen Sitten*	
		2. *der unmittelbar Folgende oder Vorhergehende*	Haec fere respondit. *Er antwortete ungefähr Folgendes.* hoc triduo *in den letzten drei Tagen*	
		3. *Besitz der ersten Person*	hic mundus *diese unsere Welt*	
	✦ hīc *(Adv.)*	hier	Hic Rhodus, hic salta!* (nach Äsop) *Hier ist Rhodus, hier spring!*	
	✧ hinc *(Adv.)*	von hier aus; seitdem	Hinc incipiam. *Ich will hier beginnen.*	
	✧ hūc *(Adv.)*	hierher; so weit	Huc accedit, quod ... *Dazu kommt noch, dass ...*	
	✧ ad|hūc *(Adv.)*	bis jetzt; noch, noch immer	Unam adhuc epistulam a te accepi. *Ich habe bis jetzt erst einen Brief von dir erhalten.*	
9	✧ **hiems,** hiemis *f*	Winter, Kälte; Sturm	frumentum in hiemem providere *Getreide für den Winter beschaffen*	
	hīberna, -ōrum	Winterlager	legiones ex hibernis educere *die Legionen aus dem Winterlager herausführen*	f.: hiver
10	**hílaris /** hilare	heiter, froh, vergnügt		e.: hilarious f.: hilarité
11	**históriа** *(griech.)*	Forschung; Geschichtsschreibung	historiae Graecae scriptor *ein griechischer Historiker*	e.: history, story f.: histoire historisch

12 ✦ **homō, hominis** *m*	Mensch	post hominum memoriam *seit Menschengedenken*	f.: homme on
Pl.:	Leute	homines docti *gebildete Leute*	
		Homo homini lupus.* (Plautus) *Der Mensch ist für den Menschen ein Wolf (d. h. verhält sich dem anderen gegenüber wie ein Wolf).*	
✦ **nēmō** < ne-hemo	niemand	nemo vestrum *niemand von euch*	
humus *f*	Erdboden, Boden		Humus ex-humieren
humī *(Lokativ)*	am Boden	humi iacēre *am Boden liegen*	
✧ **húmilis / humile**	niedrig, gering; demütig	humili loco ortus *von einfacher Herkunft*	e./f.: humble
✦ **hūmānus**	menschlich, menschenfreundlich; gebildet	Homo sum: humani nil (= nihil) a me alienum puto.* (Terenz) *Ich bin ein Mensch; ich glaube, dass nichts Menschliches mir fremd ist.*	e.: human f.: humain human Humanismus
hūmānitās, hūmānitātis *f*	Menschlichkeit; Bildung	Humanitatis est. *Es ist ein Gebot der Menschlichkeit.* ea, quae multum ab humanitate discrepant *grobe Verstöße gegen die Menschlichkeit.*	e.: humanity f.: humanité Humanität humanitär
13 ✦ **honōs, honōris** *m*	Ehre, Ehrenamt	in summo honore esse *in höchstem Ansehen stehen*	e.: honour f.: honneur Honorar Honoratioren
Pl.:	Ämterlaufbahn	ad amplissimum honorem pervenire *zum höchsten Ehrenamt (dem Konsulat) gelangen*	
		Honos est onus.* *Würden sind Bürden.*	
✧ **honestus**	angesehen; ehrenhaft, anständig	divitias honestas velle *ehrenhaften Reichtum anstreben (d. h. auf anständige Weise)*	e.: honest f.: honnête
honestum	das sittlich Gute		
honestās, honestātis *f*	Ansehen, Ehrenhaftigkeit; Würde	honestate summum bonum metiri *die Sittlichkeit zum Maßstab für das höchste Gut machen*	e.: honesty f.: honnêteté
14 ✧ **hōra** *(griech.)*	Stunde	Horae volant.* *Die Stunden (ver)fliegen.*	e.: hour f.: heure Uhr

15	**horrēre,** horreō, horruī	schaudern (vor)	crudelitatem tyranni horrere *vor der Grausamkeit des Tyrannen Schauder empfinden*	
	horror, -ōris *m*	Schauder, Schrecken		e.: horror f.: horreur Horror
	horridus	schrecklich, entsetzlich, struppig		e.: horrid
16	✧ **hortārī**	auffordern, mahnen, ermuntern	cives ad pacem hortari *die Bürger zum Frieden ermahnen*	e.: to exhort f.: exhorter
	co|hortārī	auffordern, ermuntern	Dux cohortatus suos proelium commisit. *Der Feldherr ermahnte seine Leute; dann begann er die Schlacht.*	
17	**hortus**	Garten	horti Caesaris *die Parkanlagen Caesars*	e.: yard garden f.: jardin Hort
	✧ co|hors, cohortis *f*	Kohorte; Schar	*(Eine Kohorte war der zehnte Teil einer Legion; ihre Sollstärke betrug 600 Mann.)*	e.: court f.: cour
18	✦ **hostis,** hostis *m*	Feind; Fremder	castra hostium *das feindliche Lager*	e.: host f.: hôte Gast
	hostīlis / hostīle	feindlich, feindselig	metus hostilis *die Furcht vor dem Feind*	e./f.: hostile Hotel
	hospes, hóspitis *m*	Gastfreund; Fremdling	*(Gastgeber oder Gast)*	Hospital Hospiz

1	**iácere,** iaciō, iēcī, iactum	werfen, schleudern	⟨Alea⟩ iacta est.* (CAESAR) *Der Würfel ist gefallen.*	
	✧ iactāre	(wiederholt) werfen, schleudern; rühmen	undis et tempestatibus iactari *von Wind und Wellen hin und her geworfen werden*	f.: jeter Jet
	iactūra	Verlust	magnis iacturis *unter großen Opfern*	
	✧ ad|icere, adiciō, adiēcī, adiectum	hinwerfen, hinzufügen	animum adicere ad aliquid *die Aufmerksamkeit auf etwas richten*	Adjektiv
	✧ con|icere	zusammenwerfen, schleudern; vermuten	in vincula conicere *ins Gefängnis werfen* de futuris conicere *Vermutungen über die Zukunft anstellen*	e.: to conjecture Konjektur
	dē|icere	herabwerfen, vertreiben	ea spe deiectus *in dieser Hoffnung getäuscht*	
	dis|icere	zerstreuen, zertrümmern	aedificia disiecta *verstreut stehende Häuser*	
	ē|icere	hinauswerfen, vertreiben	tyrannum in exilium eicere *den Tyrannen in die Verbannung jagen*	
	in|icere	hineinwerfen, einflößen	timorem inicere *Furcht einjagen*	e.: to inject Injektion
	ob|icere	entgegenwerfen; entgegnen; vorwerfen	fortunae obiectus *dem Schicksal preisgegeben*	e.: object f.: objet Objekt objektiv
	prō|icere	hinwerfen, preisgeben	se ad pedes alicuius proicere *sich jemand zu Füßen werfen*	e.: project f.: projet projizieren Projekt Projektor
	rē|icere	zurückwerfen, ablehnen; aufschieben	equitatum reicere *die Reiterei zurücktreiben*	e.: reject f.: rejeter
	sub|icere	unterwerfen	rem oculis subicere *etwas anschaulich darstellen*	e.: subject f.: sujet Subjekt
	trā|icere	hinüberwerfen, hinüberbringen	copias flumen traicere *Truppen über den Fluss setzen*	f.: trajet Trajekt
	✧ iacēre, iaceō, iacuī; iacitūrus	liegen	in tenebris iacēre *in Dunkel gehüllt sein*	

2	**īcere,** **īciō** *und* **īcō,** **īcī,** **ictum**	treffen, schlagen	fulmine ictus *vom Blitz getroffen* foedus icere *ein Bündnis schließen*	
	ictus, **-ūs** *m*	Hieb, Stoß; Schuss	ictus fortunae accipere *die Schicksalsschläge hinnehmen*	Iktus
3	✧ **idōneus**	geeignet, passend	locum castris idoneum deligere *einen geeigneten Lagerplatz auswählen*	
4	**Idūs,** **Īduum** *f* *(etrusk.)*	die Iden	*(Monatsmitte, 15. bzw. 13. Tag eines Monats, Zahltermin)* Idibus Martiis Caesar occisus est. *Caesar wurde am 15. März (44 v. Chr.) ermordet.*	
5	✧ **ignis,** **ignis** *m*	Feuer, Brand	ferro ignique *mit Feuer und Schwert*	e.: ignition
6	✦ **ille/** **illa/** **illud**	jener 1. *der weiter Entfernte* 2. *der geschichtlich Berühmte oder Berüchtigte*	illorum temporum historia *die Geschichte jener Zeiten* illud Platonis *jener berühmte Ausspruch Platons* illa Medea *jene berüchtigte Medea*	f.: il, elle le, la it.: il
	illīc *(Adv.)*	dort		
	illūc *(Adv.)*	dorthin	huc et illuc *hierhin und dorthin (d. h. überallhin)*	
	ōlim *(Adv.)*	einst, einstmals	Fuit olim tempus, cum … *Es gab einmal eine Zeit, da …*	
	ultrā *(Präp. m. Akk.)*	jenseits; über … hinaus	ultra septimum diem *über den siebten Tag hinaus* ultra modum progredi *das Maß überschreiten*	ultra-violett „non plus ultra“
	(Adv.)	darüber hinaus	Nihil ultra requiratis! *Darüber hinaus sollt ihr nichts verlangen!*	
	✧ **ulterior/** **ulterius**	der Jenseitige, weiter entfernt	Gallia ulterior *das jenseitige Gallien (Gallien jenseits der Alpen)*	
	ultimus	der Äußerste, der Letzte	ultima experiri *das Äußerste versuchen*	Ultimatum Ultimo ultima ratio
	ultrō *(Adv.)*	nach der anderen Seite hin; freiwillig, von selbst	ultro polliceri *von sich aus / unaufgefordert ein Angebot machen*	

7	**imber,** imbris *m*	Regen, Regenguss		
8	✧ **immō** *(Adv.)*	ja sogar, vielmehr; im Gegenteil	Servi sunt! – Immo homines!* (SENECA) *Sklaven sind es! – Nein, im Gegenteil: Menschen!*	
9	**immolāre**	opfern		e.: to immolate
10	✦ **in** *(Präp. m. Akk.)*	in, auf; gegen	in urbem advenire *in der Stadt ankommen* in medias res* (HORAZ) *mittenhinein* in diem vivere *in den Tag hinein leben* magistratus in singulos annos creare *Beamte auf je ein Jahr wählen* mirum in modum *auf wunderbare Weise* pietas in deos *Frömmigkeit gegenüber den Göttern*	e.: in f.: en
	(Präp. m. Abl.)	in, auf, an, bei	in rebus secundis *im Glück* in pace *im Frieden* in senatu dicere *im Senat eine Rede halten* in summa paupertate discedere *in größter Armut sterben* in bonis litteris educari *in den (schönen) Wissenschaften unterwiesen werden* in terra ponere *auf die Erde legen*	
	✦ inter *(Präp. m. Akk.)*	zwischen, während	inter fines Helvetiorum et Allobrogum *zwischen dem Gebiet der Helvetier und dem der Allobroger* inter cenam *während des Mahls* Inter arma silent leges.* (CICERO) *Im Krieg schweigen die Gesetze.*	f.: entre inter-national
	✧ inter|eā *(Adv.)*	inzwischen, unterdessen		
	✧ inter|im *(Adv.)*	inzwischen, einstweilen	Interim fit (= fiet) aliquid.* (PLAUTUS) *Inzwischen kann allerhand passieren.*	Interim
	intér|dum *(Adv.)*	manchmal, bisweilen		
	✧ intrā *(Präp. m. Akk.)*	innerhalb, binnen	Iliacos intra muros peccatur et extra.* (HORAZ) *Innerhalb und außerhalb der trojanischen Mauern wird gesündigt.*	intra-venös
	interior / interius	der Innere	interior pars aedium *das Innere des Hauses*	e.: interior f.: intérieur
	íntimus	der Innerste; eng befreundet	cogitationes intimae *geheimste Gedanken*	intim

	(in)			
	intus *(Adv.)*	innen, drinnen	intus in animis *in den Herzen (drinnen)*	„intus haben“
	intestīnus	der innere; inwendig	bellum intestinum *ein Bürgerkrieg*	f. : intestin
	intrāre	eintreten, betreten	Bonus intra, melior exi!* *Komm als Guter herein, geh als Besserer hinaus!*	e.: to enter f. : entrer
11	**inānis / ināne**	leer; wertlos; eitel	inania polliceri *wertlose Versprechungen machen* spes inanis *eine vergebliche / eitle Hoffnung*	e.: inane
12	**incohāre**	beginnen, anfangen	opus incohatum relinquere *ein Werk unvollendet zurücklassen*	
13	**indulgēre, indulgeō, indulsī, indultum**	nachgeben, nachsichtig sein	valetudini indulgere *auf die Gesundheit Rücksicht nehmen*	e.: to indulge
14	**indūtiae, -ārum**	Waffenstillstand, Waffenruhe	indutias facere *einen Waffenstillstand schließen*	
15	**īnfēstus**	feindselig; bedrohlich; bedroht	civitas infesta *eine bedrohte Stadt*	
16	**īnfrā** *(Präp. m. Akk.)*	unterhalb	infra arcem *unterhalb der Burg*	Infra-rot Infra-struktur
	(Adv.)	unten	Infra scriptum est in libro. *Es steht weiter unten im Buch.*	
	īnferī, -ōrum	die Unterirdischen, die Götter der Unterwelt	apud inferos *in der Unterwelt* ab inferis excitare *von den Toten auferwecken*	
	īnferior / īnferius	der Niedrigere, der Geringere, der Schwächere	aetate inferior *jünger*	e.: inferior f. : inférieur
	īnfimus } īmus }	der Unterste; der Niedrigste; der Geringste	in infimo mari *auf dem Meeresgrund* Urbes quoque ex infimo nascuntur. *Auch die Städte entwickeln sich aus ganz kleinen Anfängen.*	f. : infime
17	✦ **inquit**	sagt er / sagte er	Est igitur, inquit Africanus, res publica res populi.* (Cicero) *„Es ist also“, sagte Scipio Africanus, „der Staat die Sache des Volkes.“*	
	inquam	sage ich / sagte ich		

18	**īnsula**	Insel; Häuserblock		e.: isle f.: île Insulaner
19	**intérpres,** interpretis *m*	Vermittler, Dolmetscher		e.: interpreter f.: interprète Interpret
	interpretārī	auslegen, deuten		e.: to interpret interpretieren
20	**iocus**	Scherz, Spaß	per iocum *im Scherz*	e.: joke f.: jeu „Jux"
21	✧ **īra**	Zorn, Wut	irā incensus *zornentbrannt / im Zorn*	
	īrā|cundia	Zorn, Jähzorn	Noli permittere iracundiae dominationem animi tui! *Überlass nicht dem Jähzorn die Herrschaft über dich!*	
	īrāscī, īrāscor *(ohne Perf.)*	zürnen		
	īrātus	zornig, erzürnt		
22	✧ **īre,** eō, iī, itum	gehen	in ius ire *vor Gericht gehen* in sententiam alicuius ire *sich jemands Meinung anschließen* cubitum ire *sich schlafen legen*	f.: j'irai < ire habeo
	✦ iter, itíneris *n*	Weg, Reise, Marsch	iter facere *marschieren / eine Reise unternehmen* magnum iter *ein Eilmarsch*	e.: itinerary f.: itinéraire Itinerarium
	✧ ab|īre	weggehen, abtreten	Cedendo victor abibis.* (Ovid) *Wenn du nachgibst, gehst du als Sieger weg.* magistratu abire *von einem Amt zurücktreten*	Abitur
	✧ ad|īre	herangehen, aufsuchen; angreifen	oraculum adire *ein Orakel befragen* periculum adire *eine Gefahr auf sich nehmen*	
	ad|itus, -ūs *m*	Zugang, Zutritt		
	amb|īre, ambiō, ambīvī, ambītum	herumgehen; umgeben; umwerben	Silvas palus ambit. *Ein Sumpf umgibt die Wälder.* populum ambire *das Volk umwerben*	

(īre)

✧ **amb|itiō, -ōnis** *f*	Bewerbung; Ehrgeiz	Ambitio magis quam avaritia animos hominum exercebat. *Der Ehrgeiz plagte die Menschen mehr als die Habsucht.*	e./f.: ambition Ambition
amb|itus, -ūs *m*	Amtserschleichung	ambitūs accusare *wegen Amtserschleichung anklagen*	
co|īre	zusammenkommen, sich vereinigen		
✧ **coetus, -ūs** *m*	Zusammenkunft, Versammlung	coetus occulti *geheime Zusammenkünfte*	
✧ **comes, comitis** *m*	Begleiter, Gefährte		f. : comte Komtur
comitārī	begleiten	Virtutem comitantur opes.* *Macht begleitet die Tüchtigkeit.*	
✧ **comitia, -ōrum**	Volksversammlung; Wahlen	comitia habere *Wahlen abhalten*	
✧ **ex|īre**	herausgehen, ausrücken		
ex|itium	Untergang, Verderben	exitio esse *Verderben bringen*	
ex|itus, -ūs *m*	Ausgang, Ende; Ergebnis		e.: exit Exitus
in|īre	hineingehen; beginnen	proelium inire *eine Schlacht beginnen* consilium inire *einen Plan fassen*	
✧ **in|itium**	Anfang, Beginn	ab exiguis initiis *von winzigen Anfängen an* initium narrandi facere *mit dem Erzählen beginnen*	e./f.: initial Initialen Initiative
inter|īre *(ohne PPP)*	zugrunde gehen, umkommen		
intro|īre	hineingehen, betreten		Introitus
ob|īre	entgegengehen; besuchen; sterben	provinciam obire *eine Provinz bereisen* mortem / diem supremum obire *sterben*	
per|īre *(ohne PPP)*	zugrunde gehen, umkommen	fame perire *verhungern*	e.: to perish f. : périr

	(īre)			
	praeter|īre	vorübergehen; übergehen	(tempus) praeteritum *die Vergangenheit* O mihi praeteritos referat si Iuppiter annos!* (VERGIL) *Wenn Jupiter mir doch die vergangenen Jahre zurückbringen könnte!*	Präteritum
	praeter|it	es entgeht	Quem praeterit ...? *Wer weiß / wüßte nicht, dass ...?*	
	✧ **praetor, -ōris** *m*	Prätor	*(römischer Beamter, zuständig vor allem für das Gerichtswesen)*	Prätorianergarde
	prōd|īre	hervorkommen, auftreten; vorrücken	in publicum prodire *in der Öffentlichkeit auftreten*	
	✧ **red|īre**	zurückgehen, zurückkehren		
	red|itus, -ūs *m*	Rückkehr		
	✧ **sēd|itiō, -ōnis** *f*	Aufstand, Aufruhr; Zwist	seditionem comprimere *einen Aufstand unterdrücken*	e.: sedition f.: sédition
	sub|īre	herangehen; auf sich nehmen, erdulden	tectum subire *ein Haus betreten* consulatum subire *das Konsulat übernehmen*	
	✧ **súb|itus** *Adv.:* **subitō**	plötzlich, unerwartet		e.: sudden f.: soudain
	✦ **trāns|īre**	hinübergehen, überschreiten	modum transire *das Maß überschreiten* Sic transit gloria mundi!* *So vergeht der Glanz der Welt!*	transitiv
	trāns|itus, -ūs *m*	Übergang		e./f.: transit
	quīre, queō, quīvī *(ohne PPP)*	können	Quis est, qui ... queat? *Wer könnte ...?*	
	ne|quīre, nequeō, nequīvī *(ohne PPP)*	nicht können		
23	**irrītāre**	reizen, erregen; erzürnen	odium irritare *Hass hervorrufen*	e.: to irritate irritieren

24 ✦ **is / ea / id**	dieser; er	earum rerum conscii *die Mitwisser dieser Geschehnisse* eiusmodi homines *derartige Menschen* id aetatis esse *in diesem Alter stehen* id est (*abgekürzt:* i. e.) *das heißt* Neque is es, qui nescias. *Du bist auch nicht der Mann, der nicht wüsste.*	
✧ **eō** *(Adv.)*	dahin, dorthin	eo superbiae procedere *so weit in seinem Hochmut gehen*	
✧ **ád|eō** *(Adv.)*	so sehr		
íd|eō *(Adv.)*	deswegen, deshalb		
✦ **ī|dem / éadem / idem**	derselbe, der Gleiche, der Nämliche	isdem fere temporibus *etwa zur gleichen Zeit* Idem ius omnibus.* *Gleiches Recht für alle!*	identisch Identität
✧ **eō|dem** *(Adv.)*	ebendahin, zu dem gleichen Ziel	Omnes eodem cogimur.* (Horaz) *Wir werden alle zum gleichen Ziel gezwungen (d. h. leben auf den Tod hin).*	
✦ **ipse / ipsa / ipsum** < is|pse	selbst, persönlich; unmittelbar, gerade *(zur Hervorhebung eines Begriffes)*	Ipse dixit.* *Er selbst (d. h. Pythagoras) hat es gesagt.* Nosce te ipsum!* *Erkenne dich selbst!* eā ipsā horā *gerade in dieser Stunde* ante portas ipsas *unmittelbar vor den Toren* Videamus, quid sit id ipsum, quod quaerimus! *Wollen wir einmal sehen, was Gegenstand unserer Frage ist!*	
✦ **iste / ista / istud**	dieser (dein), der da *(meist verächtlich)*	Furor iste tuus te perdet. *Dieser (dein) Wahnsinn wird dich noch zugrunde richten.* Muta istam mentem! *Ändere doch deine Einstellung!* Ista quidem vis est!* (Caesar) *Das ist ja Gewalt!*	f.: cet < ecce iste
✦ **iam** *(Adv.)*	schon, sogar; nun	Iam carpe viam! *Mach dich schon (d. h. sofort) auf den Weg!* non iam *nicht mehr*	f.: déjà

	(is)			
	✦ **et|iam**	auch, noch		
	✦ **ibī** *(Adv.)*	da, dort	Ubi bene, ibi patria.* (nach CICERO) *Wo es mir gut geht, da ist mein Vaterland.*	f. : y
	✦ **inde** *(Adv.)*	von da, von dort	Inde omnia scelera gignuntur. *Von dort gehen alle Verbrechen aus.*	
	✦ **de|inde** *(Adv.)*	von da an; darauf; dann	Primum vivere, deinde ⟨philosophari⟩.* *Zuerst leben, dann erst philosophieren.*	
	per|inde *(Adv.)*	ebenso, genauso	Tu perinde sentis atque ego. *Du denkst genauso wie ich.*	
	pro|inde *(Adv.)*	daher, also; ebenso; auf gleiche Weise	Proinde aut exeant aut quiescant! *Daher sollen sie entweder verschwinden oder Ruhe geben!* proinde ac si … *geradeso als ob …*	
	✦ **ita** *(Adv.)*	so, auf diese Weise	quae cum ita sint *unter diesen Umständen (da / obwohl dies so ist)*	
	✦ **íta|que**	deshalb, daher; somit		
	✦ **item** *(Adv.)*	ebenso, ebenfalls, auch		
	✧ **íterum** *(Adv.)*	wiederum, zum zweiten Mal	iterum atque iterum *immer wieder*	
25	✦ **iubēre, iubeō, iussī, iussum**	beauftragen, befehlen, anordnen	Hoc volo, sic iubeo.* (JUVENAL) *Das will ich, so befehle ich.* Tarquinius arcem claudi iussit. *Tarquinius gab den Befehl die Burg zu schließen.*	Jussiv
	iussū *(Abl.)*	auf Befehl, auf Weisung	iussu consulis *auf Befehl des Konsuls*	
26	✦ **iúngere, iungō, iūnxī, iūnctum**	verbinden, vereinigen	foedus iungere cum aliquo *mit jemand ein Bündnis schließen*	e.: to join f. : joindre Junktim
	✧ **iugum**	Joch; Bergrücken	exercitum sub iugum mittere *das Heer unter das Joch schicken (d. h. demütigen)* in summo iugo *oben auf der Passhöhe*	e.: yoke f. : joug
	iūmentum	Zugtier, Lasttier		f. : jument
	iuxtā *(Präp. m. Akk.)*	neben, nahe bei	iuxta viam Appiam *neben der Via Appia*	
	(Adv.)	daneben; gleich wie	plebi patribusque iuxta carus *beim (einfachen) Volk genauso beliebt wie bei den Senatoren*	

	(iúngere)			
	ad|iungere	anschließen, angliedern, hinzufügen	sibi adiungere *für sich gewinnen*	e.: to adjoin f.: adjoint
	con|iungere	zusammenfügen, verbinden	Murus montem cum oppido coniungit. *Eine Mauer verbindet den Berg mit der Stadt.*	f.: conjoindre Konjunktion Konjunktiv
	✦ con|iu(n)x, cóniugis { *f* / *m*	Gattin Gatte	cum liberis atque coniugibus *mit Weib und Kind*	
27	✦ **iūs,** iūris *n*	Recht	ius reddere *Recht sprechen* in ius vocare *vor Gericht rufen / anklagen*	Jura Jurist Jurisdiktion
	✦ in|iūria	Unrecht, Ungerechtigkeit; Beleidigung	iniurias ferre *Beleidigungen / Unrecht ertragen* Summum ius, summa iniuria.* (Cicero) *Das strengste Recht ist die größte Ungerechtigkeit (d.h. unter Berufung auf das Recht kann größtes Unrecht zugefügt werden).*	e.: injury Verbal-injurien
	✦ iūstus	gerecht, rechtmäßig	querela iusta *eine berechtigte Klage*	e.: just f.: juste
	✧ iūstitia	Gerechtigkeit	Labore atque iustitiā res publica crevit. *Durch Anstrengung und Gerechtigkeit wurde das Staatswesen groß.*	e./f.: justice Justiz
	iūrāre	schwören	iurare in verba magistri* (Horaz) *auf des Meisters Worte schwören*	f.: jurer
	iūs|iūrandum, iūris|iūrandī	Eid, Schwur	iusiurandum dare *einen Eid leisten*	
	con|iūrātiō, -ōnis *f*	Verschwörung	Sallusti liber de Catilinae coniuratione *Sallusts Buch über die Verschwörung des Catilina*	f.: conjuration
	iūdex, iūdicis *m*	Richter	Nemo iudex idoneus in propria causa!* (Seneca) *Niemand ist als Richter in eigener Sache geeignet!*	e.: judge f.: juge
	✧ iūdicium	Gericht; Urteil	omnium iudicio *nach allgemeinem Urteil* reum in iudicium adducere *einen Angeklagten vor Gericht stellen*	
	✦ iūdicāre	urteilen, beurteilen; halten für	res iudicata *eine entschiedene Sache* virum idoneum iudicare *einen Mann für geeignet halten*	e.: judge f.: juger

28	**iuvāre,** iuvō, iūvī, iūtum, iuvātūrus	unterstützen, helfen; erfreuen	deo iuvante *mit Gottes Hilfe*	
	iuvat, iūvit	es erfreut, es macht Spaß	Iuvat me ... *Es macht mir Freude ...*	
	ad|iuvāre	unterstützen, helfen	Fortes fortuna adiuvat.* (Terenz) *Den Tapferen hilft das Glück.*	e.: to aid f.: aider
	iūcundus	erfreulich, angenehm	verba ad audiendum iucunda *Worte, die man gerne hört*	e.: jocund
29	✧ **iúvenis,** iuvenis *m* *Komparativ:* iūnior	junger Mann	*(im Alter von 25–45 Jahren)*	e.: junior f.: jeune Junior
	iūniōrēs, iūniōrum *m*	die (waffenfähige) Jugend		
	✧ iuventūs, iuventūtis *f*	Jugend		

1	**Kalendae,** -ārum	der Monatserste	Kalendis Ianuariis *an den Kalenden des Januar (d.h. am 1. Januar)* ad Kalendas Graecas* (Kaiser Augustus) *bis zum St. Nimmerleinstag**	e.: calendar f.: calendier Kalender Kalendarium

1	**lābī,** **lābor,** **lāpsus sum**	gleiten, fallen	in officio labi *in der Pflichterfüllung nachlassen*	labil Lawine
	lāpsus, **-ūs** *m*	Gleiten, Sturz	lapsus linguae* (SUETON) *ein Fehler beim Aussprechen*	
2	✦ **labor,** **-ōris** *m*	Arbeit, Mühe, Anstrengung	Labor omnia vincit.* (VERGIL) *Die Anstrengung bezwingt alles.* Iucundi acti labores.* (CICERO) *Nach getaner Arbeit ist gut ruhn.**	e./f.: labour Laboratorium Labor
	labōrāre	arbeiten; leiden	laborantem imitari *geschäftig tun* morbo laborare *an einer Krankheit leiden*	e.: to labour f.: labourer
3	**lac,** **lactis** *n*	Milch		f.: lait it.: latte
4	**lacerāre**	zerreißen, zerfleischen	bona patria lacerare *das väterliche Vermögen durchbringen* rem publicam lacerare *den Staat ruinieren*	e.: to lacerate f.: lacérer
5	**lacéssere,** **lacessō,** **lacessīvī,** **lacessītum**	reizen, herausfordern	proelio lacessere *zum Kampf herausfordern*	
	dē|liciae, **-ārum**	Wonne, Vergnügen	in deliciis alicuius esse *jemands Zuneigung besitzen*	f.: délice
	dē|licātus	fein; verwöhnt		e.: delicate f.: délicat Delikatesse
	✧ **dē|lectāre**	erfreuen, unterhalten	Aut prodesse volunt aut delectare poetae.* (HORAZ) *Die Dichter wollen nützen oder erfreuen.*	e.: to delight
	ob|lectāre	erfreuen, entzücken		
6	✧ **lácrima**	Träne	multis cum lacrimis *unter vielen Tränen*	f.: larme
7	**lacus,** **-ūs** *m*	See, Teich	lacus Lemannus *der Genfer See*	e.: lake f.: lac it.: lago Maria Laach Inter-laken

8	**laédere,** laedō, laesī, laesum	stoßen, verletzen	fidem laedere *sein Wort brechen* crimen laesae maiestatis *Majestätsbeleidigung*	lädieren Kol-lision E-lision
9	✧ **laetus**	fröhlich, munter; üppig	Mortales vinum laetos facit.* (OVID) *Wein macht die Menschen fröhlich.*	
	✧ laetitia	Freude, Fröhlichkeit		
	laetārī	sich freuen	sua re gesta laetari *sich über die eigene Leistung freuen*	
10	**laevus**	links; linkisch, ungeschickt	ad laevam (manum) / laevā (manu) *zur Linken*	
11	**lánguidus**	schlaff, matt	oratio languida *eine langweilige Rede*	e.: languid
12	**lapis,** lápidis *m*	Stein	lapidibus obruere *steinigen*	lapidar Lapislazuli
13	**lārgus**	freigebig, reichlich		e./f.: large Largo
	lārgīrī	schenken, reichlich geben		
	lārgītiō, -ōnis *f*	Freigebigkeit; Bestechung	(comes largitionum *Vorsteher der kaiserlichen Spendenkasse*)	
14	**latēre,** lateō, latuī	verborgen sein, unbekannt sein	Bene qui latuit, bene vixit.* (OVID nach EPIKUR) *Wer gut in der Zurückgezogenheit bleiben konnte, hat gut gelebt.*	e./f.: latent latent
15	**latrō,** -ōnis *m*	Räuber; Straßenräuber	locus plenus latronum *ein Platz, der von Räubern wimmelt*	f.: larron
	latrō|cinium	Raubzug; Räuberbande	in latrocinio comprehendi *auf einem Raubzug gefasst werden*	
16	**latus,** lateris *n*	Seite, Flanke	a latere aperto aggredi *an der offenen Flanke angreifen*	bi-lateral multi-lateral
17	✧ **lātus**	breit, weit	lata oratio et magnifica *eine ausführliche und feierliche Rede*	e./f.: latitude
	lātē *(Adv.)*	weithin	longe lateque *weit und breit*	
18	**laurus** *f*	Lorbeer, Lorbeerkranz		e.: laurel f.: baccalauréat

19	✧ **laus,** laudis *f*	Lob, Ruhm	laudem sibi párere *sich Ruhm erwerben* aliquid laudi ducere *etwas als Lob anrechnen*	e.: laud
	✧ laudāre	loben, gutheißen	sententiam oratoris laudare *den Antrag eines Redners befürworten*	f.: louer
20	**lavāre,** lavō, lāvī, lautum	waschen; baden *(trans.)*	Manus manum lavat.* (Seneca) *Eine Hand wäscht die andere.*	f.: laver lauter Lauge
	dē|lūbrum	Heiligtum, Tempel	delubra spoliare *Tempel ausplündern*	
21	✧ **lectus**	Bett, Liege; Speisesofa	lecto teneri *das Bett hüten müssen*	f.: lit
22	✧ **légere,** legō, lēgī, lēctum	auflesen, sammeln; auswählen; lesen	aliquem in senatum legere *jemand in den Senat wählen*	e.: lesson f.: lire leçon Lektion
	✦ legiō, -ōnis *f*	Legion	*(Die Sollstärke einer Legion betrug 6000 Soldaten.)*	
	✧ col|ligere, cólligō, collēgī, collēctum	auflesen, sammeln		e.: to collect f.: cueillir Kollekte Kollektion Kollektiv-
	✧ dē|ligere, dḗligō, dēlēgī, dēlēctum	auswählen, wählen	aliquem consulem deligere *jemand zum Konsul wählen* Liber populus deliget, quibus se committat. *Ein freies Volk wird die Leute, denen es sich anvertraut, durch Wahl bestimmen.*	
	dī|ligere, dī́ligō, dīlēxī, dīlēctum	lieben, schätzen	Diliges alterum ut te ipsum!* (NT) *Du sollst deinen Nächsten lieben wie dich selbst!* Dilexi iustitiam, ergo morior in exilio.* (Papst Gregor VII.) *Ich habe die Gerechtigkeit geliebt, also sterbe ich in der Verbannung.*	
	✧ dī|ligēns, dīligentis	sorgfältig, gewissenhaft	diligentius rem cognoscere *eine Sache genauer untersuchen*	e./f.: diligent
	dī|ligentia	Sorgfalt, Umsicht	cum cura diligentiaque *mit peinlicher Sorgfalt*	e./f.: diligence

	(légere)			
	dī|lēctus, -ūs *m*	Auswahl; Musterung, Truppenaushebung	dilectum habere *eine Musterung durchführen*	
	ē|ligere, ēligō, ēlēgī, ēlēctum	auslesen, auswählen, erwählen		e.: to elect f.: élire Elite
	ē|legāns, ēlegantis	geschmackvoll, gewählt	elegantius genus orationis *eine recht gewählte Ausdrucksweise*	e.: elegant f.: élégant elegant
	✦ intel|legere, intéllegō, intellēxī, intellēctum	erkennen, einsehen, verstehen	Homo ad intellegendum et agendum natus est. *Der Mensch ist zum Denken und Handeln geboren.*	e.: intellect e./f.: intelligent Intelligenz Intellekt
	✧ neg|legere, néglegō, neglēxī, neglēctum	vernachlässigen, übersehen	iniurias non neglegere *über Ungerechtigkeiten nicht hinwegsehen* metum mortis neglegere *keine Angst vor dem Tod haben*	e.: to neglect f.: négliger
	✧ re|ligiō, -ōnis *f*	fromme Scheu, Gewissenhaftigkeit; Aberglaube	simulacrum Dianae summa religione praeditum *ein Bild der Diana, das höchste Verehrung genoss*	e./f.: religion Religion
23	**lēnis / lēne**	mild, sanft	lenissimus in hostes *äußerst mild gegenüber den Feinden*	
	lēnīre	mildern, lindern	odium lenire *den Hass lindern*	
24	**lentus**	biegsam, zäh; langsam	lentus in dicendo *schleppend in der Rede*	f. : lent it.: lento
25	**leō, leōnis** *m*	Löwe		e./f.: lion
26	**lépidus**	niedlich, witzig	dictum lepidum *ein witziger Ausspruch*	
27	**lētum**	Tod, Vernichtung	turpi leto perire *einen schändlichen Tod finden*	e.: lethal f.: létal
28	✧ **levis / leve**	leicht; leichtsinnig	levis fructus *ein Erfolg, der wenig Anstrengung kostet*	f.: léger
	✧ levāre	erleichtern, aufheben	morbo levari *von einer Krankheit befreit werden*	f.: lever Levante
	sub|levāre	erleichtern, mildern; fördern	patriam pecuniā sublevare *die Heimat durch Geld(zuwendungen) unterstützen*	f.: soulever

29	✦ **lēx, lēgis** *f*	Gesetz, Gebot; Bedingung	legem ferre *einen Gesetzesantrag stellen* lex Porcia *ein Gesetz, das M. Porcius Cato eingebracht hat* Salus populi suprema lex esto!* (CICERO) *Das Wohl des Volkes soll (für die Regierenden) oberstes Gesetz sein!* leges pacis dare *Friedensbedingungen stellen*	f.: loi legal il-legal Legis-lative
	lēgítimus	gesetzlich, rechtmäßig	intra legitimos dies *innerhalb der gesetzmäßigen Frist*	f.: légitime legitim
	✦ **lēgātus**	Gesandter *(meist Pl.);* Bevollmächtigter; Legat	legatus pro praetore *ein Legat mit der Befugnis eines Prätors*	
	lēgātiō, -ōnis *f*	Gesandtschaft		f.: légation De-legation
	col|lēga *m*	Kollege, Amtsgenosse	consul sine collega *ein Konsul, der sein Amt allein führt*	e.: colleague f.: collègue
30	**liber, librī**	Buch	librum conscribere *ein Buch verfassen* Ciceronis de amicitia liber *Ciceros Buch über die Freundschaft*	f.: livre Libretto
31	✦ **līber / lībera / liberum**	frei, freimütig; unabhängig	libero caelo frui *freie Luft atmen* libere confiteri *freimütig bekennen*	f.: libre
	✧ **līberī, -ōrum**	Kinder	liberi atque coniuges *Weib und Kind*	
	✧ **līberāre**	befreien, freisprechen	patriam a tyranno liberare *das Vaterland vom Tyrannen befreien* culpā liberari *von der Schuld freigesprochen werden*	e.: to liberate f.: libérer livrer Livree
	✦ **lībertās, lībertātis** *f*	Freiheit; Freiheitsliebe	Omnes homines libertati student.* (CAESAR) *Alle Menschen streben nach Freiheit.*	e.: liberty f.: liberté
	lībertus	Freigelassener		
	līberālis / līberāle	edel; freigebig	artes liberales *die (Sieben) freien Künste (die eines freien Mannes würdig sind)* pecuniae liberalis *freigebig (im Umgang) mit Geld*	e.: liberal f.: libéral liberal Liberalismus
	līberālitās, līberālitātis *f*	edle Gesinnung; Freigebigkeit		e.: liberality f.: libéralité

32	**dē|līberāre**	abwägen; erwägen, überlegen	Roma deliberante Saguntum perit. *Während Rom überlegt, geht Sagunt unter.*	e.: to deliberate f.: délibérer
33	**libet,** libuit, libitum	es beliebt	ut libet *nach Belieben* quilibet *jeder Beliebige*	ad libitum Quodlibet
	✧ libenter *(Adv.)*	gern, mit Vergnügen		
	✦ libīdō, libīdinis *f*	Lust, Verlangen; Willkür	libido dominandi *Herrschsucht* ex libidine *nach Laune*	
34	✦ **licet,** licuit/ licitum est	1. es ist erlaubt, es steht frei; es ist möglich	per me licet *meinetwegen* Quod licet Iovi, non licet bovi.* *Was Jupiter erlaubt ist, darf ein Ochse (noch lange) nicht.* Vobis non licet neglegentibus esse. *Ihr dürft nicht nachlässig sein.*	
		2. *mit folgendem Konjunktiv:* mag sein, dass …; wenn auch	Licet concurrant omnes philosophi, numquam hoc explicabunt. *Mögen auch alle Philosophen zusammenkommen, das werden sie niemals erklären können.*	
	✧ licentia	Freiheit; Zügellosigkeit; Willkür	licentia ⟨poetica⟩* (Phaedrus) *dichterische Freiheit*	e./f.: licence Lizenz
	scī|licet < scīre licet	selbstverständlich, freilich; natürlich	Scilicet res ipsa aspera est, sed vos non timetis eam. *Die Lage ist freilich ernst, aber ihr fürchtet sie doch nicht.*	
	vidē|licet < vidēre licet	natürlich, offensichtlich	Quid metuebant? Vim videlicet. *Wovor hatten sie Angst? Vor der Gewalt natürlich.*	
	✦ pol|licērī, polliceor, pollicitus sum	versprechen	maria ac montes polliceri *Meere und Berge (d. h. Berge von Gold) versprechen*	
35	**ligāre**	binden		f.: lier al-lliert legieren Liga
	ob|ligāre	verbinden, verpflichten	obligari foedere *sich vertraglich verpflichten* Ultra posse nemo obligatur.* (nach Celsus) *Zu Übermenschlichem ist niemand verpflichtet.*	e.: to oblige f.: obliger obligatorisch Obligation
	līctor, -ōris *m*	Liktor	*(Amtsdiener)*	

36	**lignum**	Holz	ligna in silvam ferre* *Eulen nach Athen tragen (d. h. Überflüssiges tun)**	
37	**līmen,** līminis *n*	Schwelle	custos ad limina *der Türhüter*	
	līmes, līmitis *m*	Grenze, Grenzwall; Grenzweg	limes Romanus *der römische Grenzwall*	e.: limit f.: limite Limit limitieren
	sub|līmis / sublīme	hoch, erhaben	animus sublimis *eine überhebliche Einstellung*	e./f.: sublime sublimieren
38	✧ **lingua**	Sprache, Zunge		e.: language f.: langue Linguistik
39	✦ re|**línquere,** relinquō, relīquī, relictum	zurücklassen, hinterlassen, verlassen	Relinquebatur Helvetiis una per Sequanos via. *Den Helvetiern blieb nur der eine Weg durch das Gebiet der Sequaner.* officium relinquere *seine Pflicht vernachlässigen*	Relikt
	re|liquiae, -ārum	Überreste, Überbleibsel; Rest		e.: relic f.: relique Reliquien
	✦ ré|liquus	übrig, restlich; künftig	Nihil reliqui est, nisi ut ... *Es bleibt nichts übrig als ...* in reliquum (tempus) *für die Zukunft*	
	dē|lictum	Vergehen, Verbrechen		e.: delict f.: délit Delikt
40	**líquidus**	flüssig, klar		e.: liquid f.: liquide liquidieren Likör
41	**līs,** lītis *f*	Streit, Rechtsstreit; Streitsache	litem sequi *einen Prozess anstrengen* Adhuc sub iudice lis est.* (HORAZ) *Die Sache ist noch nicht entschieden.*	
42	✧ **littera** *Pl.:*	Buchstabe Brief; Wissenschaft(en)	Vox audita perit, littera scripta manet.* (HORAZ) *Was man hört, vergisst man leicht; der geschriebene Buchstabe bleibt (in Erinnerung).* Litteras tuas accepi. *Ich habe deinen Brief erhalten.* litteris Graecis doctus *in den Wissenschaften der Griechen unterwiesen*	e.: letter f.: lettre Lettern Literatur

43	✦ **lītus,** lītoris *n*	Küste, Strand, Meeresufer		e./f.: littoral Lido
44	✧ ob|**līvīscī,** oblīvīscor, oblītus sum	vergessen	contumeliae oblivisci *die Schmach vergessen* sui oblivisci *sich selbst untreu werden*	f.: oublier
45	✦ **locus**	Ort, Platz; Stelle, Rang	locum domicilio deligere *sich einen Platz zum Wohnen aussuchen* Adhuc precibus locus est. *Es ist noch Gelegenheit zu bitten.* locum scriptoris afferre *einen Schriftsteller zitieren*	f.: lieu Lokal Lokativ „l.c.“ (= loco citato)
	loca, -ōrum	Orte, Gegend	loca superiora *Anhöhen*	
	í|licō *(Adv.)* < in locō	auf der Stelle, sogleich		
	locāre	stellen, legen; vermieten	castra locare *ein Lager aufschlagen*	f.: louer it.: locanda
	✧ col|locāre	aufstellen, unterbringen	statuam in foro collocare *eine Statue auf dem Forum aufstellen*	e.: to collocate
	lócu|plēs, locuplētis	begütert, wohlhabend; reich	urbs locupletissima *eine sehr reiche Stadt* multo locupletior in dicendo *viel reicher im Ausdruck*	
46	✦ **longus**	lang, weit; lang dauernd	Longum est omnia enumerare. *Es würde zu weit führen alles aufzuzählen.*	e./f.: long
	✧ longē *(Adv.)*	bei weitem	longe nobilissimus *bei weitem der Vornehmste* Longe alia mihi mens est. *Ich bin ganz anderer Meinung.*	
	longinquus	weit entfernt; langwierig	in longinquum tempus differre *auf einen fernen Zeitpunkt verschieben* oppugnatio longinqua *eine langwierige Belagerung*	
47	✦ **loquī,** loquor, locūtus sum	sprechen, reden	apud populum aut in senatu loqui *vor dem Volk oder im Senat sprechen*	f.: loquace
	col|loquī	sich unterreden, sich besprechen	inter se colloqui *eine Unterredung (miteinander) haben*	
	col|loquium	Unterredung, Gespräch	diem colloquio dicere *den Termin für eine Unterredung festsetzen*	e.: colloquy f.: colloque
	ē|loquēns, ēloquentis	beredt, redegewandt		e.: eloquent f.: éloquent Eloquenz

48	**lūcēre,** lūceō, lūxī	leuchten		f.: luire
	✧ lūx, lūcis *f*	Licht, Helligkeit; Öffentlichkeit	ante lucem *vor Tagesanbruch* prima luce *bei Tagesanbruch (mit dem ersten Sonnenstrahl)* in lucem edi *geboren werden*	
	✧ lūna	Mond	Luna eam lucem, quam a sole accepit, mittit in terras. *Der Mond schickt das Licht, das er von der Sonne erhält, zur Erde.*	f.: lune
	✧ lūmen, lūminis *n* *Pl.:*	Licht, Leuchte Augen	Oratio lumen adhibere rebus debet. *Eine Rede soll den Dingen Glanz verleihen.*	f.: lumière
	il|lūstris / illūstre	glänzend, berühmt, vornehm	illustriore loco natus *aus vornehmerem Geschlecht*	e.: illustrious f.: illustre
	il|lūstrāre	erhellen, erklären; verherrlichen	philosophiam litteris Latinis illustrare *die Philosophie in lateinischer Sprache erläutern*	e.: to illustrate f.: illustrer Illustrierte
	lūstrum	Sühneopfer; Zeitraum von fünf Jahren		
49	**lucrum**	Gewinn, Profit	lucri cupidus *profitgierig*	lukrativ
50	**lūdere,** lūdō, lūsī, lūsum	spielen, scherzen		Homo ludens
	lūdus	Spiel; Schule	per ludum et iocum *in Spiel und Spaß* ludum aperire *eine Schule eröffnen*	
	lūdi|brium	Spott, Hohn	ludibrio esse *verspottet werden*	
	il|lūdere	verspotten		e./f.: illusion illusorisch
51	**luere,** luō, luī; luitūrus	büßen, sühnen; bezahlen	poenas peccati luere *eine Verfehlung büßen*	
	✦ sólvere, < sē-luere solvō, solvī, solūtum	lösen, befreien; zahlen	ancoras solvere *die Anker lichten* pecuniam debitam solvere *Schulden bezahlen*	e.: to solve in-solvent

	(lúere)			
	ab|solvere	loslösen, freisprechen; vollenden	capitis absolvere *von einer Anklage auf Leben und Tod freisprechen* omnibus numeris absolutus *in jeder Hinsicht vollkommen*	e.: to absolve f.: absoudre absolut Absolution Absolutismus
52	**lūgēre,** lūgeō, lūxī	trauern, betrauern		
	lūctus, -ūs *m*	Trauer, Trauerkleidung		
53	**lupus**	Wolf		f.: loup Lupine
54	**luxus,** -ūs *m*	Üppigkeit, Schlemmerei, Verschwendung	luxuria atque avaritia *Genusssucht und Habgier*	f.: luxe Luxus
	✧ luxuria	Überfluss; Genusssucht, Verschwendungs-sucht		e.: luxury luxuriös

1	**máchina** *(griech.)*	Maschine; Kunstgriff		e./f.: machine „Deus ex machina“
2	**mactāre**	verherrlichen; schlachten, opfern		Matador
3	**maerēre,** maereō, maeruī	trauern, betrauern	filii mortem maerere *über den Tod des Sohnes trauern*	
	maestus	traurig, betrübt	maestus pecuniā amissā *traurig über den Verlust des Geldes*	
	maeror, -ōris *m*	Trauer, Wehmut		
	✦ miser / misera / miserum	elend, unglücklich	praeda misera *ärmliche Beute*	
	miseria	Elend, Unglück		e.: misery f.: misère Misere
	miserārī	beklagen	casum rei publicae miserari *den Verfall des Staates beklagen*	e.: to commiserate
	miserābilis / miserābile	beklagenswert, erbärmlich		e.: miserable f.: misérable
	miserērī, misereor, miséritus sum	Mitleid haben, sich erbarmen	pauperum misereri *Mitleid mit den Armen haben*	
	miseri|cordia	Mitleid, Barmherzigkeit		f.: miséricorde
4	✦ **māgnus**	groß, bedeutend, wichtig	magna voce clamare *mit lauter Stimme rufen* magna itinera *Gewaltmärsche / Eilmärsche*	Charlemagne *(Karl der Große)*
	✦ māgnitūdō, māgnitūdinis *f*	Größe, Bedeutung	magnitudo animi *hohe Gesinnung*	
	✧ māgni|ficus	großartig, prächtig	magnifice vivere *ein herrliches Leben führen*	e.: magnificent f.: magnifique
	māior / māius	größer; älter	frater maior natu *der ältere Bruder*	e.: mayor f.: maire Majorität Haus-meier

	(māgnus)			
	✦ **māiōrēs, māiōrum** *m*	Vorfahren, Ahnen	a patribus maioribusque discere *von den Vätern und Vorfahren lernen*	
	māiestās, māiestātis *f*	Hoheit, Erhabenheit, Größe	maiestatis damnari *wegen Majestätsbeleidigung verurteilt werden*	e.: majesty f.: majesté
	✦ **magis** *(Adv.)*	mehr, in höherem Grade	eo magis, quod … *um so mehr, als …* non magis quam *ebenso wenig wie*	f.: mais
	magister, magistrī	Lehrer, Meister		e.: master f.: maître
	✦ **magistrātus, -ūs** *m*	Amt; Beamter; Behörde	magistratum gerere *ein Amt ausüben*	Magistrat
	māximus	der Größte; der Älteste		maximal Maxime
	✦ **māximē** *(Adv.)*	am Meisten, im höchsten Grad		
5	✦ **malus**	schlecht, böse, schlimm		f.: mal
	Komparativ: **pēior / pēius**		in peiorem partem mutari *sich verschlechtern / verschlimmern*	
	Superlativ: **pessimus**			Pessimist
	✦ **malum**	Übel, Leid	Libera nos a malo!* (VATERUNSER) *Erlöse uns von dem Bösen!*	
6	**mānāre**	fließen; sich ausbreiten	Rumor manat tota urbe. *Das Gerücht breitet sich in der ganzen Stadt aus.*	f.: émaner E-manation
7	**māne** *(Adv.)*	am Morgen, in der Frühe	bene mane *sehr früh*	f.: demain
	mātūrus	reif; zeitig, früh	Mature facto opus est. *Man muss rasch (eigtl.: früh) handeln.*	e.: mature f.: mûr
	mātūrāre *mit Inf.:*	beschleunigen sich beeilen	Catilina maturat ab urbe proficisci. *Catilina beeilt sich aus der Stadt abzureisen.*	
8	✧ **manēre, maneō, mānsī; mānsūrus**	bleiben, bestehen bleiben; warten (auf)	in fide manere *treu bleiben*	e.: to remain mansion f.: maison
	per|manēre	verharren, fortdauern	in eadem sententia permanere *bei derselben Meinung bleiben*	e./f.: permanent

9	**mānēs,** mānium *m*	die Manen	*(die Seelen der Verstorbenen)*	
	im|mānis / immāne	ungeheuer, riesig, schrecklich	immani corporum magnitudine homines *Menschen von ungeheurer Körpergröße*	
10	✦**manus,** -ūs *f*	Hand; Schar	sua manu *eigenhändig* Haec non sunt in manu nostra. *Das liegt nicht in unserer Macht.* cum parva manu reverti *mit einer kleinen Schar zurückkehren*	e.: to manage f.: main manuell Manual Manager
	✧ man|dāre	anvertrauen, übergeben; auftragen	litteris mandare *schriftlich niederlegen* fugae se mandare *fliehen* aliquid memoriae mandare *sich etwas einprägen*	f.: demander Mandant
	mandātum	Auftrag, Befehl		Mandat
	com|mendāre	anvertrauen, empfehlen		e.: to commend f.: commander Kommando
	man|cipium	Kauf; Besitz; Sklave		e./f.: emancipation e-manzipieren
	mani|festus	handgreiflich; erwiesen; überführt	rerum capitalium manifestus *todeswürdiger Verbrechen überführt*	e.: manifest f.: manifeste Manifest
	mān|suētūdō, mānsuētūdinis *f*	Milde, Sanftmut		
11	✧ **mare,** maris *n*	Meer	terrā marique *zu Wasser und zu Land*	f.: mer Marine
	marítimus	am Meer gelegen; See-...	urbes maritimae *Küstenstädte* res maritimae *Seewesen*	e./f.: maritime maritim
12	**marītus**	Ehemann		e.: marry f.: mari
13	**marmor,** mármoris *n* *(griech.)*	Marmor		e.: marble f.: marbre

14	**māter,** mātris *f*	Mutter		e.: mother f.: mère
	mātri|mōnium	Ehe	Pompeius Iuliam in matrimonium duxit. *Pompeius heiratete (Caesars Tochter) Julia.*	e.: matrimony
	mātrōna	Ehefrau		e.: matron f.: matrone Matrone
	māteria, -ae *f* māteriēs, -ēī *f*	Grundstoff, Bauholz; Ursache		e.: matter f.: matière Materie Material
15	com|**meātus,** -ūs *m*	Nachschub, Zufuhr; Proviant	hostes (a) commeatu intercludere *den Feinden den Nachschub sperren*	
16	**medicus**	Arzt		f.: médecin
	medicīna	Heilkunst, Heilmittel		Medizin Dr. med.
	re|medium	Heilmittel, Mittel	remedia malorum comparare *Abhilfe gegen Übel schaffen*	e.: remedy f.: remède
17	✦**medius**	der Mittlere	mare Medium *das Mittelmeer* medium cursum tenere *den Mittelweg einschlagen* Medio tutissimus ibis.* (OVID) *In der Mitte wirst du am sichersten gehen.* rem in medio relinquere *eine Sache unentschieden lassen* medio in foro *mitten auf dem Forum* post mediam noctem *nach Mitternacht*	e.: mid middle it.: mezzo Medium
	dī|midius	halb	Dimidium facti, qui bene coepit, habet.* (HORAZ) *Frisch gewagt ist halb gewonnen.**	f.: demi
	medíocris / medíocre	mittelmäßig; gering, unbedeutend	haud mediocrem curam adhibere *nicht unerhebliche Sorgfalt aufwenden*	e.: mediocre f.: médiocre
18	**mel,** mellis *n*	Honig	melle dulcior *honigsüß*	f.: miel
19	**membrum**	Glied, Körperteil		e.: member f.: membre Membran

20 ✧ **meminisse, meminī**	sich erinnern, daran denken	Memento mei! *Denk an mich!*	Memento
re|minīscī, reminīscor *(ohne Perf.)*	sich erinnern	veteris incommodi reminisci *an das alte Unglück (zurück)denken*	e.: to remind
✦ mēns, mentis *f*	Geist, Verstand; Gedanke	sanae mentis esse *bei gesundem Verstand sein* Croeso Solonis in mentem venit. *Croesus erinnerte sich an Solon.* hac mente *in dieser Absicht*	e.: mind Minne
ā|mēns, āmentis dē|mēns, dēmentis	wahnsinnig, unsinnig		
mentīrī, mentior, mentītus sum	lügen, ausdenken		f.: mentir de-mentieren De-menti
✧ monēre, moneō, monuī, monitum	mahnen, ermahnen; warnen	Me mones, ut caveam. *Du mahnst mich, auf der Hut zu sein.* Moniti sunt, ne hoc experirentur. *Sie wurden davor gewarnt, dies zu versuchen.* Res atque tempus monebat. *Die Lage und die Zeit erforderten es.*	monieren
ad|monēre	erinnern, ermahnen; warnen	Adversae res admonent religionum.* *Not lehrt beten.** (nach Livius)	e.: to admonish
monumentum	Denkmal, Grabmal; Urkunde	monumento esse *zur Erinnerung dienen*	e./f.: monument Monument
mōnstrāre	zeigen	viam monstrare *den Weg weisen*	f.: montrer Monstranz Muster
dē|mōnstrāre	zeigen, beweisen, nachweisen	ut supra demonstratum est *wie oben gezeigt (wurde)*	e.: to demonstrate f.: démontrer Demonstration
mōnstrum	Wunderzeichen; Ungeheuer		e.: monster f.: monstre
21 ✧ **memor, mémoris**	eingedenk, sich erinnernd	memor pristinae virtutis *in Erinnerung an die frühere Tüchtigkeit*	

	(memor)			
	✦ memoria	Gedächtnis, Erinnerung; Überlieferung	memoriā tenere *im Gedächtnis behalten* post hominum memoriam *seit Menschengedenken* memoriae prodere *(geschichtlich) überliefern*	e.: memory f.: mémoire „in memoriam" *(Nachruf)*
	com|memorāre	erwähnen; berichten	ut supra commemoravi *wie oben erwähnt*	e.: to commemorate f.: commémorer
22	ē|**mendāre**	verbessern, vervollkommnen		e.: to emend
23	**mēnsis,** mēnsis *m*	Monat	mense Aprili *im (Monat) April*	f.: mois
24	**merēre,** mereō, meruī, méritum	verdienen, Verdienste erwerben		e.: to merit f.: mériter
	merērī, mereor, méritus sum	verdienen, sich verdient machen	bene mereri de re publica *sich Verdienste um den Staat erwerben*	e-meritiert
	méritum	das Verdienst	pro merito *nach Verdienst*	e.: merit f.: mérite Meriten
	méritō *(Adv.)*	verdientermaßen, mit Recht		„Pour le mérite" *(Verdienstorden)*
25	**mérgere,** mergō, mersī, mersum	tauchen, eintauchen, versenken		e.: to merge
26	**merx,** mercis *f*	Ware	merces mutare *Tauschhandel treiben*	
	mercātor, -ōris *m*	Kaufmann		e.: merchant f.: marchand Merkantilismus
	com|mercium	Handel; Verkehr, Umgang		e./f.: commerce Kommerz
	mercēs, mercēdis *f*	Lohn, Sold	sine mercede *umsonst*	f.: merci

27	**metallum** *(griech.)*	Metall		e.: metal f.: métal
28	**mētīrī,** mētior, mēnsus sum	messen; beurteilen	Suo quisque metu pericula metitur. *Jeder beurteilt die Gefahren nach seiner Angst.*	
	im|mēnsus	unermesslich, unendlich		e./f.: immense immens
	mēnsa	Tisch		Mensa
29	**metrum** *(griech.)*	Versmaß; Vers		e.: metre f.: mètre Meter Metrik
30	✦ **metus,** -ūs *m*	Furcht, Angst	metu mortis carere *keine Todesfurcht kennen*	
	✧ metúere, metuō, metuī	fürchten		
31	✦ **meus** *(Poss.-Pron.)*	mein	Mi fili! *Mein Sohn!*	e.: my f.: mon it. mio
32	dī|**micāre**	kämpfen, fechten		
33	**migrare**	wandern, wegziehen	de / ex vita migrare *sterben*	e.: to migrate E-migrant
34	✦ **mīles,** mīlitis *m*	Soldat		
	✧ mīlitāris / mīlitāre	soldatisch, Kriegs-	rei militaris peritissimus *im Kriegswesen sehr erfahren*	e.: military f.: militaire Militär
	✧ mīlitia	Kriegsdienst	domi militiaeque *im Krieg und im Frieden*	Miliz
35	**mīlle** *Pl.:* mīlia, mīlium	tausend	decem milia passuum *zehn (römische) Meilen (d. h. 10 000 Doppelschritte, etwa 15 km)*	e.: mile f.: mille Million Pro-mille Meile
36	**minae,** -ārum	Drohungen		
	minārī	drohen, androhen	captivis supplicium minari *den Gefangenen mit der Hinrichtung drohen*	

	(minae)			
	ē|minēre, ēmineō, ēminuī	hervorragen; sich auszeichnen	inter aequales eminere *sich vor den Gleichaltrigen auszeichnen*	e.: eminent f.: éminent Eminenz
	im|minēre	hereinragen; bevorstehen, drohen		e./f.: imminent
	✦ mōns, montis *m*	Berg, Gebirge	sub monte *am Fuß des Berges*	e.: mount f. : mont it.: monte Montan-union
37	**minor / minus**	kleiner, geringer	aliquot annis minor *etliche Jahre jünger* Plinius Minor *Plinius der Jüngere*	e.: minor f.: mineur Minus Minorität
	minúere, minuō, minuī, minūtum	verringern, vermindern; schmälern		f.: diminuer Minute Minuend
	minimus	der Kleinste, der Geringste	Minima non curat praetor.* (nach Callistratus) *Um Kleinigkeiten kümmert sich der Prätor nicht.*	Minimum minimal
	✧ nimis *(Adv.)*	allzu sehr	Ne quid nimis!* (Terenz nach Solon) *Nur keine Übertreibung!*	
	nimius	zu groß, zu viel, übermäßig	Omnia nimia in contraria convertuntur. *Alles Übermäßige schlägt ins Gegenteil um.* nimium posse *zu mächtig / einflussreich sein*	
	minister, ministrī	Diener, Helfer		e.: minister f.: ministre Minister
	ministerium	Dienst, Amt		e.: ministry f.: ministère Ministerium
	ad|ministrāre	leiten, verwalten	in provincia administranda *bei der Verwaltung einer Provinz*	e.: to administer f.: administrer
38	**mīrus**	wunderbar; sonderbar	mirum in modum *auf wunderbare Art und Weise*	
	✦ mīrārī ✧ ad|mīrārī	sich wundern (über), bewundern		e.: to admire f.: admirer
	ad|mīrābilis / admīrābile	bewundernswert; seltsam	Admirabile est auditu. *Es klingt erstaunlich.*	e./f.: admirable

	(mīrus)			
	ad|mīrātiō, -ōnis *f*	Bewunderung, Staunen	civibus admirationi esse *von den Mitbürgern bewundert werden*	e./f.: admiration
	mīrāculum	Wunder, Wunderding		e./f.: miracle Mirakel
39	✧ **miscēre,** misceō, miscuī, mixtum	mischen; verwirren		e.: to mix f.: mêler Mixtur mixen
	prō|miscuus	gemischt; ohne Unterschied	divina et humana promiscua habere *Göttliches und Menschliches für einerlei halten*	
40	**mītis / mīte**	mild, sanft		
41	✦ **míttere,** mittō, mīsī, missum	schicken, gehen lassen	legatos de pace mittere *Gesandte wegen Friedensverhandlungen schicken* auxilio mittere *zu Hilfe schicken*	f.: mettre Mission Messe
	✧ ā|mittere	wegschicken, aufgeben; verlieren	Siciliā Sardiniāque amissis *nach dem Verlust von Sizilien und Sardinien*	
	✧ ad|mittere	zulassen, hinzuziehen; verschulden	in sermonem admittere *zum Gespräch hinzuziehen* facinus admittere *sich eine Untat zuschulden kommen lassen*	e.: to admit
	✧ com|mittere	zustande bringen; zusammenfügen; anvertrauen	proelium committere *ein Gefecht liefern* scelus committere *ein Verbrechen begehen* rem publicam optimis viris committere *den Staat den besten Männern anvertrauen*	e.: to commit f.: commettre Kommission Kommissar
	✧ dē|mittere	herablassen, sinken lassen, senken	capite demisso *mit gesenktem Haupt* animum demittere *den Mut sinken lassen*	e.: demission Demission
	✧ dī|mittere	entlassen; aufgeben	senatum dimittere *die Senatssitzung beenden* principatum dimittere *die Vormachtstellung aufgeben*	e.: to dismiss Dimission
	inter|mittere	verstreichen lassen, unterbrechen	paucis diebus intermissis *nach Ablauf weniger Tage*	

(míttere)			
✧ **o|mittere**	unterlassen; übergehen	omnibus rebus omissis *unter Hintanstellung aller (anderen) Dinge*	e.: to omit f.: omettre
✧ **per|mittere**	überlassen, erlauben; anvertrauen		e.: to permit f.: permettre permissiv
praeter|mittere	vorübergehen lassen; übergehen	occasionem praetermittere *eine Gelegenheit verstreichen lassen*	
prō|mittere	versprechen, in Aussicht stellen		e.: to promise f.: promettre
✧ **re|mittere**	nachlassen; zurückschicken	frena remittere *die Zügel locker lassen* Animus remittitur. *Der Geist erholt sich.*	e.: to remit f.: remettre Remittende
sub|mittere **sum|mittere**	herablassen, zu Hilfe schicken	Rebus in adversis animum submittere noli!* (CATO) *Lass im Unglück den Mut nicht sinken!*	e.: to submit f.: soumettre
42 ✦ **modus**	Maß, Grenze; Art, Weise	modum adhibere *Maß halten* mirum in modum *auf wunderbare Art und Weise* prope modum *beinahe* eius modi homines *derartige Menschen*	e./f.: mode Mode modern Modus „Modus vivendi" Modalität
✦ **modo** *(Adv.)*	1. nur; eben, gerade	non modo ... sed etiam *nicht nur ... sondern auch*	
(Subjunktion)	2. wenn nur	Modo abiit. *Eben ist er gegangen.* modo id, modo illud *bald dies, bald jenes*	
quṓ|modo *(Adv.)*	auf welche Weise, wie		f.: comme
ád|modum *(Adv.)*	völlig, ganz, sehr	admodum nihil *soviel wie nichts* admodum adulescens *ein noch recht junger Mann*	
✧ **quem|ádmodum** *(Adv.)*	auf welche Weise, wie		
moderārī	mäßigen; regeln; lenken	irae moderari *seinen Zorn mäßigen* rem publicam moderari *den Staat leiten*	e.: to moderate f.: modérer Moderator moderieren
moderātus	maßvoll, besonnen		e.: moderate f.: modéré
modestus	maßvoll, bescheiden		e.: modest f.: modeste

(modus)			
modestia	Mäßigung, Bescheidenheit, Anstand	Victores neque modum neque modestiam habebant. *Die Sieger kannten weder Maß noch Ziel.*	e.: modesty f.: modestie
módicus	mäßig, bescheiden		
cóm|modus	angemessen; günstig, bequem		e.: commodious f.: commode
com|modum	Vorteil, Bequemlichkeit	rei publicae commodis servire *dem Wohl des Staates dienen*	e.: commodity
in|commodum	Nachteil, Unbequemlichkeit		e.: incommodious
ac|commodāre	anpassen, (ein)richten	vobis accomodatus *für euch passend / geeignet*	e.: to accommodate f.: accommoder
meditārī	nachdenken (über), sinnen (auf)	nihil aliud meditari nisi … *an nichts anderes denken als …*	e.: to meditate f.: méditer meditieren
43 ✧ **moenia,** moenium *n*	Stadtmauer	Urbs moenibus cingitur. *Die Stadt ist von einer Mauer umgeben.*	
✧ mūnīre	befestigen; verschanzen	viam munire *eine feste Straße bauen*	f.: munir
mūnītiō, -ōnis *f*	Befestigung; Festungsanlage		Munition
✧ mūrus	Mauer	murum ducere *eine Mauer aufführen / ziehen*	e.: mural f.: mur
44 **mōlēs,** mōlis *f*	Masse, Last; Anstrengung		Mole
mōlīrī, mōlior, mōlītus sum	in Bewegung setzen; unternehmen, planen	cottidie aliquid novi moliri *täglich etwas Neues unternehmen*	
molestus	lästig, beschwerlich	moleste ferre, quod … *darüber unwillig sein, dass …*	e.: to molest f.: molester
45 ✧ **mollis /** molle	weich, mild, empfindsam		f.: mou Moll
mollīre	weich machen, mildern	imperium mollire *die Herrschaft erträglich machen*	f.: mollir

46	✧ **mora**	Verzögerung, Aufschub; Weile	sine mora *unverzüglich*	Moratorium
	morārī	verzögern, zögern; (sich) aufhalten	in his locis morari *sich in diesem Gebiet aufhalten*	f.: demeurer
47	**mordēre,** mordeō, momórdī, morsum	beißen; kränken		f.: mordre
48	✦ **morī,** morior, mortuus sum; moritūrus	sterben	Memento mori!* *Denk daran, dass du sterben musst!* Morituri te salutant.* (SUETON) *Die Todgeweihten (d. h. die Gladiatoren) grüßen dich.*	f.: mourir
	moribundus	sterbend		e.: moribund f.: moribond
	mortuus	gestorben, tot	Socrate mortuo *nach dem Tod des Sokrates*	
	✦ mors, mortis *f*	Tod	mortem obire *sterben*	e.: murder f.: mort Mord
	✦ mortālis / mortāle	sterblich		e.: mortal f.: mortel „Salto mortale"
	mortālēs, mortālium *m*	die Menschen		
	✧ im|mortālis / immortāle	unsterblich; ewig	Per deos immortales! *Bei den unsterblichen Göttern! (Beschwörungsformel)*	e.: immortal f.: immortel
	✧ morbus	Krankheit	graviore morbo affici *ziemlich schwer erkranken*	morbid
49	✦ **mōs,** mōris *m* *Pl.:*	Sitte, Brauch Charakter	more maiorum *nach der Sitte der Vorfahren*	e./f.: moral f.: mœurs Moral
50	✦ **movēre,** moveō, mōvī, mōtum	bewegen; beeinflussen	castra movere *das Lager verlegen / weiterziehen* senatu movere *aus dem Senat ausschließen* suspicionem movere *Verdacht erregen* auctoritate philosophorum moveri *sich vom Ansehen der Philosophen beeindrucken lassen*	e.: to move Motiv Motivation Motor

	(movēre)			
	mōbilis / mōbile	beweglich; unbeständig, wankelmütig		e./f.: mobile Mobilmachung Im-mobilien Möbel
	✧ mōtus, -ūs *m*	Bewegung; Erregung, Aufruhr	motus terrae *Erdbeben* motus animi *Gemütsbewegung*	e.: motion E-motion
	mōmentum	Beweggrund, Bewegung; Augenblick	res magni momenti *eine Sache von großer Bedeutung* hoc ipso momento *gerade in diesem Augenblick*	e./f.: moment f.: mouvement Moment momentan
	com|movēre	bewegen, beeindrucken; veranlassen	irā commotus *aus / im Zorn*	e./f.: commotion
	per|movēre	heftig bewegen; veranlassen	misericordiā permotus *aus Mitleid*	
	re|movēre	entfernen, wegschaffen	remotus a suspicione *frei von Verdacht*	e.: to remove
51	**mox** *(Adv.)*	bald		
52	**múlier,** mulíeris *f*	Frau, Ehefrau		it.: moglie
	mulíebris / muliebre	weiblich, weibisch		
53	✦ **multus**	viel, reichlich	multum temporis *viel Zeit* multis de causis *aus vielen Gründen* multo minus *viel weniger* Multum, non multa!* (PLINIUS d. J.) *Viel, nicht vielerlei!*	it.: molto Multi-plikation
	✦ multum *(Adv.)*	viel; oft; weit		
	✦ multitūdō, multitūdinis *f*	Menge, Vielzahl, Masse		f.: multitude
	melior / melius	besser, tüchtiger		f.: meilleur Melioration
54	**mundus**	Welt, Weltall		f.: monde it.: mondo

55	✧ **mūnus, mūneris** *n*	Amt, Aufgabe; Geschenk	munere fungi *ein Amt bekleiden* aliquid muneri dare *etwas als / zum Geschenk geben*	
	com|mūnis / commūne	gemeinsam, allgemein	salus communis *das Gemeinwohl*	e.: common f.: commun Kommunion Kommune
	com|mūnicāre	vereinigen; teilnehmen lassen; mitteilen	consilia communicare *gemeinsame Pläne schmieden*	e.: to communicate f.: communiquer Kommunikation
	im|mūnis / immūne	frei (von Verpflichtungen)		e.: immune immun
	mūni|cipium	(selbstständige) Landstadt		e./f.: municipal
56	✧ **mūtāre**	ändern, verändern; wechseln, tauschen	vestem mutare *Trauerkleidung anlegen* Tempora mutantur, nos et mutamur in illis.* (LOTHAR I.) *Die Zeiten ändern sich und wir ändern uns mit / in ihnen.*	mutieren Mutation Mauser
	com|mūtāre	verändern, austauschen	Fortuna commutatur. *Das Blatt wendet sich.*	Kommutativgesetz
	mūtuus	wechselseitig; geliehen	mutuā benevolentiā coniunctus *durch gegenseitiges Wohlwollen verbunden* pecuniam mutuam sumere *ein Darlehen nehmen*	e.: mutual f.: mutuel
57	**mūtus**	stumm, lautlos		f.: muet

1	✦ **nam**	denn, nämlich		
	✦ e|nim *(nachgestellt)*	denn, nämlich		
2	✧ **nancīscī,** nancīscor, nactus / nānctus sum	(zufällig) erreichen, bekommen		
3	ī|**gnāvia**	Trägheit, Feigheit	ignaviae se tradere *träge werden*	
4	✦ **nāvis,** nāvis *f*	Schiff	navis longa *Kriegsschiff* naves solvere *abfahren, ablegen*	e.: navy f.: nef
	nāvigāre	segeln, (zur See) fahren	ad navigandum utilis *seetüchtig*	e.: to navigate f.: naviguer Navigation
	nauta *m (griech.)*	Seemann, Matrose		e.: nautical f.: nautique Astro-naut
5	✦ **nē** *(Subjunktion)* 1. *bei Wunsch-, Befehls-, Absichtssätzen*	dass nicht, damit nicht	Id studuit, ne quam occasionem dimitteret. *Er bemühte sich keine Gelegenheit zu versäumen.*	
	2. *bei Ausdrücken des Fürchtens und Hinderns*	dass	Verebatur, ne animum eius offenderet. *Er fürchtete ihn zu beleidigen.*	
	✦ nē ... quidem	nicht einmal	ne populus quidem *nicht einmal das Volk*	
	✦ nec ✦ neque	und nicht, auch nicht, aber nicht		
	✦ nec ... nec ✦ neque ... neque	weder ... noch		
	✧ negāre	verneinen, leugnen; verweigern	non negare *gern zugeben*	f.: nier Negation negativ
	✦ nihil nīl	nichts	nihilo minus *nichtsdestoweniger / trotzdem* Nil novi sub sole.* (Terenz) *Es geschieht nichts Neues unter der Sonne.* nihil commoveri *sich in keiner Weise beeindrucken lassen*	Nihilismus

	(nē)			
	nisi nī *(Subjunktionen)*	wenn nicht		
	nach Negation:	außer, nur	numquam nisi hieme *nur im Winter*	
	nōn … nisi	nur, bloß	Amicitia esse non potest nisi in bonis. *Freundschaft kann nur unter Guten bestehen.*	
	nisi quod	außer dass		
	nisi forte nisi vērō	es müsste denn sein, dass …	nisi forte me animus fallit *es müsste denn sein, dass ich mich täusche*	
6	✦ **-ne** *(enklitische Fragepartikel)*	1. *direkte Frage: (erwartete Antwort: „ja / nein“)*	Venietisne? *Werdet ihr kommen?*	
		2. *abhängige Frage:* ob / ob nicht	Interrogavit, liceretne … *Er fragte, ob es erlaubt sei, zu …*	
	✦ nōnne *(Fragepartikel)*	1. *direkte Frage: (erwartete Antwort: „ja“)* … denn nicht? … etwa nicht?	Nonne assentiris? *Stimmst du denn nicht zu?*	
		2. *abhängige Frage:* ob … (etwa) nicht	Croesus ex Solone quaesivit, nonne se beatum putaret. *Croesus fragte Solon, ob er ihn nicht für glücklich halte.*	
7	**nébula**	Dunst, Nebel		
	nimbus	Wolke, Regenwolke		Nimbus
8	**néctere,** nectō, nexī / nexuī, nexum	knüpfen, zusammenbinden, fesseln		e.: to connect An-nexion Kon-nex
9	**nemus,** némoris *n*	Wald, Hain		
10	**nepōs,** nepōtis *m*	Enkel; Neffe		e.: nephew f.: neveu Nepotismus
11	**nervus**	Sehne; Saite; Kraft		e.: nerve f.: nerf Nerv

12	**nex,** necis *f*	(gewaltsamer) Tod, Mord	vitae necisque potestatem habere *Gewalt über Leben und Tod haben* necem alicui parare *jemand nach dem Leben trachten*	
	✧ necāre	töten		
	✧ per|niciēs, perniciēī *f*	Verderben, Untergang		e.: pernicious f.: pernicieux
	✧ nocēre, noceō, nocuī, nocitum	schaden	Bonis nocet, qui malis parcit.* *Den Guten schadet, wer die Bösen schont.* (Ps.-Seneca)	
	in|nocēns, innocentis	unschuldig; uneigennützig		e./f.: innocent Innozenz
	ob|noxius	schuldig; abhängig, verpflichtet	alicui obnoxium esse *von jemand abhängig sein* periculis obnoxius *Gefahren ausgesetzt*	
13	**niger/** nigra/ nigrum	schwarz, dunkel; unheilvoll		e.: negro f.: noir, nègre Neger
14	**nitēre,** niteō, nituī	glänzen		
15	**nītī,** nītor, nīsus/ nīxus sum	sich stützen (auf); streben (nach), sich anstrengen	consilio amicorum niti *sich auf den Rat der Freunde verlassen* summa ope niti *sich mit aller Kraft bemühen*	re-nitent
16	**nix,** nivis *f*	Schnee		f.: neige
17	✦ **nōmen,** nōminis *n*	Name, Begriff	nomine notus *(nur) dem Namen nach bekannt*	e.: name f.: nom nominell
	co|gnōmen, cognōminis *n*	Beiname	Tarquinio cognomen Superbo erat. *Tarquinius trug/hatte den Beinamen Superbus.*	
	ī|gnōminia	Schimpf, Schande		
	✧ nōmināre	nennen, benennen	ii septem, quos sapientes nominant *die sogenannten Sieben Weisen*	e.: to nominate f.: nommer Nominativ

18	✦ **nōs,** nostrī / nostrum *(Pers.-Pron.)*	wir	memoria nostri *das Andenken an uns* nemo nostrum *keiner von uns*	f.: nous
	✦ noster / nostra / nostrum *(Poss.-Pron.)*	unser	Vergilius noster *unser geschätzter (Freund) Vergil* Nostrum est pauperes adiuvare. *Es ist unsere Aufgabe Armen zu helfen.*	f.: notre „Notre Dame" „Pater noster"
19	**nota**	Kennzeichen; Merkmal		e./f.: note Note
	notāre	kennzeichnen; tadeln	tempora cursu lunae notare *die Zeiten nach dem Mond bestimmen*	Notar
20	✦ **novus**	neu, neuartig; ungewöhnlich	Quid tibi novi est? *Was gibt es Neues bei dir?* homo novus *ein Emporkömmling (ein Neuling in der Politik, ohne berühmte Ahnen)* novis rebus studere *auf einen Umsturz aus sein*	e.: new f.: neuf it.: nuovo Novelle Novize re-novieren
	novissimus	der Äußerste; der Letzte	agmen novissimum *die Nachhut* novissime *jüngst / kürzlich*	
21	✦ **nox,** noctis *f*	Nacht	ad multam noctem *bis spät in die Nacht*	f.: nuit it.: notte
	noctū *(Adv.)*	nachts		
	nocturnus	nächtlich		e./f.: nocturne nüchtern Nocturno
22	**nūbere,** nūbō, nūpsī, nuptum	heiraten	Iulia Pompeio nupsit. *(Caesars Tochter) Julia heiratete Pompeius.* Bella gerant alii, tu, felix Austria, nube!* (nach OVID) *Mögen andere Krieg führen, du, glückliches Österreich, heirate!*	
	nuptiae, -ārum	Hochzeit		e./f.: nuptial
	✧ cō|nūbium	Vermählung, Ehebund		
23	**nūbēs,** nūbis *f*	Wolke		

24	**nūdus**	nackt, bloß; leicht bekleidet	partem nudam atque inanem relinquere *einen Teil völlig unbekleidet lassen*	f.: nu
25	ad|**núere,** ádnuō, ádnuī	zunicken; zustimmen		
	nūtus, -ūs *m*	Wink, Befehl	ad nutum alicuius agere *auf jemandes Wink handeln*	
	✧ nūmen, nūminis *n*	göttliches Walten, Gottheit	numine deorum regi *sich vom Willen der Götter leiten lassen*	
26	✦ **num** *(Fragepartikel)*	1. *direkte Frage: (erwartete Antwort: „nein")* etwa? etwa gar? vielleicht?	Num negare audes? *Wagst du etwa zu leugnen?*	
		2. *abhängige Frage:* ob (etwa)	Quaero, num id iniuste fecerit. *Ich frage, ob er dabei etwa ungerecht handelte.*	
	✦ nunc *(Adv.)*	nun, jetzt		
27	✦ **numerus**	Zahl; Menge; Takt	Herculem in deorum numero ponere *Herakles zu den Göttern zählen* aliquo numero atque honore esse *einen bedeutenden Rang und Namen haben*	e.: number f.: nombre Nummer
	numerāre	zählen, rechnen	Epicurei voluptatem in bonis numerant. *Die Epikureer rechnen die Lust zu den Gütern.*	nummerieren
	ē|numerāre	aufzählen, ausrechnen		e.: to enumerate f.: énumérer
28	**nummus**	Münze, Geldstück		
29	**nūntius**	Bote; Nachricht	hoc nuntio allato *auf diese Nachricht hin*	Nuntiatur (Päpstlicher) Nuntius
	✧ nūntiāre	melden, verkünden		e.: to announce f.: annoncer An-nonce De-nunziant
	ē|nūntiāre	ausplaudern, aussprechen	rem per indicium enuntiare *eine Sache durch eine Anzeige verraten*	
30	**nūper** *(Adv.)*	neulich, kürzlich, unlängst		

1	✧ **ob** *(Präp. m. Akk.)*	gegen, entgegen; wegen	ob oculos versari *vor Augen schweben* ob eam rem / quam ob rem *deswegen*	
2	**oblīquus**	schräg, schief		f.: oblique „Oratio obliqua“
3	✦ **oculus**	Auge	in oculis situm esse *vor Augen liegen* se ex oculis avertere *sich nicht mehr blicken lassen*	f.: œil Okular okulieren Mon-okel
4	**ōdisse,** ōdī; ōsūrus	hassen	Oderint, dum metuant!* (Caligula) *Sie mögen (mich ruhig) hassen, wenn sie nur Angst (vor mir) haben!*	
	✧ odium	Hass, Abneigung	odio esse *verhasst sein* odio ardere *vor Hass glühen*	
	odiōsus	verhasst, widerwärtig		e.: odious f.: odieux
5	**odor,** odōris *m*	Geruch		e.: odour f.: odeur De-odorant
6	**óleum** *(griech.)*	Öl	Oleum et operam perdidi.* (Plautus) *Öl und Mühe (d. h. Zeit und Geld) habe ich vergeudet.*	e.: oil f.: huile it.: olio Petr-oleum
7	**ōmen,** ōminis *n*	Vorzeichen, Vorbedeutung	bonis cum ominibus incipere *unter guten Vorzeichen beginnen* Nomen est omen.* (nach Plautus) *Der Name ist eine Vorbedeutung.*	e.: omen Omen ominös
8	✦ **omnis /** omne	ganz, all; jeder	Gallia est omnis divisa in partes tres. (Caesar) *Gallien ist in seiner Gesamtheit in drei Teile geteilt.* illud ante omnia videre *vor allem auf jenen Punkt achten* ad unum omnes *alle ohne Ausnahme* inter omnes constat *es ist allgemein bekannt*	Omnibus
	✧ omnīnō *(Adv.)*	gänzlich, überhaupt		

9	**onus,** óneris *n*	Last, Ladung	onus officii suscipere *eine lästige Verpflichtung übernehmen*	
	onerāre	belasten, beladen		
10	**opīniō,** -ōnis *f*	Vermutung, Meinung; Ruf	praeter opinionem *wider Erwarten* opinione celerius *schneller als erwartet*	e./f.: opinion
	opīnārī	vermuten, meinen		
	in|opīnāns, inopīnantis	nichts ahnend, ahnungslos	Romanis inopinantibus Hannibal Pyrenaeos transgressus est. *Ohne dass die Römer es ahnten, überschritt Hannibal die Pyrenäen.*	f.: inopiné
	✧ optāre	wünschen, verlangen		f.: opter Optativ Option
11	✧ **oportet,** oportuit	es ist nötig; es gehört sich	Ante eam diem Marcus ad me redeat oportet. *Vor diesem Termin sollte / muss Marcus zu mir zurückkehren.* Bellum suscipi non oportuit. *Man hätte den Krieg nicht beginnen sollen.*	
12	✧ **oppidum**	Stadt, befestigter Platz		
13	**(ops)** *(Nom./Dat. Sg. ungebräuchlich)* opis *f*	Kraft, Stärke; Hilfe	summa ope *mit aller Kraft* opem ferre *Hilfe bringen*	
	✦ opēs, opum *f*	Reichtum; Einfluss Macht; Streitmacht	ingenii opibus gloriam quaerere *mit den Mitteln des Geistes Ruhm erstreben*	
	opulentus	reich, wohlhabend; mächtig		f.: opulent
	optimus	der Beste, der Tüchtigste	optimus quisque *jeweils der Beste / gerade die Besten*	optimal Optimismus
	✧ optimātēs, optimātium *m*	Aristokraten		
	✧ cōpia, -ae, < co-opia	Vorrat; Menge; Möglichkeit	copia frumenti *eine Menge Getreide* copiam dicendi facere *Gelegenheit zum Sprechen geben*	e.: copy Kopie kopieren
	✦ cōpiae, -ārum	Truppen, Streitkräfte		
	cōpiōsus	reichlich; wortreich	orator copiosissimus *ein wortgewaltiger Redner*	e.: copious f.: copieux

	(ops)			
	✧ in|opia	Mangel, Not		
	✦ opus, óperis *n*	Werk, Arbeit		Opus
	opus est *(indekl.)*	es ist nötig	Quid verbis opus est? *Wozu bedarf es noch der Worte?* Multa nobis opus sunt. *Wir benötigen vieles.*	
	māgn|ópere *(Adv.)*	sehr, in hohem Grade		
	✦ of|ficium < opi-ficium	Dienstleistung, Dienst; Pflicht, Pflichtgefühl	officium praestare *seine Pflicht erfüllen*	e./f.: office offiziell Offizier
	✧ opera, operae	Arbeit, Mühe	operam dare litteris *Mühe auf die Wissenschaft verwenden* Operae pretium est. *Es ist der Mühe wert.*	f.: œuvre Opfer Operation
14	✧ **ōrāre**	reden; bitten, beten	finem orandi facere *eine Rede beenden* orare atque obsecrare *inständig bitten*	Oratorium
	✦ ōrātiō, -ōnis *f*	Rede; Redegabe	orationem habere *eine Rede halten*	e.: oration f.: oraison
	ōrātor, -ōris *m*	Redner		e.: orator f.: orateur
	ōrāculum	Orakel, Göttersprüch; Orakelstätte	oraculum adire *sich an ein Orakel wenden / ein Orakel befragen*	e./f.: oracle
15	✧ **orbis,** orbis *m*	Kreis; Kreislauf; Erdkreis	toto orbe terrarum *auf der ganzen Welt*	e.: orbit „Urbi et Orbi" *(Päpstlicher Segen)*
16	**ōrdīrī,** ōrdior, ōrsus sum	anfangen	ab initio ordiri *von vorn beginnen*	
	✦ ōrdō, ōrdinis *m*	Reihe, Ordnung; Stand	ordo senatorius *Senatorenstand*	e.: order f.: ordre Orden
	ōrnāre	ausstatten, schmücken	naves ornare *Schiffe ausrüsten*	e.: to adorn f.: orner
	ōrnāmentum	Ausrüstung, Schmuck		e.: ornament f.: ornement Ornament
	ōrnātus, -ūs *m*	Ausstattung, Kleidung, Schmuck		Ornat

17 ✦ **orīrī,** orior, ortus sum; oritūrus	entstehen; aufgehen; abstammen	orta luce *nach Sonnenaufgang* nobili genere ortus *aus vornehmem Geschlecht*	
oriēns (sōl), orientis *m*	Osten; Morgenland	ad orientem spectare *im Osten liegen*	e./f.: orient Orient
ortus, -ūs *m*	Aufgang *(eines Gestirns)*; Herkunft	a solis ortu ad occasum *vom Sonnenaufgang bis zum Untergang (d. h. von Osten bis Westen)* Cato ortu Tusculanus erat. *Cato stammte aus Tusculum.*	
orīgō, orīginis *f*	Ursprung, Abstammung		e.: origin f.: origine Original originell
ad|orīrī	angreifen		
18 ✦ **ōs,** ōris *n*	Mund, Mündung; Gesicht	in ore omnium esse *in aller Munde sein* in ore Tiberis urbem condere *an der Tibermündung eine Stadt gründen*	e./f.: oral oral
cōram *(Präp. m. Abl.)*	in Gegenwart (von)	coram iudicibus *vor Gericht*	„coram publico" *(in aller Öffentlichkeit)*
ōstium	Eingang; Mündung		Ostia
ōra	Küste	ora maritima *Meeresküste*	
19 ✦ **ōtium**	freie Zeit, Muße; Ruhe	se in otium referre *sich ins Privatleben zurückziehen* otium cum dignitate* *ehrenvoller Ruhestand*	(Cicero)
ōtiōsus	frei von Amtsgeschäften, müßig; friedlich		f.: oisif
✦ neg|ōtium	Geschäft, Aufgabe	a negotiis publicis se removere *sich von den Staatsgeschäften / aus der Politik zurückziehen*	e.: to negotiate f.: négoce
20 **ovis,** ovis *f*	Schaf		
21 **ōvum**	Ei	ab ovo* (Horaz) *von Anfang an*	f.: œuf oval

1	**paene** *(Adv.)*	fast, beinahe	Paene dixi. *Beinahe hätte ich gesagt.*	
	paenitet, paenituit	es reut; es befriedigt nicht	Paenitet eos huius facti. *Sie bereuen diese Tat.* Ne te paeniteat duros subisse labores!* *Lass dich's nicht gereuen, harte Mühen auf dich genommen zu haben!*	e.: penitence f.: pénitence
2	**palam** *(Adv.)*	öffentlich; offenkundig	palam proferre *offen darlegen*	
	palma	flache Hand; Palme, Siegespreis		e.: palm f.: paume
	plānus	flach, eben; deutlich		e./f.: plain planieren
	plānē *(Adv.)*	deutlich; völlig	plane consentire *völlig übereinstimmen* planius dicere *sich deutlicher ausdrücken*	
3	**palūs,** palūdis *f*	Sumpf		Pfuhl
4	✦ **pār,** paris *Adv.:* pariter	gleich; ebenbürtig; angemessen	cuivis parem esse *jedem Beliebigen gewachsen sein* Ego pariter gaudeo ac tu. *Ich freue mich genauso wie du.*	e./f.: pair paritätisch Paar
	com|parāre	vergleichen		e.: to compare f.: comparer Komparativ
5	**párcere,** parcō, pepercī; parsūrus	schonen, sparen	tempori parcere *mit der Zeit sparsam umgehen* sumptui non parcere *keine Rücksicht auf die Kosten nehmen*	
	parcus	sparsam, spärlich		
6	✧ **párere,** pariō, péperī, partum; paritūrus	hervorbringen, gebären; erwerben	Pax parta est. *Friede ist hergestellt.* laudem sibi parere *sich Ruhm erwerben*	
	✧ parēns, parentis { *m* / *f*	Vater / Mutter	uterque parens *beide Eltern*	
	✧ parentēs, parent(i)um *m*	Eltern		e./f.: parents

(párere)			
pau|per, pauperis	arm		e.: poor f.: pauvre it.: povero
pau|pertās, paupertātis *f*	Armut		e.: poverty
✧ re|perīre, reperiō, répperī, repertum	finden, wiederfinden	Reperiuntur, qui dicant … *Es finden sich Leute, die behaupten …*	Repertoire
✦ parāre	vorbereiten, bereiten; sich anschicken	fugam parare *Vorbereitungen zur Flucht treffen* amicitias parare *sich Freunde schaffen* In Apuliam proficisci parabat. *Er traf Anstalten nach Apulien zu reisen.*	f.: parer „parat“ Parade
ap|parātus, -ūs *m*	Zurüstung; Gerät; Prunk	apparatu regio accipere *mit königlichem Prunk empfangen*	Apparat
✧ com|parāre	bereiten, beschaffen	subsidia comparare *Hilfsmittel bereitstellen*	
✦ im|perāre	befehlen, gebieten, herrschen	finitimis gentibus imperare *die Nachbarvölker beherrschen*	Imperativ
✧ im|perātor, -ōris *m*	Befehlshaber, Feldherr; Kaiser	imperator Augustus *Kaiser Augustus*	e.: emperor f.: empereur
✦ im|perium	Befehl, Befehlsgewalt; Herrschaft; Reich	imperium maritimum *Oberkommando zur See* imperium Romanum *das Römische Reich*	e./f.: empire
prae|parāre	vorbereiten		e.: to prepare f.: préparer präparieren
sē|parāre	trennen, absondern		e.: to separate f.: séparer separat Separatist
7 ✧ **pārēre,** pāreō, pāruī; pāritūrus	gehorchen; sich richten (nach)	legibus parere *den Gesetzen Folge leisten*	f.: paraître parieren
ap|pārēre appāreō, appāruī; appāritūrus	erscheinen, sich zeigen		e.: to appear
ap|pāret	es ist offensichtlich, es ist klar		

8	**páries,** parı́etis *m*	Wand		
9	✦ **pars,** partis *f*	Teil; Richtung	magna ex parte *großenteils* pro virili parte *nach Kräften* ex omnibus partibus concurrere *aus allen Richtungen zusammenlaufen*	e./f.: part Partie partiell
	Pl.:	Partei; Rolle	senatūs partes *die Senatspartei* accusatoris partibus fungi *die Rolle des Anklägers übernehmen / spielen*	
	partim *(Adv.)*	zum Teil, teils		
	ex|pers, expertis	ohne Anteil; frei von	omnis expers curae *frei von jeglicher Sorge*	
	párti|ceps, partı́cipis	teilnehmend, beteiligt	consilii particeps *in den Plan eingeweiht / Mitwisser des Planes*	e.: participle Partizip partizipieren
10	✦ **parvus**	klein, gering	a parvis *von Kindheit an* parvo constare *wenig kosten* parvi esse *wenig wert sein*	
	✧ parum *(Adv.)*	zu wenig, nicht genug	parum multi *zu wenige*	
11	**pāscere,** pāscō, pāvī, pāstum	weiden lassen, füttern		
	pāstor, -ōris *m*	Hirte		f.: pasteur Pastor
	pānis, pānis *m*	Brot		f. : pain it.: pane Kom-pagnie Kum-pan
12	✦ **pater,** patris *m*	Vater	pater patriae *(Ehrenbezeichnung)* *Vater des Vaterlandes*	f. : père it.: padre Pater Pate
	Pl.:	Vorfahren; Senatoren	patrum nostrorum memoriā *zur Zeit unserer Väter* Patres conscripti! *Meine Herren Senatoren! (Offizielle Anrede der Senatoren)*	
	paternus	väterlich, vom Vater ererbt		e.: paternal f.: paternel
	✧ patrius	väterlich; heimisch		Patriot

	(pater)			
	✦ patria (terra)	Vaterland, Heimat, Heimatstadt	Ubi bene, ibi patria.* (Teukros bei Cicero) *Wo es mir gut geht, dort bin ich zu Hause.*	f.: patrie
	patrōnus	Schutzherr, Anwalt		e./f.: patron it.: padrone Patron
	patricius *Subst.:*	adelig Patrizier		
13	✧ **patēre,** pateō, patuī	offen stehen; sich erstrecken	Patere tua consilia non sentis? *Merkst du nicht, dass deine Absichten bekannt sind?* late patere *sich weit ausdehnen / einen weiten Spielraum haben*	Patent
	pate|fácere, patefaciō, patefēcī, patefactum	öffnen, aufdecken; bekannt machen		
	passim *(Adv.)*	weit und breit, überall	Ignis passim se dissipavit. *Das Feuer breitete sich nach allen Seiten hin aus.*	
	✧ passus, -ūs *m*	Schritt; Doppelschritt	*(als Längenmaß ≈ 1,5 m)* duo milia passuum *zwei (römische) Meilen (≈ 3 km)*	
14	✦ **patī,** patior, passus sum	dulden, leiden; zulassen	Quae quo-usque tandem patiemini?* (Cicero) *Wie lange wollt ihr euch das eigentlich noch gefallen lassen?* Conscientia aliud agere non patitur. *Das Gewissen erlaubt es nicht, anders zu handeln.*	Patient Passion passiv
	patientia	Geduld, Ausdauer		e./f.: patience
15	**patrāre**	vollbringen, vollenden		
	im|petrāre	durchsetzen, (durch Bitten) erreichen		
16	✦ **paucus** *(meist Pl.:)*	wenig, gering einige (wenige)	ut paucis verum absolvam . . . *um mit wenigen Worten die Wahrheit zu sagen . . .* paucis ante diebus *wenige Tage vorher* pauci de nostris *ein paar von den Unsrigen*	e.: few f.: peu it.: poco
	✦ paulum	ein wenig	paulo post *kurze Zeit später / bald darauf*	
	paulātim *(Adv.)*	allmählich		

17	**pavor,** -ōris *m*	Furcht, Angst	Pavor ingens in urbe erat. *Lähmendes Entsetzen herrschte in der Stadt.*	f. : peur
18	✦ **pāx,** pācis *f*	Friede	Pax vobiscum!* (LUKAS-EVANGELIUM) *Friede sei mit euch!*	e.: peace f. : paix it.: pace
	pactum	Abmachung, Vertrag	in pacto manere *sich an den Vertrag halten* Pacta sunt servanda!* *Verträge müssen gehalten werden!*	e.: pact f. : pacte Pakt Pacht
	quō pactō	wie? auf welche Weise?	nescio quo pacto *irgendwie (eigtl.: ich weiß nicht, wie)*	
	pācāre	befrieden; unterwerfen	omni Gallia pacata *nachdem ganz Gallien befriedet war*	e.: to pay f.: payer
	prō|pāgāre	ausdehnen, verlängern	terminos populi Romani propagare *die Grenzen des Römischen Reiches erweitern*	f.: propager Propaganda
19	**peccāre**	verkehrt machen; sündigen	Pater, peccavi.* (LUKAS-EVANGELIUM) *Vater, ich habe gesündigt.*	f.: pécher
	peccātum	Fehler; Sünde		f. : péché
20	**pectus,** péctoris *n*	Brust; Herz; Gemüt	adverso pectore *(vorne) auf der Brust* toto pectore *von ganzem Herzen*	Angina pectoris „in petto haben" *(bereit halten)*
21	**pecus,** pécudis *f*	Stück Vieh, Schaf		
	✦ pecūnia	Geld, Vermögen	cupido pecuniae *Geldgier* Pecunia non ⟨olet⟩.* (Kaiser VESPASIAN) *Geld stinkt nicht.*	pekuniär
22	**pēior /** pēius	schlechter, geringer		f.: pire pejorativ
	pessimus	der Schlechteste, der Schlimmste	vel pessimus *sogar der Schlechteste*	Pessimist
23	✧ **péllere,** pellō, pépulī, pulsum	treiben, stoßen, schlagen; vertreiben	patriā pellere *aus der Heimat vertreiben*	f.: pouls Puls Pro-peller
	dē|pellere, dēpellō, dēpulī, dēpulsum	wegtreiben, vertreiben	crimen depellere *eine Beschuldigung zurückweisen* loco depellere *vom Platz verdrängen*	
	ex|pellere	vertreiben, verbannen	Tarquinio expulso *nach der Vertreibung des Tarquinius*	

	(péllere)			
	✧ **im|pellere**	antreiben, veranlassen	misericordiā impulsus *aus Mitleid*	e.: to impel Impuls
	re|pellere *Perf.:* **réppulī**	zurücktreiben, abweisen	a consulatu repellere *bei der Bewerbung um das Konsulat zurückweisen*	e.: to repel
	✦ **ap|pellāre**	anreden, nennen, benennen	ea, quae appellatur aequitas *die sogenannte Gleichheit* filium a patre appellare *den Sohn nach dem Vater benennen*	e.: to appeal f.: appeler Appell appellieren
	inter|pellāre	unterbrechen, verhindern		e.: to interpellate Interpellation
	pulsāre	klopfen, stoßen, schlagen		e.: to push f.: pousser
24	**pellis,** **pellis** *f*	Fell, Pelz		f.: peau
25	**pendēre,** **pendeō,** **pependī** *(ohne PPP)*	(herab)hängen; unentschlossen sein	ex arbore pendere *am Baum hängen* ex fortuna pendere *vom Glück abhängen* animo pendere *unschlüssig sein*	f.: pendre Pendel Pendant Per-pendikel
	im|pendēre, **impéndeō,** **impéndī** *(ohne PPP)*	hereinhängen; drohen, bevorstehen	Gladius impendebat cervicibus Damoclis. *Ein Schwert hing über dem Nacken des Damokles.*	e.: to impend
	péndere, **pendō,** **pepéndī,** **pēnsum**	abwägen, abschätzen; bezahlen	sua parvi pendere *sein Eigentum gering schätzen* vectigalia pendere *Steuern zahlen*	Pensum Pension
	im|péndere, **impendō,** **impendī,** **impēnsum**	aufwenden, ausgeben	pecuniam in aliquam rem impendere *Geld für etwas aufwenden*	
	sus|péndere	aufhängen	Omnia suspensa erant. *Alles war in der Schwebe.*	e.: to suspend f.: suspendre suspendieren
	pondus, **ponderis** *n*	Gewicht; Bedeutung	immensum argenti pondus *eine unermessliche Menge Silbergeld*	e.: pound f.: poids ponderieren Pfund
	stī|pendium *Pl.:*	Steuer; Sold Kriegsdienst	stipendia pendere *Abgaben zahlen* stipendia facere / merere *Kriegsdienst leisten*	e.: stipend Stipendium

26	**penetrāre**	eindringen, durchdringen		e.: to penetrate f.: pénétrer penetrant
	penātēs, penātium *m*	Hausgötter; Haus, Wohnung	in patriam ad penates redire *ins Vaterland zu Haus und Hof zurückkehren*	
27	✦ **per** *(Präp. m. Akk.)*	durch, hindurch; über ... hin	per fines Germanorum *durch das Gebiet der Germanen* per orbem terrarum celebrari *über den Erdkreis hin/auf der ganzen Welt gefeiert werden* per aliquot dies *einige Tage lang* per litteras *schriftlich* per legatos nuntiare *durch Gesandte mitteilen (lassen)* Virtus per se expetenda est. *Die Tugend muss man um ihrer selbst willen erstreben.* per valetudinem *infolge des Gesundheitszustandes* Per deos immortales! *Bei den unsterblichen Göttern! (Beteuerungsformel)*	f.: par „per Nachnahme“
28	**perītus**	erfahren, kundig	peritissimus rerum civilium *sehr erfahren in der Politik*	
	✧ im|perītus	unerfahren, unkundig	consuetudinis nostrae imperitus *mit unserer Gewohnheit nicht vertraut*	
	✦ perīculum	Gefahr	periculum subire *sich einer Gefahr aussetzen*	e.: peril f.: péril it.: perìcolo
	perīculōsus	gefährlich		e.: perilous
	✧ com|perīre, comperiō, cómperī, compertum	in Erfahrung bringen, erfahren	Compertum habeo. *Ich habe (zuverlässig) in Erfahrung gebracht.*	
	ex|perīrī, experior, expertus sum	versuchen; erfahren	omnia experiri *nichts unversucht lassen* Expertus dico. *Ich spreche aus Erfahrung.*	e./f.: expert Experiment Experte

29	**persōna** *(etrusk.)*	Maske, Rolle; Person; Persönlichkeit	Ponit vir bonus personam amici, cum induit iudicis. *Ein rechtschaffener Mann legt die Rolle des Freundes ab, wenn er die des Richters übernimmt.*	e.: person f.: personne „Persona (non) grata“
30	✧ **pēs,** pedis *m*	Fuß	*(als Längenmaß: ≈ 0,3 m)* pedem referre *sich zurückziehen* pedibus ire *zu Fuß gehen* duobus pedibus minor *um zwei Fuß (≈ 0,6 m) kleiner*	f.: pied Pedal
	pedes, péditis *m*	Infanterist, Soldat zu Fuß		
	pedéster / pedestris / pedestre	zu Fuß, Fuß-	copiae pedestres *Infanterie*	e.: pedestrian
	ex|pedīre	freimachen; bereit machen	rem publicam terroribus expedire *den Staat vom Schrecken befreien* naves expedire *die Schiffe segelfertig machen*	e.: to expedite Expedition
	éx|pedit	es nützt, es ist förderlich		
	ex|pedītus	frei, unbehindert, bequem	via expedita *ein bequemer Weg* expediti *die Leichtbewaffneten*	
	✧ im|pedīre	hindern, verhindern	Timor multos impedit, ne / quominus loquantur. *Furcht hindert viele daran zu sprechen*	e.: to impede f.: empêcher
	im|pedīmentum *Pl.:*	Hindernis Gepäck, Tross	impedimento esse *hinderlich sein*	e.: impediment
31	**pestis,** pestis *f*	Seuche, Unheil		e.: pest f.: peste Pest
32	✦ **pétere,** petō, petīvī, petītum	zu erreichen suchen; angreifen; verlangen, bitten	continentem petere *das Festland zu erreichen suchen* fugā salutem petere *sein Heil in der Flucht suchen* consulatum petere *sich um das Konsulat bewerben* aperte rem publicam petere *einen offenen Angriff auf den Staat unternehmen* ab amicis auxilium petere *die Freunde um Hilfe bitten*	

	(pétere)			
	petītiō, -ōnis *f*	Angriff; Bitte; Bewerbung		Petition
	penna	Feder; Flügel		e.: pen
	ap|pétere	erstreben, angreifen		f.: appétit Appetit
	ex|pétere	erstreben	Non omnia, quae expetimus, consequimur. *Wir erreichen nicht alle gesteckten Ziele.*	
	✧ ím|petus, -ūs *m*	Ansturm, Angriff; Trieb, Schwung	impetum in hostes facere *die Feinde angreifen*	
	per|petuus *Adv.:* perpetuō	ununterbrochen, fortwährend	in perpetuum *für immer*	e.: perpetual f.: perpétuel „Perpetuum mobile"
	✧ re|pétere	zurückverlangen; wiederholen	〈disputationem〉 memoriā repetere *ein Gespräch aus dem Gedächtnis wiederholen* iudicium repetundarum pecuniarum *ein Prozess um die Wiedererstattung erpresster Gelder*	e.: to repeat f.: répéter Repetent repetieren
	sup|pétere	(reichlich) vorhanden sein		
33	**philósophus** *(griech.)*	Philosoph	Philosophos appellant sapientiae studiosos. *Philosophen nennt man Männer, die nach der Weisheit streben.*	e.: philosopher f.: philosophe
	✧ philosóphia	Philosophie		f.: philosophie
34	**pīlum**	Wurfspeer		Pfeil
35	**píngere,** pingō, pīnxī, pictum	malen, ausschmücken	tabulae pictae *Gemälde*	e.: to paint f.: peindre Pikto-gramm
36	**pinguis / pingue**	fett; plump		Pinguin
37	**pīrāta** *m* *(griech.)*	Seeräuber		e./f.: pirate Pirat
38	**piscis,** piscis *m*	Fisch		e.: fish f.: poisson

39	**pius**	fromm, pflichtgetreu, gewissenhaft		f.: pieux
	✧ ím|pius	gottlos, pflichtvergessen; verworfen		f.: impie
	pietās, pietātis *f*	Frömmigkeit, Pflichtgefühl	pietas erga parentes *kindliche Liebe zu den Eltern*	e.: piety f.: piété Pietà Pietät
40	**plācāre**	beschwichtigen, besänftigen		e.: placable
	✦ placēre, placeō, placuī, placitum	gefallen	Platoni placet … *Platon vertritt die Ansicht …*	e.: to please f.: plaire
	✧ placet	es gefällt; man beschließt	Senatui placuit … *Der Senat beschloss …*	f.: s'il vous plaît
	✧ placidus	sanft, still, friedlich		e.: placid
41	**planta**	Pflanze		Plantage Transplantation
42	**plaúdere,** plaudō, plausī, plausum	(Beifall) klatschen		e.: to applaud f.: applaudir Ap-plaus Ex-plosion
43	com|**plectī,** complector, complexus sum	umarmen; umfassen, umschließen	animo / mente complecti *im Geiste erfassen* omnes horas complecti *alle Stunden ausnützen*	Komplex Komplikation
	ex|plicāre	entfalten, entwickeln, erklären		e.: to explicate f.: expliquer explizieren
44	✧ **plēnus**	voll	lunā plenā *bei Vollmond*	f.: plein Plenum
	com|plēre, cómpleō, complēvī, complētum	anfüllen, vervollständigen		e.: to complete f.: compléter komplett
	ex|plēre	ausfüllen, erfüllen	promissum explere *sein Versprechen erfüllen*	
	im|plēre	anfüllen, erfüllen	centum annos implere *hundert Jahre alt werden*	
	sup|plēre	nachfüllen, ergänzen		e.: to supply Supplement

	(plēnus)			
	✦ plērīque / plēraeque / plḗraque	die Meisten, sehr viele		
	plērumque *(Adv.)*	meistens		
	✧ plūs, plūris	mehr *(Sing.)*	plus consilii *ein höheres Maß an Einsicht* pluris esse *mehr wert sein*	f.: plus „Plus“ Plus-quam-perfekt
	plūrēs / plūra *Gen.:* plūrium	mehr *(Plur.)*	pluribus verbis dicere *ausführlicher darstellen*	Plural pluralistisch
	✦ com|plūrēs / complūra	mehrere, ziemlich viele	Complures ex iis redierunt. *Ziemlich viele von ihnen kehrten zurück.*	
	plūrimus	der Meiste; sehr viel	plurimum valere apud plebem *sehr viel Einfluss haben beim Volk*	
	✦ plēbs, plēbis *f* plēbēs, plēbeī *f*	(nichtadliges) Volk, Pöbel	tribunus plebis *Volkstribun (gewählt zum Schutz der Plebejer gegen Übergriffe der Patrizier und Magistrate)*	Plebs
	plēbēius *Subst.:*	plebejisch, nichtadlig Plebejer		
45	✦ sup|**plex,** súpplicis	demütig bittend, flehend	Mulieres manus supplices ad caelum tetenderunt. *Die Frauen streckten flehend ihre Hände zum Himmel.*	
	✦ sup|plicium	demütiges Bitten; Strafe, Todesstrafe, Hinrichtung	supplicium sumere de condemnatis *die Todesstrafe an den Verurteilten vollstrecken*	e.: supplication f.: supplice
46	ex|**plōrāre**	erkunden, erforschen	omnibus rebus exploratis *nachdem alles ausgekundschaftet war*	e.: to explore f.: explorer Explorer
	im|plōrāre	anflehen, erflehen	misericordiam alicuius implorare *jemand flehentlich um Erbarmen bitten*	e.: to implore f.: implorer
47	**pōculum**	Becher; Trank	Germani cornibus pro poculis utebantur. *Die Germanen verwendeten Hörner als Trinkgefäße.*	Pokal

48	✦ **poena** *(griech.)*	Strafe, Buße	poenas graves dare *schwer büßen*	e.: pain f.: peine Pein
	pūnīre	bestrafen; rächen		e.: to punish f.: punir
	im|pūne *(Adv.)*	ungestraft, straflos		
49	**poēta** *m* *(griech.)*	Dichter		e.: poet f.: poète Poet
50	**polus** *(griech.)*	Pol	*(Endpunkt der Erd- und Himmelsachse)*	e.: pole f.: pôle
51	**pōns,** pontis *m*	Brücke	pontem in flumine facere *eine Brücke über den Fluss schlagen*	f. : pont it.: ponte Ponton
	ponti|fex, pontificis *m*	Priester	pontifex maximus *Oberpriester*	f.: pontife
52	**pontus** *(griech.)*	Meer	Pontus Euxínus *das Schwarze Meer*	
53	✦ **populus**	Volk	Populus non omnis hominum coetus.* (Cicero) *„Volk" ist nicht jede Ansammlung von Menschen.* Senatus Populus Que Romanus (SPQR) *Senat und Volk von Rom*	e.: people f.: peuple Pöbel
	populāris / populāre *Pl.:*	volkstümlich, volksfreundlich Volkspartei		e.: popular f.: populaire populär Popularität
	✦ **pūblicus** *Neutr.:*	öffentlich, staatlich Öffentlichkeit	res publica *Gemeinwesen, Staat, Staatsdienst* Res publica est res populi.* (Cicero) *Der Staat ist die Angelegenheit des Volkes.* ad rem publicam adire / accedere *die politische Laufbahn einschlagen* in re publica versari *politisch tätig sein* in publicum prodire *in der Öffentlichkeit auftreten*	e./f.: public Publikum publizieren
	pūblicē *(Adv.)*	öffentlich, auf Kosten des Staates	frumentum publice polliceri *auf Staatskosten Getreidespenden versprechen*	

54	**porrō** *(Adv.)*	weiterhin, ferner	porro autem *nun aber (weiter)*	
55	**porta**	Tor, Pforte		e.: port f.: porte
	✧ portus, -ūs *m*	Hafen		e./f.: port
	✧ op|portūnus	günstig, geeignet	opportune accidit, quod … *es trifft / traf sich gut, dass …*	e.: opportune Opportunist
	porticus, -ūs *f*	Säulengang, (offene) Halle		e.: porch
	✧ portāre	tragen, bringen		e.: to port f.: porter Porto trans-portieren
56	✦ **post** *(Präp. m. Akk.)*	hinter; nach; seit	multos post se videre *viele überflügelt haben* post Christum natum (p. Chr. n.) *nach Christi Geburt (n. Chr. G.)*	
	(Adv.)	hinten; nachher	paulo post *kurz danach*	
	✧ post|eā *(Adv.)*	nachher, später		f.: puis
	post|quam post|eāquam *(Subjunktionen)*	nachdem, seitdem	Postquam Caesar eo pervenit, … *Nachdem Caesar dorthin gekommen war, …*	
	posterus	nachfolgend	postero die / postridie *am folgenden Tag* in posterum servare *für die Zukunft aufbewahren*	
	posterī, -ōrum	Nachkommen, Nachwelt	apud posteros *(auch noch) bei der Nachwelt*	
	posterior / posterius	der Spätere; der Geringere	Discipulus est prioris posterior dies.* *Der spätere Tag ist der Schüler des vorausgegangenen.*	e.: posterior f.: postérieur
	postrēmus	der Letzte; der Schlechteste		
	✧ postrēmō *(Adv.)*	schließlich, zuletzt		

57	**potior / potius**	vorzüglicher, wichtiger, tüchtiger	Prior tempore, potior iure.* (Codex Iustinianus) *Wer zuerst kommt, mahlt zuerst.**	
	✧ **potius** *(Adv.)*	vielmehr, eher, lieber	magnus vel potius summus vir *ein bedeutender oder vielmehr ein sehr bedeutender Mann*	
	potissimum *(Adv.)*	hauptsächlich, besonders	ut eos potissimum nominem … *um vor allem sie zu nennen …*	
	✦ **posse, possum, potuī**	können, imstande sein	Fieri potuit, ut … *Es wäre möglich gewesen, dass …* multum posse apud populum *grossen Einfluss beim Volk haben*	
	✧ **potēns, potentis**	mächtig, stark	Vix sui potens erat. *Er konnte sich kaum beherrschen / war seiner kaum mächtig.*	e.: potent potentiell
	✧ **potentia**	Macht, Gewalt		e.: potency Potenz
	✦ **potestās, potestātis** *f*	Macht, Gewalt; Amtsgewalt; Möglichkeit	populi potestas *die Macht des Volkes* tribunicia potestas *die Amtsgewalt eines Volkstribunen* Quid est libertas? Potestas vivendi, ut velis.* (Cicero) *Was ist Freiheit? Die Möglichkeit, so zu leben, wie man will.*	
	potīrī, potior, potītus sum	sich bemächtigen, in seine Gewalt bekommen	magnā praedā potiri *reichliche Beute machen* rerum potiri *die Macht an sich reißen*	
58	**prae** *(Präp. m. Abl.)*	vor; im Vergleich (zu)	superbiam prae se ferre *Hochmut zur Schau tragen* Prae lacrimis scribere non possum. *Vor Tränen kann ich nicht schreiben.* Prae nobis beati estis. *Im Vergleich zu uns seid ihr glücklich.*	
	✧ **praeter** *(Präp. m. Akk.)*	an … vorbei; außer	praeter urbem *an der Stadt vorbei* omnes praeter unum *alle außer einem Einzigen / alle mit Ausnahme eines Einzigen* praeter exspectationem *unerwartet*	
	✦ **praeter|eā** *(Adv.)*	außerdem, überdies		
59	**prāvus**	verkehrt, schlecht		De-pravation

60	**precēs,** precum *f*	Bitten, Gebet	his precibus adductus *auf diese Bitten hin*	fragen
	✧ precārī	bitten, beten	deos precari *zu den Göttern beten*	e.: to pray f.: prier prekär
	poscere, poscō, poposcī *(ohne PPP)*	fordern, verlangen		
	✧ postulāre	fordern, verlangen; gerichtlich belangen		e.: to postulate f.: postuler Postulat
61	**prehéndere,** (*auch:* préndere) prehendō, prehendī, prehēnsum	fassen, ergreifen	hominem prehendere *einen Menschen verhaften* amici dextram prendere *den Freund an der Rechten fassen*	f.: prendre
	praeda	Beute		e.: prey f.: proie
	praedō, -ōnis *m*	Räuber, Plünderer	praedones maritimi *Seeräuber*	
	com|prehendere	ergreifen, festnehmen; begreifen	cogitatione comprehendere *durch Nachdenken begreifen*	e.: to comprehend f.: comprendre
	✧ dē|prehendere	ergreifen, ertappen	in maximo scelere deprehendi *beim schwersten Verbrechen ertappt werden*	
	re|prehendere	festhalten; tadeln		e.: to reprehend
62	✧ **prémere,** premō, pressī, pressum	drücken, bedrängen		e.: to press f.: presser Presse pressen
	com|prímere, cómprimō, compréssī, compressum	zusammendrücken; unterdrücken,	seditionem comprimere *einen Aufruhr unterdrücken*	e.: to compress Kompressor komprimiert
	✦ op|prímere	unterdrücken; überfallen, überraschen	aere alieno opprimi *von der Schuldenlast niedergedrückt werden* hostes inopinantes opprimere *die nichts ahnenden Feinde überrumpeln*	e.: to oppress f.: oppresser

63	**pretium**	Preis, Wert; Lohn	parvo pretio emere *billig kaufen* donum magni pretii *ein wertvolles Geschenk*	e.: price prize f.: prix Pretiosen
64	✧ **prior/ prius**	der Erstere, der Vordere, der Frühere	Priores discessimus. *Wir gingen früher fort.* priore aestate *im vorigen Sommer*	e.: prior Prior Priorität
	✧ **prius** *(Adv.)*	vorher, eher	aliquanto prius *erheblich früher*	
	prius|quam *(Subjunktion)*	bevor, ehe		
	prīmus	der Erste, der Vorderste; der Wichtigste	prima luce *bei Tagesanbruch* homines primi *die angesehensten Männer* primas partes agere *die Hauptrolle spielen*	e.: prime f.: premier primitiv Prim-zahl „prima" *(bestens)*
	✧ **prīmō** *(Adv.)*	zuerst, anfangs	primo ... deinde *anfänglich ... dann*	
	✦ **prīmum** *(Adv.)*	zuerst, zum ersten Mal	primum ... deinde ... tum ... denique *(in Aufzählungen)* *zuerst ... darauf ... dann ... schließlich*	
	✦ **prīn|ceps, prīncipis** *Subst.:*	der Erste, der Vornehmste der führende Mann; Fürst	Hannibal princeps in proelium ibat. *Hannibal ging als Erster in den Kampf.* principes philosophi *die führenden Philosophen*	e./f.: prince it.: principe Prinz Prinzipal
	prīn|cipium	Anfang; Grundlage	a principio consulatus *von Beginn des Konsulats an*	f.: principe Prinzip
	prīn|cipātus, -ūs *m*	erster Rang, führende Stellung	principatum in civitate obtinere *die führende Stellung im Staat innehaben*	Prinzipat
	prīscus	alt, altehrwürdig, altertümlich		
	prī́stinus	ehemalig, früher; vergangen	in pristinum restituere *wiederherstellen*	e.: pristine
	prīdem *(Adv.)*	vor langer Zeit, längst	iam pridem *schon längst*	
	✧ **im|prīmīs** *(Adv.)*	besonders, vor allem		

65	**prīvāre**	berauben; befreien	fructu laboris privare *um den Lohn der Arbeit bringen*	e.: to deprive f.: priver
	✦ prīvātus	privat, persönlich	in usum privatum *zum persönlichen Gebrauch* privato consilio *auf eigene Faust*	e.: private privy f.: privé Privi-leg
	prīvātim *(Adv.)*	privat, als Privatmann		
66	✦ **prō** *(Präp. m. Abl.)*	1. vor	legiones pro castris constituere *die Legionen vor dem Lager aufstellen*	f.: pour „pro & contra"
		2. für	pro libertate contendere *sich für die Freiheit einsetzen* dignam poenam pro factis reperire *eine entsprechende Strafe als Vergeltung für die Taten finden*	
		3. anstelle	pro incertis certa malle *anstelle des Ungewissen das Sichere (lieber) wollen* Pro certo creditur. *Es gilt als sicher.*	„pro forma"
		4. im Verhältnis (zu)	fines pro multitudine hominum angusti *ein im Verhältnis zur Bevölkerungszahl eng begrenztes Gebiet*	Pro-zent Pro-mille
	probus	tüchtig, gut, rechtschaffen	Probe memini. *Ich kann mich gut erinnern.*	e.: probity f.: probe
	✧ ím|probus	schlecht, unredlich, frech		
	✦ probāre	prüfen; gutheißen; billigen; glaubhaft machen	consilium probare *einen Plan billigen* Hoc mihi probatur. *Dies findet meinen Beifall.*	e.: to prove f.: prouver Probe
	ap|probāre	billigen, zustimmen; beweisen	novum consilium approbare *dem neuen Plan zustimmen* Hoc tibi plane approbare volo. *Dies will ich dir deutlich beweisen.*	f.: approuver Approbation
	✧ procul *(Adv.)*	fern (von), weit weg (von)	haud procul ab urbe *nicht weit weg von der Stadt* procul intueri *aus der Ferne betrachten*	
	prōnus	(vorwärts) geneigt, abschüssig; gewogen	pronis auribus accipi *ein geneigtes Ohr finden*	e.: prone
67	✦ **proelium**	Gefecht, Schlacht	ancipiti proelio pugnare *unentschieden kämpfen*	

68	✧ **prope** *(Präp. m. Akk.)*	nahe bei	prope urbem *nahe bei der Stadt* propius solis occasum esse *näher nach Westen liegen* prope diem *nächstens / in den nächsten Tagen*	f.: proche
	(Adv.)	in der Nähe; beinahe	Prope factum est, ut ... *Beinahe wäre es geschehen, dass ...*	
	propior / propius	näher		
	✦ proximus	der Nächste; der Letzte	Galli proximi erant Germanis. *Die Gallier waren die nächsten Nachbarn der Germanen.* proximum iter per Alpes *der kürzeste Weg über die Alpen* proxima nocte *in der nächsten / letzten Nacht*	ap-proximativ
	propinquus	nahe, benachbart; verwandt	Domus foro propinqua erat. *Das Haus stand in der Nähe des Forums.*	
	Subst.:	Verwandter		
	ap|propinquāre	sich nähern	Dies comitiorum appropinquat. *Der Wahltag rückt näher.*	
	✦ propter *(Präp. m. Akk.)*	nahe bei; wegen	Propter eum considite! *Setzt euch neben ihn!* propter metum *aus Furcht*	
	propter|eā *(Adv.)*	deswegen		
69	✧ **properāre**	eilen, sich beeilen; beschleunigen	In patriam redire properat. *Er kehrt eilends in die Heimat zurück.* gloriam properare *rasch Ruhm erwerben*	
70	**proprius**	eigen, eigentümlich	proprium virtutis *ein charakteristisches Merkmal der Tugend*	e.: proper f.: propre
71	✦ **prōvincia**	Amtsbereich; Provinz	provinciam tradere *die Verwaltung einer Provinz übertragen*	e./f.: province Provence
72	**pūbertās,** pūbertātis *f*	Geschlechtsreife, Mannbarkeit		e.: puberty f.: puberté Pubertät

73	**pudet,** puduit	es beschämt	Multos homines infamiae suae non pudet. *Viele Menschen schämen sich ihres schlechten Rufes nicht.*	
	im|pudēns, impudentis	schamlos, unverschämt		e.: impudent
	pudīcus	schamhaft, züchtig		
	✧ pudor, -ōris *m*	Scham, Scheu, Ehrgefühl		f.: pudeur
	re|pudiāre	zurückweisen, verschmähen		e.: to repudiate f.: répudier
74	✧ **puer,** puerī	Kind, Knabe; Diener	*(vom 7.–16. Lebensjahr)* a pueris *von Kindheit an*	e.: puerile
	pueritia	Kindheit, Jugendalter	a prima pueritia *von frühester Kindheit an*	
	puella	Mädchen		
75	✦ **pūgnāre**	kämpfen, im Streit liegen	cum scelere pugnare *gegen das Verbrechen angehen*	
	pūgna	Kampf, Schlacht		
	ex|pūgnāre	erstürmen, erobern		
	op|pūgnāre	bestürmen, bekämpfen		
76	✧ **pulcher / pulchra / pulchrum**	schön, herrlich	pulchre dicere *vortrefflich sprechen*	
77	**pulvis,** pulveris *m*	Staub	Pulvis et umbra sumus.* (Horaz) *Wir sind nur Staub und Schatten.*	f.: poudre Pulver Puder
78	**púrpura** *(griech.)*	Purpur, Purpurgewand		e.: purple f.: pourpre
79	**pūrus**	rein, klar; natürlich		e.: pure f.: pur pur
	pūrgāre	reinigen; rechtfertigen	sui purgandi causā *um sich zu rechtfertigen*	e.: to purge f.: purger purgieren

80 ✦ **putāre**	rechnen; meinen, halten (für)	Puto tibi haec esse nota. *Ich glaube, dass dir dies bekannt ist.* maximam gloriam in maximo imperio putare *den größten Ruhm in der größten Machtausdehnung sehen* aliquem doctum putare *jemand für gelehrt halten*	
am|putāre	beschneiden, abschneiden		f.: amputer amputieren
com|putāre	zusammenrechnen, berechnen		e.: to count f.: compter Computer
✧ dis|putāre	erörtern, abhandeln	de re publica disputare *über den Staat diskutieren*	e.: to dispute f.: disputer disputieren
re|putāre	überlegen, bedenken	facinus suum cum animo reputare *über seine Tat nachdenken*	e.: to repute f.: réputer Reputation

1	✦ **quaérere, quaerō, quaesīvī, quaesītum**	suchen; fragen; sich zu verschaffen suchen	de morte alicuius quaerere *über jemands Tod eine Untersuchung anstellen* amicum quaerere *einen Freund suchen* aliquid ab / ex amico quaerere *einen Freund nach etwas fragen*	e.: to query f.: quérir
	quaesō **quaesumus** *(Einzelformen)*	ich bitte wir bitten	Audite, quaeso, diligenter, quae dicam! *Hört, bitte, genau, was ich sage!*	
	quaestiō, -ōnis *f*	Frage; Untersuchung	quaestionem habere *eine Untersuchung anstellen*	e./f.: question Quiz
	quaestor, -ōris *m*	Quästor	*(römischer Steuer- und Finanzbeamter)*	
	quaestus, -ūs *m*	Erwerb, Gewinn	quaestui deditum esse *auf Erwerb aus sein*	
	ac|quīrere, acquīrō, acquīsīvī, acquīsītum	erwerben, gewinnen		e.: to acquire f.: acquérir Akquisition
	con|quīrere	zusammensuchen, sammeln		e.: to conquer f.: conquérir Conquistador
	ex|quīrere	aussuchen; erfragen, sich erkundigen	epulae exquisitae *köstliche (eigtl. ausgesuchte) Speisen* veritatem exquirere *die Wahrheit erforschen*	e.: exquisite f.: exquis exquisit
	in|quīrere	untersuchen, fragen; nachforschen		e.: to inquire Inquisition
	re|quīrere	aufsuchen, fragen; verlangen	Multae res requiruntur. *Vielerlei Dinge sind erforderlich.*	e.: to require f.: requérir requirieren Requisiten
2	**(quátere**	schütteln, stoßen, zerstoßen)	*(aus Gründen der Etymologie aufgenommen)*	
	con|cútere, concutiō, concussī, concussum	erschüttern; erschrecken		e.: to concuss
	ex|cutere	herausschütteln, herauswerfen; untersuchen	verbum excutere *einen Begriff genau untersuchen*	
	per|cutere	erschüttern; durchstoßen; Eindruck machen	calamitate percussus *vom Unglück tief betroffen* fulmine percussus *vom Blitz getroffen*	Perkussion

3	**quattuor**	vier		f.: quatre it.: quattro
	quadrātus	viereckig		f.: carré Quader Quadrat
4	**-que** *(enklit.)*	und	dies noctesque laborare *Tag und Nacht arbeiten*	
5	✧ **querī,** queror, questus sum	klagen, sich beklagen	Legati venerunt iniurias Germanorum questum. *Es kamen Gesandte, um sich über die Übergriffe der Germanen zu beklagen.*	
	querēla	Klage, Beschwerde		e.: quarrel f.: querelle Querele Querulant
6	✦ **quī /** quae / quod		Sunt, qui dicant ... *Es gibt Leute, die sagen ...*	f.: qui que
	1. *Rel.-Pron.*	welcher; der	quam ob rem / qua de causa *deshalb (Rel. Satzanschluss)*	
	2. *Interrog.-Pron. (adjektivisch)*	welcher?	quo modo? *auf welche Weise? / wie?*	
	3. *Indefin.-Pron. (adjektivisch)*	irgendein	Si qui civis putet ... *Wenn etwa ein Bürger glauben sollte ...*	
	✦ quis? ✦ quid? *(Interrog.-Pron.; substantivisch)*	wer? was?	Quis dubitet? *Wer möchte daran zweifeln? (Potentialis der Gegenwart)* Quis umquam crederet? *Wer hätte jemals glauben mögen / geglaubt? (Potentialis der Vergangenheit)* Quid faciam / facerem? *Was soll ich tun / hätte ich tun sollen? (Deliberativ)*	f.: qui que
	quis / quid *(Indefin.-Pron.; substantivisch)*	irgendeiner, jemand	Si quis quid rumore accipit ... *Wenn jemand gerüchtweise etwas hört ...*	
	quippe	freilich, natürlich	quippe cum *weil ja / weil nämlich*	
	✧ quīdam / quaedam / quoddam *substantivisch:* quīdam / quiddam	ein gewisser; sozusagen; *Pl.:* einige, manche	divina quadam mente praeditus *mit geradezu göttlichem Verstand begabt* Quidam vitiis gloriantur. *Manche rühmen sich ihrer Laster.*	

(quī)			
✦ **quisquam** *(in verneinten Sätzen)*	irgendeiner	vix quisquam *kaum jemand* neque quisquam *und niemand*	
✦ **quidquam** / **quicquam** *(in verneinten Sätzen)*	irgend etwas		
✦ **quisque / quaeque / quodque** *substantivisch:* **quisque / quidque**	jeder	optimus quisque *jeweils der Beste / gerade die Besten* quinto quoque anno *alle vier Jahre* Suum cuique!* (CICERO) *Jedem das Seine!*	
✦ **ūnusquisque / ūnaquaeque / ūnumquodque**	jeder Einzelne		
✦ **quisquis**	jeder, der; wer nur immer	quoquo modo *auf jede erdenkliche Weise*	Quisquilien
✦ **quidquid** / **quicquid**	alles, was	Fac, quidquid res exigit! *Tu alles, was die Lage erfordert!*	
✧ **quīcumque / quaecumque / quodcumque** *(Verallgemeinerndes Rel.-Pron.)*	jeder, der; wer nur immer	cuiuscumque modi ista sunt *von welcher Art auch immer dies sein mag* quācumque ratione *auf jede nur mögliche Art und Weise*	f.: quiconque
quīvīs / quaevīs / quodvīs *substantivisch:* **quīvīs / quidvīs**	jeder Beliebige, jeder ohne Unterschied	horum trium generum quodvis *jede Beliebige dieser drei Arten*	
✧ **quālis / quāle** 1. *Interrog.-Pron.*	wie beschaffen, was für ein?	Qualis est tua mens? *Welche Absicht verfolgst du?*	f.: quel Qualität
2. *Rel.-/ Korrel.- Pron.*	wie beschaffen, was für ein	Qualis rex, talis grex.* *Wie der Hirte, so die Herde.**	
✦ **quantus** 1. *Interrog.-Pron.*	wie groß?	Quanti vendis? *Wie teuer verkaufst du?*	Quantität
2. *Rel.-/ Korrel.- Pron.*	wie groß	quantā maximā potuit celeritate *so schnell er konnte* quanto doctior, tanto modestior *je gebildeter, desto bescheidener*	

(quī)

quantum	wie viel; soweit	quantum in me est *soviel an mir liegt*	Quantum
quot *(indekl.)*	wie viele	Quot homines, tot sententiae.* *Viel Köpf, viel Sinn.** (TERENZ)	
✧ **quotiēns**			Quotient
(Adv.)	wie oft?		
(Subjunktion)	sooft	Quotiens mihi potestas erit, non praetermittam. *Sooft ich die Möglichkeit bekomme, werde ich sie nicht ungenützt lassen.*	
quondam *(Adv.)*	einst		
✧ **quon|iam** *(Subjunktion)*	weil nun, da ja		
✦ **quam**			
1. *Korrel.*	wie	Tam diu mansisti, quam potuisti. *Du bist so lange geblieben, wie du konntest.*	
2. *mit Adj.* / *mit Adv.*	wie	Quam pauci inveniuntur, qui …! *Wie wenige findet man, die …!*	
3. *mit Komp.*	als	plures amici quam inimici *mehr Freunde als Feinde*	
4. *mit Superl.*	möglichst	quam maximus numerus *eine möglichst große Zahl*	
✧ **quamquam** *(Subjunktion)*	obwohl, obgleich;		
	am Anfang des Hauptsatzes: doch, indessen	Quamquam, quid loquor? *Doch, was rede ich?*	
quan|dō? *(Adv.)*	wann?		f.: quand
✧ **um|quam** *(Adv.)*	jemals	Nemo umquam hoc audivit. *Niemand hat dies je gehört.*	
✦ **num|quam** *(Adv.)*	niemals		
nūs|quam *(Adv.)*	nirgends	núsquam terrarum *nirgendwo auf der Welt*	
✦ **qui|dem**	zwar, wenigstens; gewiss, freilich		
✧ **é|qui|dem**	jedenfalls, allerdings, freilich	equidem existimo *ich meine jedenfalls*	
✦ **quod** *(Subjunktion)*	weil; dass	Bene evenit, quod … *Es trifft sich gut, dass …*	
quī? *(Adv.)*	wie? wie denn?	Qui fit, ut …? *Wie kommt es, dass …?*	

(quī)

quīn *(Adv.)*	wie nicht? warum nicht? ja sogar	Quin conscendimus equos? *Warum besteigen wir nicht die Pferde?* quin etiam … *ja sogar …*	
(Subjunktion)	dass; dass nicht, ohne dass	Non dubitari debet, quin fuerint ante Homerum poetae. *Man darf nicht bezweifeln, dass es schon vor Homer Dichter gab.* Nemo tam stultus est, quin hoc intellegat. *Niemand ist so töricht, dass er dies nicht einsähe.* Nullum diem intermisi, quin ad te litteras darem. *Ich ließ keinen Tag vergehen, ohne dir einen Brief zu schreiben.*	
nē|quīquam *(Adv.)*	vergeblich		
✧ **quō** 1. *Adv.*	wohin? wie weit? wozu?	Domine, quo vadis?* (Petruslegende) *Herr, wohin gehst du?*	
2. *m. Komp.:*	je; um wie viel; damit dadurch, damit desto	quo celerius, eo melius *je schneller, desto besser* Oratio brevis esto, quo facilius intellegi possit! *Eine Rede soll kurz sein, damit man sie um so leichter verstehen kann!*	
3. *rel. Satzanschluß:*	dadurch, deswegen; so	Quo factum est, ut … *So kam es, dass …*	
quō|minus *(Subjunktion)*	dass	Epaminondas non recusavit, quominus legis poenam subiret. *Epaminondas weigerte sich nicht sich einer gesetzlichen Strafe zu unterziehen.*	
✦ **quo|que**	auch	filius quoque *auch der Sohn*	
quā (viā) *(Adv.)*	wo? auf welche Weise? wie?		
quā|rē } **cūr** }	weshalb? warum?	Quid est, quare desperes? *Was ist der Grund, dass du verzweifelst?*	f.: car
nē|quāquam *(Adv.)*	keineswegs		
quia *(Subjunktion)*	weil		

7	✧ **quiēs, quiētis** *f*	Ruhe, Erholung	quietem capere *sich erholen*	
	re|quiēs, requiētis *f* (*Akk. auch:* **requiem)**	Ruhe, Erholung		Requiem
	quiéscere, quiēscō, quiēvī; quiētūrūs	ruhen; sich ruhig verhalten		
	quiētus	ruhig, gelassen	quieta non movere.* (nach Sallust) *Ruhendes nicht stören*	e.: quiet quitt
	tran|quillus	ruhig, still	Tutae tranquillaeque res omnes erant. *Die Gesamtlage war sicher und ruhig.*	e.: tranquil f.: tranquille Tranquilizer

1	**radius**	Strahl; Stab	radii rotarum *Radspeichen*	e.: ray f.: rayon Radio Radius
2	**rādix,** rādīcis *f*	Wurzel	sub ipsis radicibus montium *unmittelbar am Fuß des Gebirges*	e.: root radikal Radieschen
3	**rāmus**	Ast, Zweig		f.: rameau
4	**rápere,** rapiō, rapuī, raptum	rauben, raffen; fortreißen	in errorem rapi *sich zu einem Irrtum verleiten lassen* (ex) rapto vivere *vom Raub leben*	e.: to rape f.: ravir
	rápidus	reißend, ungestüm, rasch		e.: rapid f.: rapide rapid
	✧ rapīna	Raub, Räuberei	hostes rapinis prohibere *die Feinde von Beutezügen abhalten*	f.: rapine
	ar|ripere, arripiō, arripuī, arreptum	an sich reißen, hastig ergreifen	morbo arripi *von einer Krankheit gepackt werden*	
	dī|ripere	losreißen, plündern, zerstören		
	✧ ē|ripere	entreißen, befreien	civitatem periculis eripere *die Bürgerschaft aus einer gefährlichen Lage befreien*	
	ūsū|rpāre	sich aneignen; gebrauchen	ius usurpare *sein Recht geltend machen*	e.: to usurp f.: usurper Usurpator
5	**rārus** *Adv.:* rārō	selten, vereinzelt	haud raro *nicht selten*	e./f.: rare Rarität
6	**ratis,** ratis *f*	Floß, Schiff		
7	**recēns,** recentis	frisch, neu	recens memoria *die neuere Zeit*	e.: recent f.: récent

8 ✧ **régere,** regō, rēxī, rēctum	lenken, leiten, beherrschen		regieren Regent Regime Rektor
✧ rēctus	recht, richtig; gerade	eo rectius videtur *um so richtiger erscheint es* rectā (viā) *geradewegs*	e.: right
✦ rēx, rēgis *m*	König		f.: roi
✧ rēgius	königlich, Königs-	regia (domus) *Königspalast / Schloss*	e./f.: royal
rēgīna	Königin		f.: reine Regine
✦ rēgnum	Königreich, Herrschaft		e.: reign f.: règne
✧ rēgnāre	König sein, herrschen	Tarquinio regnante *unter der Herrschaft des (Königs) Tarquinius*	e.: to reign f.: régner
rēgula	Richtschnur, Maßstab		e.: rule f.: règle Regel
✧ regiō, -ōnis *f*	Richtung, Gegend	Cuius regio, eius religio.* (RECHTSGRUNDSATZ für den Augsburger Religionsfrieden 1555) *Das Bekenntnis des Landesherrn ist für die Untertanen maßgebend.**	e.: region f.: région Region regional
cor|rígere, córrigō, corrēxī, corrēctum	berichtigen, verbessern	ipsa re corrigi *durch die Sache selbst eines Besseren belehrt werden*	e.: to correct f.: corriger korrigieren korrekt
ē|rigere, érigō, ērēxī, ērēctum	aufrichten; ermutigen	animus super omnia erectus *ein über alles erhabener Geist*	e.: to erect f.: ériger
pe|rgere, < per-regere pergō, perrēxī; perrēctūrus	fortsetzen, weitermachen	Perge legere! *Lies weiter!* domum pergere *sich auf den Heimweg machen*	
por|rigere, pórrigō, porrēxī, porrēctum	darreichen, ausstrecken, gewähren		

	(régere)			
	su|rgere, < sub-regere **surgō, surrēxī; surrēctūrus**	aufstehen, sich erheben	Tempestas surgit. *Ein Sturm kommt auf.* supra fortunam surgere *sich über das Schicksal erheben*	e.: to surge f.: surgir
	✧ **rogāre**	fragen, bitten	Patres sententiam rogati sunt. *Die Senatoren wurden nach ihrer Meinung befragt.* legatos mittere rogatum auxilium *Gesandte schicken, um Hilfe zu erbitten* leges rogare *Gesetze beantragen*	
	ar|rogantia	Anmaßung		e./f.: arrogant Arroganz
	inter|rogāre	fragen, befragen	aliquid interrogare *nach etwas fragen*	e.: to interrogate f.: interroger Interrogativ-Pronomen
	✦ **ergō** *(Adv.)*	also, folglich	Cogito, ergo sum.* (DESCARTES) *Ich denke, also bin/existiere ich.*	
	ergā *(Präp. m. Akk.)*	(freundlich) gegen	perpetua erga populum Romanum fides *fortwährende Treue zum römischen Volk*	
9	**rēmus**	Ruder	remis velisque *mit vollen Segeln / mit voller Macht*	e.: to row f.: rame
10	**repente** *(Adv.)*	plötzlich, unerwartet		
	repentīnus	plötzlich, unerwartet		
11	**rĕpere, rēpō, rēpsī** *(ohne PPP)*	kriechen, schleichen		e./f.: reptile Reptil
12	✧ **rērī, reor, ratus sum**	rechnen, meinen, denken	Consul id optimum factu ratus est. *Der Konsul hielt dies für das Beste (zu tun).* contra ac ratus erat *entgegen seinen Berechnungen*	e.: (to) rate Rate ratifizieren

(rērī)			
✦ ratiō, -ōnis *f*	1. Berechnung; Rechenschaft	omnium rationum summa *die Gesamtzahl aller Berechnungen* rationem reddere *Rechenschaft ablegen* in publicis privatisque rationibus *in öffentlichen und privaten Angelegenheiten*	e.: reason f.: raison Ration rational rationell
	2. Überlegung, Rücksicht; Art und Weise	Considera, quid tuae rationes postulent! *Bedenke, was deine Interessen erfordern!* valetudinis rationem habere *auf seine Gesundheit Rücksicht nehmen* aliquid alia ratione facere *etwas auf andere Weise machen*	
	3. Vernunft, Vernunftgrund; Gesetzmäßigkeit, Theorie	Homo solus rationis particeps est. *Der Mensch allein besitzt Vernunft.* aliquam rationem facti afferre *einen vernünftigen Grund für seine Tat anführen* Epicuri ratio *die (philosophische) Lehre Epikurs*	
13 ✦ rēs, reī *f*	1. Sache, Ding, Gegenstand	Haec res nobis magno usui fuit. *Dies war für uns von großem Nutzen.* de rerum natura disputare *über das Wesen der Dinge Erörterungen anstellen*	f.: rien Realismus reell
	2. Angelegenheit; Ereignis, Lage	Res mihi est tecum. *Ich habe es mit dir zu tun.* suis rebus bene gestis laetari *sich über seine Erfolge freuen* res populi Romani ⟨perscribere⟩ *die Geschichte des römischen Volkes (genau) beschreiben* Male se res habent. *Die Verhältnisse stehen schlecht.* in rem esse / e re esse *zweckdienlich sein, vorteilhaft sein*	
rēs familiāris	Vermögen		
✦ rēs pūblica	Gemeinwesen, Staat; Staatsdienst	ad rem publicam accedere *sich dem Staatsdienst widmen*	e.: republic f.: république Republik
rēs adversae	widrige Umstände, Unglück		
rēs secundae	glückliche Umstände, Glück		
rēs futūrae	Zukunft		
reus	Angeklagter	In dubio pro reo.* (RÖMISCHER RECHTSGRUNDSATZ) *Im Zweifelsfall für den Angeklagten.*	

14	**retrō** *(Adv.)*	rückwärts, zurück		f.: derrière Retro-spektive
15	**rīdēre,** rīdeō, rīsī, rīsum	lachen, auslachen	ridentem dicere verum* (Horaz) *lächelnd die Wahrheit sagen*	f.: rire
	rīdículus	lächerlich, spaßhaft	per ridiculum dicere *im Spaß sagen*	e.: ridiculous f.: ridicule
16	**rígidus**	starr, steif; unbeugsam		e.: rigid f.: rigide
17	**rīpa**	Ufer		f.: rive Revier Riviera
18	**rītus,** -ūs *m*	Brauch, Art; religiöse Zeremonie	ritu ferarum *wie wilde Tiere*	e./f.: rite Ritus Ritual
	rīte *(Adv.)*	in herkömmlicher Weise, auf rechte Weise		
19	**rīvus**	Bach		e.: river Rivale
	dē|rīvāre	ableiten		e.: to derive f.: dériver Derivat
20	**rōbur,** rōboris *n*	Kernholz; Stärke; Kerntruppe	naves ex robore factae *Schiffe aus Eichenholz* satis roboris habere *kräftig genug sein*	
	rōbustus	fest, kräftig		e.: robust f.: robuste robust
21	**rota**	Rad		f.: roue Rotation rotieren
22	**ruber/** rubra/ rubrum	rot	mare Rubrum *das Rote Meer*	e.: red f.: rouge Rubin Rubrik
23	**rudis/** rude	roh; ungebildet	Graecarum litterarum rudis *in den griechischen Wissenschaften nicht gebildet*	e./f.: rude „rüde“
	ē|rudīre	unterrichten, bilden	filios multis artibus erudire *die Söhne in vielen Fertigkeiten unterrichten*	e.: erudite f.: érudit

24	**rúere,** ruō, ruī; ruitūrus	stürzen, eilen, stürmen	in peius ruere *sich verschlimmern*	
	ob|rúere, óbruō, óbruī, óbrutum; obruitūrus	überschütten, überhäufen, niederdrücken	oblivione obrui *in Vergessenheit geraten*	
	ruīna *Pl.:*	Einsturz, Untergang Trümmer, Ruinen		e.: ruin f.: ruine Ruin
25	**rūmor,** -ōris *m*	Gerede, Gerücht, Ruf	incertis rumoribus servire *sich von unbestimmten Gerüchten leiten lassen*	e.: rumor f.: rumeur rumoren
26	**rúmpere,** rumpō, rūpī, ruptum	brechen *(trans.)*; zerreißen, sprengen	foedera rumpere *Verträge brechen* vincula rumpere *die Fesseln sprengen*	f.: rompre Rotte ab-rupt
	cor|rumpere	verderben; bestechen; fälschen	corrupti mores *Sittenverfall*	e.: to corrupt f.: corrompre Korruption
	ē|rumpere	ausbrechen, einen Ausfall wagen, hervorbrechen		e.: to erupt Eruption
	ir|rumpere	einbrechen, eindringen		e./f.: irruption
27	**rūs,** rūris *n*	Land, Landgut, Feld	rus ire *aufs Land gehen* ruri vivere *auf dem Land leben* rure reverti *vom Land zurückkehren*	Raum
	rūsticus *Subst.:*	ländlich, bäuerisch Bauer		e.: rustic f.: rustique rustikal

1	✧ **sacer / sacra / sacrum**	heilig, geweiht		e.: sacred sakral
	sacrum *Pl.:*	Heiligtum; Opfer Gottesdienst	sacra facere *opfern / Gottesdienst halten*	
	sacrāmentum	Diensteid, Treueid	sacramento obligare *durch einen Diensteid verpflichten / vereidigen*	e.: sacrament f.: sacrement, serment Sakrament
	cōn|secrāre	weihen, heiligen		e.: to consecrate konsekrieren
	ob|secrāre	beschwören, anflehen	orare atque obsecrare *inständig bitten*	e.: to obsecrate f.: absécrer
	sacer|dōs, sacerdōtis *m* *f*	Priester Priesterin		
	sacri|ficium	Opfer		e./f.: sacrifice
	sacri|legium	Tempelraub, Religionsfrevel		f.: sacrilège Sakrileg
	sānctus	geweiht, heilig; ehrwürdig	in hoc sanctissimo gravissimoque consilio *in dieser ehrwürdigen und erhabenen Ratsversammlung*	e./f.: saint Sanctus „St." *(Sankt)*
2	**saeculum**	Zeitalter; Jahrhundert	per omnia saecula *durch alle Zeiten / in Ewigkeit* quinto ante Christum natum (a. Chr. n.) saeculo *im 5. Jahrhundert v. Chr. Geburt*	f.: siècle Säkularisation
3	✦ **saepe** *(Adv.)*	oft		
	per|saepe *(Adv.)*	sehr oft		
4	**saepīre, saepiō, saepsī, saeptum**	umzäunen, einschließen	urbem moenibus saepire *die Stadt mit einer Mauer umgeben*	
5	**saevus**	wütend, grimmig, schrecklich		
6	**sagitta**	Pfeil		
7	**sāl, salis** *m*	Salz; Meerwasser, Meer	cum ⟨grano⟩ salis* (PLINIUS d. Ä.) *(„mit einem Körnchen Salz") mit Einschränkungen / nicht wörtlich zu nehmen*	e.: salt f.: sel Salat Saline

8	**salīre,** salĭō, saluī	springen, hüpfen		f.: saillir
	dē|silīre, dēsiliō, dēsiluī	herabspringen	ex equo desilire *vom Pferd springen*	
	saltāre	tanzen		f.: sauter Salto
	ex|sultāre	in die Höhe springen, jauchzen, jubeln	gaudio exsultare *vor Freude ausgelassen sein / außer sich sein vor Freude*	e.: to exult
9	**saltus,** -ūs *m*	Schlucht, Waldschlucht	saltus Teutoburgiensis *der Teutoburger Wald*	
10	✧ **salūs,** salūtis *f*	Wohl, Heil, Rettung; Gruß	communi saluti servire *dem Gemeinwohl dienen* Cicero Attico suo salutem (dicit). *Cicero grüßt seinen Freund Atticus. (Grußformel in persönlichen Briefen)*	e.: salute f.: salut Salut-schuss
	salūtāre	grüßen, begrüßen	Clientes veniebant mane salutandi causā. *Die Klienten kamen, um ihre morgendliche Aufwartung zu machen*	e.: to salute f.: saluer
	salūber / salūbris / salūbre	heilsam, gesund	caelum salubre *ein gesundes Klima*	e.: salubrious f.: salubre
	salvus	wohlbehalten, unverletzt	Amici salvi redierunt. *Die Freunde kehrten wohlbehalten zurück.*	e.: safe f.: sauf salvieren
	salvē!	sei gegrüßt!		
	sólidus	fest; echt, gediegen		e.: solid Sold solide
11	✧ **sanguis,** sanguinis *m*	Blut		f.: sang Sanguiniker
12	**sānus**	gesund; besonnen		e.: sane f.: sain Sanitäter
	sānē *(Adv.)*	gewiss, allerdings; meinetwegen	Sint sane divites … *Mögen sie meinetwegen reich sein …* nihil sane *durchaus nicht, keineswegs*	
	īn|sānus	wahnsinnig, rasend		e.: insane
	sānāre	heilen, gesund machen		Sanatorium

13	**sápere,** sapiō *(ohne Perf.)*	schmecken; verständig sein	nihil sapere *keinen Verstand haben*	f.: savoir
	✦ sapiēns, sapientis	weise, vernünftig	illi septem, qui sapientes nominantur *jene sogenannten Sieben Weisen*	f.: sage „Homo sapiens“
	✧ sapientia	Weisheit, Einsicht	studium sapientiae *eifriges Bemühen um die Weisheit (d. h. Philosophie)*	e.: sapience
14	**satélles,** satellitis *m* *(etrusk.)*	Begleiter, Leibwächter; Spießgeselle		e./f.: satellite Satellit
15	✦ **satis / sat** *(Adv.)* *Komparativ:* satius	genug	satis temporis *genügend Zeit* satis bonus *recht/ziemlich gut* satis habere *sich begnügen* satius est *es ist / wäre besser*	f.: assez satt
16	a|**scéndere,** ascendō, ascendī, ascēnsum	hinaufsteigen, ersteigen	murum ascendere *auf die Mauer steigen*	e.: to ascend f.: ascendant Aszendent
	cōn|scendere	besteigen	naves conscendere *die Schiffe besteigen*	
	✧ dē|scendere	herabsteigen, herabkommen	ad extremum auxilium descendere *zum letzten Hilfsmittel greifen*	e.: to descend f.: descendre Deszendenz
17	✦ **scelus,** sceleris *n*	Verbrechen, Frevel	scelus divinum et humanum *ein Verbrechen gegen Götter und Menschen*	
	✧ scelerātus } scelestus }	verbrecherisch, frevelhaft	nefarium consilium sceleratorum civium *ein verruchter Plan verbrecherischer Bürger*	f.: scélérat
18	**schola** *(griech.)*	(gelehrter) Vortrag; Schule		e.: school f.: école Scholastik
19	**scíndere,** scindō, scidī, scissum	zerreißen, spalten	vestem scindere *sein Gewand zerreißen*	e.: scissors Schindel
	re|scindere	einreißen, vernichten	pontem rescindere *eine Brücke abbrechen*	

20 ✦ **scīre,** scīō, scīvī / sciī, scītum	wissen, verstehen	Vincere scis, Hannibal, victoriā uti nescis.* (LIVIUS) *Zu siegen verstehst du, Hannibal, doch den Sieg zu nutzen verstehst du nicht.*	
scientia	Wissen, Kenntnis; Wissenschaft	scientiā atque usu *in Theorie und Praxis*	e./f.: science
✧ cōn|scius *Subst.:*	mitwissend; bewusst Mitwisser	conscius coniurationis *ein Mitwisser der Verschwörung* Nullius culpae mihi conscius sum *Ich bin mir keiner Schuld bewusst.*	e.: conscious
cōn|scientia	Mitwissen, Bewusstsein; Gewissen		e./f.: conscience
īn|scius	unwissend, unkundig	senatu inscio *ohne Wissen des Senats*	
✧ ne|scīre	nicht wissen, nicht verstehen	nescio quo modo *irgendwie (eigtl.: ich weiß nicht, wie)*	
cōn|scīscere, cōnscīscō, cōnscīvī *(ohne PPP)*	beschließen	mortem sibi consciscere *Selbstmord begehen*	
21 ✦ **scrībere,** scrībō, scrīpsī, scrīptum	schreiben, verfassen	res gestas scribere *Geschichte schreiben* Quod scripsi, scripsi.* (PILATUS) *Was ich geschrieben habe, bleibt geschrieben.*	f.: écrire Skriptum
scrīptor, -ōris *m*	Schriftsteller	rerum scriptor *Geschichtsschreiber*	
✦ cōn|scrībere	verfassen; ausheben	legem conscribere *ein Gesetz abfassen* Patres conscripti! *Meine Herren Senatoren! (Offizielle Anrede an Senatoren)*	
dē|scrībere di|scrībere	abschreiben; beschreiben, bestimmen, einteilen	iura discribere *Rechtsnormen festsetzen*	e.: to describe f.: décrire deskriptiv
22 **scūtum**	der Schild		
✧ ob|scūrus	dunkel, finster; unklar	obscuro loco natus *von unbekannter Herkunft*	e.: obscure f.: obscur obskur

23	**secāre,** secō, secuī, sectum	schneiden, abschneiden	viam secare *sich Bahn brechen*	f.: scier Sektion Segment sezieren Säge
	saxum	Fels, Felsblock		Saxi-fraga („Stein-brech“)
	secūris, secūris *f*	Beil, Axt; Hieb	gravem securim inicere alicui *jemand schwer treffen*	
	✦ sīgnum	Zeichen, Merkmal; Feldzeichen; Bild	signo dato *auf ein (gegebenes) Zeichen hin* signa relinquere *fahnenflüchtig werden* signa et tabulas pictas mirari *Bildwerke und Gemälde bewundern*	e.: sign f.: signe Signal
	sīgnāre	bezeichnen; versiegeln		e.: to sign f.: signer signieren segnen
	as|sīgnāre	zuweisen, zuschreiben	colonis agros assignare *den Siedlern Ackerland zuteilen*	e.: to assign Assignaten
	✧ dē|sīgnāre	bezeichnen, bestimmen	consul designatus *ein designierter Konsul (der gewählt, aber noch nicht im Amt ist)*	e.: to design f.: désigner Designer
	īn|sīgnis / īnsīgne	kennzeichnend, auffallend	homo insigni virtute *ein auffallend tüchtiger Mensch* insignis improbitas *eine Unredlichkeit ohnegleichen*	
	īn|sīgne, īnsīgnis *n*	Kennzeichen; Ehrenzeichen	insignia imperii *die Abzeichen der Feldherrn*	e.: ensign f.: enseigne Insignien
	sīgni|ficāre	bezeichnen, bedeuten	Quid significat illa vox? *Was bedeutet jener Ausspruch?*	e.: to signify f.: signifier signifikant
24	✦ **sed** *(Konjunktion)*	aber, sondern		
25	✧ **sedēre,** sedeō, sēdī, sessum	sitzen	Res in animo sedet. *Etwas hat sich eingeprägt.*	e.: to sit
	✧ sēdēs, sēdis *f*	Sitz; Wohnsitz	sedibus incertis vagari *ohne festen Wohnsitz umherziehen*	e.: seat
	as|siduus	beharrlich, unablässig		e.: assiduous f.: assidu

(sedēre)			
dē|sidia	Untätigkeit, Trägheit		
✧ īn|sidiae, -ārum	Hinterhalt; Anschlag	dolo et insidiis niti *sich auf List und Tücke verlassen* insidias parare *auflauern*	
ob|sidēre, obsideō, obsēdī, obsessum	belagern, besetzt halten		
✧ ób|ses, óbsidis *m/f*	Geisel, Bürge	Caesar Gallis obsides imperat. *Caesar befiehlt den Galliern, Geiseln zu stellen.*	
pos|sidēre	besitzen		e.: to possess f.: posséder
pos|sessiō, -ōnis *f*	Besitz		e./f.: possession Possessiv-Pronomen
✦ prae|sidium	Schutz; Besatzung; Posten	praesidio esse *zum Schutz dienen* in praesidio esse *auf Posten stehen*	
sub|sidium	Hilfsmannschaft, Reservetruppen	ad omnes casus subsidia collocare *für alle Fälle Reserven aufstellen*	e.: subsidy subsidiary Subsidien
sēdāre	beruhigen, stillen	iracundiam consilio sedare *den Jähzorn durch Überlegung beschwichtigen* famem sedare *den Hunger stillen*	e.: sedate Sedativum
✧ cōn|sídere, cōnsīdō, cōnsēdī	sich setzen, sich niederlassen	in Ubiorum finibus considere *sich im Gebiet der Ubier niederlassen*	

26	**semel** *(Adv.)*	einmal	semel atque iterum *ein und das andere Mal*	
	✦ sem|per *(Adv.)*	immer, stets		it.: sempre
	sem|piternus	immerwährend, ewig		
	sim|plex, símplicis	einfach, natürlich; schlicht		e./f.: simple simpel Simplicissimus
	✧ singulī, -ōrum	Einzelne; je ein	in singulos annos *für jeweils ein Jahr*	e.: single
	singulāris / singulāre	einzeln; einzigartig, ausgezeichnet	singularis crudelitas *beispiellose Grausamkeit*	e.: singular f.: singulier singulär Singular

(semel)			
✦ **similis / simile**	ähnlich	tui similis *dir ähnlich* veri similis / verisimilis *wahrscheinlich*	e.: similar As-similation Fak-simile
✦ **simul** *(Adv.)*	gleichzeitig, zugleich		
simul simulac simulatque *(Subjunktionen)*	sobald (als)	Simul aliquid audiero, scribam ad te. *Sobald ich etwas höre, schreibe ich dir.*	
simulāre	sich stellen, als ob; vortäuschen, heucheln	Se aegrum esse simulat. *Er stellt sich krank.*	e.: to simulate f.: simular Simulant simulieren
simulācrum	Bildnis, Götterbild, Schattenbild		f.: simulacre
✧ **dis|similis / dissimile**	unähnlich, ungleichartig		
dis|simulāre	so tun, als ob nicht; sich verstellen, verheimlichen	omnia dissimulare *alles vertuschen*	e.: to dissimulate f.: dissimuler
27 ✧ **senex, senis** *m*	Greis, alter Mann	*(über 60 Jahre alt)*	senil
seniōrēs, seniōrum *m*	die Älteren	*(45–60 Jahre alt)*	e.: Sir f.: Sire Senior
senectūs, senectūtis *f*	(hohes) Alter	ad summam senectutem *bis ins hohe Alter*	
✦ **senātus, -ūs** *m*	Senat, Senatsversammlung	senatum vocare *eine Senatssitzung einberufen* senatus frequens *der zahlreich versammelte Senat* senatūs consultum *Senatsbeschluss*	e.: senate f.: sénat
senātor, -ōris *m*	Senator		f.: sénateur
28 ✦ **sentīre, sentiō, sēnsī, sēnsum**	fühlen, empfinden; merken; meinen	Aperte, quod sentio, loquar. *Ich werde offen meine Meinung sagen.*	f.: sentir senti-mental
✧ **sententia**	Meinung, Ansicht; Satz; Sinn	meā sententiā *nach meiner Meinung*	e./f.: sentence Sentenz
✧ **sēnsus, -ūs** *m*	Sinn, Gefühl; Verstand; Gesinnung	Morte omnis sensus exstinguitur. *Durch den Tod wird jedes Empfinden ausgelöscht.*	e.: sense f.: sens Sensualismus

	(sentīre)			
	as|sentīrī, assentior, assēnsus sum	zustimmen, beipflichten	Id tibi non assentior. *Darin stimme ich dir nicht zu.*	e.: to assent f.: assentiment
	cōn|sentīre, cōnsentiō, cōnsēnsī, cōnsēnsum	übereinstimmen	In eo omnes consentiunt. *Darin / in diesem Punkt stimmen alle überein.*	e.: to consent f.: consentir
	cōn|sēnsus, -ūs *m*	Übereinstimmung	ex communi consensu *nach einhelliger Meinung*	e.: consent Konsens
	dis|sentīre	nicht übereinstimmen, verschiedener Meinung sein	dissentire ab/cum aliquo *anderer Meinung sein als jemand*	e.: to dissent
29	**sepulcrum**	Grab, Grabmal		e.: sepulchre f.: sépulcre
30	✦ **sequī,** sequor, secūtus sum	folgen, sich anschließen	Sequere consilium meum! *Folge meinem Rat!* amicitiam Caesaris sequi *sich auf Caesars Seite schlagen*	f.: suivre Sequenz Suite
	secundus	der Zweite (*eigtl.:* der Folgende); günstig	secundo bello Punico *im Zweiten Punischen Krieg* secundo amne *stromabwärts* in rebus secundis *im Glück*	e./f.: second Sekunde
	secundum *(Präp. m. Akk.)*	1. längs, entlang	secundum flumen currere *am Fluss entlang laufen*	
		2. unmittelbar nach	Ite secundum me! *Geht dicht hinter mir!*	
		3. gemäß, entsprechend	secundum naturam vivere *in Einklang mit der Natur / naturgemäß leben*	
	✦ socius	Gefährte, Bundesgenosse	socius regni *Mitregent* amicis sociisque confisus *im Vertrauen auf Freunde und Verbündete*	Sozius sozial Sozio-logie
	✧ sociétās, societātis *f*	Gesellschaft, Gemeinschaft, Bündnis	Civitas est iuris societas civium. *Ein Staat ist eine Rechtsgemeinschaft von Bürgern.* societatem facere *ein Bündnis schließen*	e.: society f.: société
	ás|sequī	einholen, erreichen	propositum assequi *ein Ziel erreichen*	

	(sequī)			
	✧ **cōn|sequī**	(unmittelbar) nachfolgen; einholen, erreichen	is annus, qui consequitur *das folgende Jahr* laudem egregiam consequi *außergewöhnliches Lob ernten*	e.: consequent f.: conséquent konsequent Konsequenz Konsekutivsatz
	ex|sequī	verfolgen; durchführen	ius suum exsequi *sein Recht geltend machen* mandatum exsequi *einen Auftrag erledigen*	e.: to execute f.: exécuter Exekution Exekutive
	īn|sequī	(unmittelbar) nachfolgen, verfolgen	cedentes insequi *den Zurückweichenden nachsetzen*	
	ob|sequī	nachgeben, gehorchen	precibus amicorum obsequi *den Bitten der Freunde Folge leisten* necessitatibus obsequi *sich in das Unvermeidliche schicken*	e.: obsequious
	per|sequī	verfolgen; strafen	voluptates persequi *den Vergnügungen nachgehen*	e.: to persecute f.: persécuter
	prō|sequī	begleiten, geleiten	consulem domum prosequi *den Konsul nach Hause geleiten*	e.: to prosecute
	sub|sequī	nachfolgen, nachahmen		e.: subsequent
	sectārī	nachjagen, erstreben	laudem sectari *dem Ruhm nachjagen*	Sekte
31	**serēnus**	heiter, wolkenlos	caelo sereno *bei heiterem Himmel*	e.: serene f.: serein
32	**sérere, serō, seruī, sertum**	aneinander reihen	bella ex bellis serere *einen Krieg nach dem anderen beginnen*	
	seriēs, seriēī *f*	Reihe, Reihenfolge		e.: series f.: série Serie
	✦ **sermō, -ōnis** *m*	Gespräch; Sprache	in sermonem ingredi *ein Gespräch eröffnen* sermo patrius *die Muttersprache*	„Sermon“
	sors, sortis *f*	Los; Schicksal	sorte ducere *durchs Los bestimmen*	e./f.: sort Sorte
	dē|sérere, dēserō, dēseruī, dēsertum	verlassen, im Stich lassen; aufgeben	(loca) deserta *Einöde(n), Wüste(n)*	e.: to desert f.: désert desertieren

	(sérere)			
	✧ dis|serere	erörtern, sprechen (über)	de re publica disserere *über den Staat Erörterungen anstellen*	e.: to dissert Dissertation
	prae|sertim *(Adv.)*	zumal, besonders	praesertim cum … *zumal da …*	
33	**sérere,** serō, sēvī, satum	säen, pflanzen		
	īn|situs	eingepflanzt, angeboren	Homini cognitionis amor insitus est. *Dem Menschen ist der Drang nach Erkenntnis eingepflanzt.*	
	sēmen, sēminis *n*	Same		Seminar
34	**sērius**	ernsthaft, ernst		e.: serious f.: sérieux seriös
35	**serpēns,** serpentis *m/f*	Schlange		e./f.: serpent Serpentine
36	**sērus** *Adv.*: sērō	spät, zu spät	aliquanto serius *erheblich später*	f.: soir Serenade
37	**servāre**	bewahren, retten	Mos antiquus servatur. *Ein alter Brauch hält sich.* fidem servare *sein Wort halten*	
	cōn|servāre	bewahren, retten; beibehalten	conservandorum civium causā *um die Bürger zu retten*	e.: to conserve f.: conserver Konserve
	ob|servāre	beobachten; einhalten	leges observare *die Gesetze beachten*	e.: to observe f.: observer Observatorium
38	✦ **servus**	Sklave, Knecht		e.: servant f.: serv
	servīlis / servīle	sklavisch, Sklaven-	servilem in modum *nach Sklavenart / wie bei Sklaven üblich*	e.: servile servil
	✧ servīre	Sklave sein, dienen	vitiis servire *(den) Lastern frönen* pecuniae aut gratiae non servire *auf Geld oder Ansehen keine Rücksicht nehmen*	e.: to serve f.: servir servieren
	servitium	Sklaverei, Sklavendienst	in servitium ducere *versklaven*	e./f.: service
	✧ servitūs, servitūtis *f*	Sklaverei, Knechtschaft		e./f.: servitude

39	**sevērus**	streng, ernst, hart	vultus severus *eine ernste Miene*	e.: severe f.: sévère
40	**sexus,** -ūs *m*	Geschlecht		e.: sex f.: sexe Sexual-
41	✦ **sī** *(Subjunktion)*	wenn, falls; ob / ob nicht	Si hoc credis, erras. *Wenn du dies glaubst, irrst du.* Captivi conabantur, si effugere possent. *Die Gefangenen versuchten ob sie (nicht) enfliehen könnten / versuchten zu fliehen.*	f.: si
	sīn *(Subjunktion)*	wenn aber		
	sīve / seu	oder wenn, oder		
	sīve … sīve / seu … seu	sei es dass … oder dass	sive casu sive consilio *sei es zufällig, sei es absichtlich*	
	et|sī / etiam|sī *(Subjunktionen)*	wenn auch, selbst wenn		
	✦ qua|si *(Adv.)*	wie, gleichwie, gleichsam	Philosophia artium quasi parens est. *Die Philosophie ist gleichsam die Mutter der Künste.*	„quasi"
	(Subjunktion)	wie wenn, als ob		
	quod|sī / quod sī *(Subjunktion)*	wenn nun, wenn aber		
	✦ sīc *(Adv.)*	so, auf diese Weise	sic … ut *so … wie / zwar … aber*	it.: si *(„ja")*
42	**siccus**	trocken		f.: sec Sekt
43	**sīdus,** sīderis *n*	Gestirn, Sternbild	sidera, quae vocantur errantia *die sogenannten Planeten*	
	cōn|sīderāre	betrachten, erwägen, bedenken	aliquid secum / cum animo considerare *etwas in Betracht ziehen, reiflich überlegen*	e.: to consider f.: considérer
	dē|sīderāre	ersehnen, verlangen; vermissen	Res magnum laborem desiderat. *Die Sache erfordert große Mühe.*	e.: to desire f.: désirer Desiderat
	dē|sīderium	Sehnsucht, Verlangen	magno desiderio patriae teneri *großes Heimweh haben*	e.: desire f.: désir

44	**silēre,** sileō, siluī	schweigen, still sein	Silent leges inter arma.* (CICERO) *Wenn die Waffen sprechen, schweigen die Gesetze.*	
	silentium	Schweigen, Stille	silentio praeterire *stillschweigend übergehen*	e./f.: silence Silentium
45	✧ **silva**	Wald		Silvester
46	**sincērus**	aufrichtig, ehrlich		e.: sincere f.: sincère
47	✦ **sine** *(Präp. m. Abl.)*	ohne	sine dubio *zweifellos* non sine causa *nicht ohne Grund / mit gutem Grund*	f.: sans
48	**sínere,** sinō, sīvī, situm	lassen, zulassen		
	situs	gelegen, befindlich	quantum est situm in nobis *soviel an uns liegt*	e.: situated f.: situé Situation
	✧ dē|sinere, dḗsinō, dēsiī, dēsitum	ablassen, aufhören	Commemorare eos desino. *Ich erwähne sie nicht weiter.* Res in senatu agi desitae sunt. *Man hörte auf die Angelegenheiten im Senat weiter zu behandeln.*	
	✦ pōnere, < po-sinere pōnō, posuī, positum	stellen, setzen, legen	omnem spem ponere in aliqua re *seine ganze Hoffnung auf etwas setzen* positum esse in aliqua re *auf etwas beruhen* in dubio ponere *in Zweifel ziehen* castra ponere *ein Lager aufschlagen*	it.: posto Position positiv Pose Post
	ante|pōnere	voranstellen, vorziehen	mortem servituti anteponere *den Tod der Knechtschaft vorziehen*	
	com|pōnere	zusammenstellen, ordnen; verfassen; vergleichen; beilegen	librum componere *ein Buch verfassen* dicta cum factis componere *die Worte mit den Taten vergleichen* controversias componere *Streitigkeiten schlichten*	e.: to compose komponieren Komposition Kompost Kompott
	✧ dē|pōnere	ablegen, niederlegen; aufgeben	omnem spem deponere *alle Hoffnung aufgeben*	e.: to depose f.: déposer deponieren Depot
	dis|pōnere	verteilen, ordnen; einrichten	vigilias per urbem disponere *Wachen überall in der Stadt verteilen*	e.: to dispose f.: disposer disponieren Disposition

	(sínere)			
	✧ ex|pōnere	ausstellen, aussetzen; darlegen	rem breviter exponere *eine Sache kurz darstellen / abhandeln*	e.: to expose f.: exposer Exponent
	✧ im|pōnere	hineinsetzen, hineinlegen; auflegen; aufbürden	summam manum imponere alicui rei *letzte Hand an etwas legen* Draco populo leges severas imposuit. *Draco erlegte dem Volk strenge Gesetze auf.*	e.: to impose f.: imposer imponieren
	op|pōnere	entgegenstellen, gegenüberstellen; einwenden	se periculis opponere *sich Gefahren aussetzen*	e.: to oppose f.: opposer Opposition
	prae|pōnere	voranstellen; vorziehen	navibus praeponere *mit dem Kommando über die Schiffe betrauen*	Präposition
	✧ prō|pōnere	in Aussicht stellen; vorschlagen, vorlegen	leges in publico proponere *Gesetze öffentlich bekannt machen* Hanc imaginem animo tuo propone! *Stell dir dieses Bild (in Gedanken) vor!* Mihi propositum est. *Ich habe mir zum Ziel gesetzt.* proposita tenere *seine Vorsätze halten*	e.: to propose f.: proposer
49	**sinister /** sinistra / sinistrum	links (befindlich); linkisch	a sinistra parte *auf der linken Seite* sinistra (manus) *die linke Hand / die Linke*	e.: sinister f.: sinistre
50	**sinus,** -ūs *m*	Bucht; Bausch; Busen	sinus maritimus *Meeresbucht* in sinu urbis *im Herzen der Stadt*	f.: sein Sinus Co-sinus
51	dis|**sipāre**	zerstreuen, vergeuden; zerstören	famam dissipare *ein Gerücht verbreiten* rem familiarem dissipare *das Vermögen verschleudern*	e.: to dissipate f.: dissiper
52	**sitis,** sitis *f*	Durst	sitis libertatis *das Verlangen nach Freiheit*	f.: soif
53	**socer,** soc(e)rī	Schwiegervater		
54	✦ **sōl,** sōlis *m*	Sonne	a solis ortu usque ad occasum *von Osten bis Westen* Nondum omnium dierum sol occidit.* (Livius) *Es ist noch nicht aller Tage Abend.**	f. : soleil it.: sole Solarium

55	cōn|**sōlārī,** cōnsōlor, cōnsōlātus sum	trösten, lindern		e.: to console f.: consoler de-solat
	sōlācium	Trost		e.: solace
56	✦ **solēre,** soleō, sólitus sum	gewohnt sein, pflegen	Hoc quotannis accidere solet. *Dies kommt gewöhnlich in jedem Jahr vor.*	
	solitus	gewohnt, gebräuchlich	solito maior *ungewöhnlich groß*	
	īn|solēns, īnsolentis	ungewohnt; überheblich	insolens malarum artium *an üble Machenschaften nicht gewohnt* suā victoriā insolenter gloriari *sich seines Sieges überschwenglich rühmen*	f.: insolent
57	**solum**	Boden, Erdboden	agri solum *Ackerboden* urbem solo aequare *eine Stadt dem Erdboden gleichmachen*	e.: soil f.: sol Saal Sohle
58	✦ **sōlus** *Gen.*: sōlíus *Dat.*: sōlī	allein, einzig, bloß	Licentiam multi solam libertatem putant. *Zügellosigkeit halten viele für die einzige Form von Freiheit.*	e.: sole f.: seul Solo Solist
	sōlum *(Adv.)*	allein, nur	non solum ..., sed etiam *nicht nur ..., sondern auch*	
	sōlitūdō, sōlitūdinis *f*	Einsamkeit, Einöde	in solitudinem se abdere *sich in die Einsamkeit zurückziehen*	e./f.: solitude
59	✧ **somnus**	Schlaf	somnum capere non posse *nicht einschlafen können*	f.: sommeil somn-ambul
	somnium	Traum	somnium videre *träumen (eigtl.: ein Traumbild sehen)*	f.: songe
60	**sonāre,** sonō, sonuī	tönen, ertönen, klingen	Tuba sonat. *Ein Trompetensignal ertönt.*	e.: to sound f.: sonner Sonate Kon-sonant
	sonus	Ton, Klang, Laut		e.: sound f.: son sonor
	sonitus, -ūs *m*	Ton, Schall, Getöse	sonitus armorum *Waffenlärm*	
61	**sórdidus**	schmutzig, niederträchtig		e.: sordid f.: sordide

62	✦ **soror,** -ōris *f*	Schwester		f. : sœur it.: suora; sorella
63	**spárgere,** spargō, sparsī, sparsum	ausstreuen, zerstreuen	rumores spargere *Gerüchte verbreiten*	
	di|spergere, dispergō, dispersī, dispersum	zerstreuen, verbreiten	multitudo dispersa *eine (weit) verstreute Menge*	e.: to disperse f.: disperser Dispersions-farben
64	✧ **spatium**	Raum, Strecke, Zeitraum	aequo spatio abesse *gleich weit entfernt sein* tridui spatium dare *eine Frist von drei Tagen einräumen*	e.: space f.: espace spazieren
65	✧ **speciēs,** speciēī *f*	Anblick, Aussehen, Gestalt; Anschein	Iuppiter specie mortali venit. *Jupiter kam in Menschengestalt.* per speciem *unter dem Anschein* sub specie ⟨aeternitatis⟩* (Spinoza) *unter dem Gesichtspunkt der Ewigkeit*	f.: espèce speziell Spezies
	a|spícere, aspiciō, aspexī, aspectum	erblicken, ansehen	lucem aspicere *das Tageslicht sehen*	e./f.: aspect Aspekt
	cōn|spicere	erblicken		
	cōn|spectus, -ūs *m*	Anblick; Gesichtskreis	paene in conspectu nostro *beinahe vor unseren Augen* ex conspectu removere *aus dem Blickfeld schaffen*	
	cōn|spicuus	sichtbar; auffallend		e.: conspicuous
	dē|spicere	herabblicken, verachten	despicere omnia humana *alles Menschliche verachten*	e.: to despise despektierlich
	per|spicere	durchschauen, genau betrachten; erkennen	voluntatem alicuius perspicere *jemands Absicht durchschauen*	Perspektive
	prō|spicere	vorhersehen; sorgen (für)	impendentes terrores prospicere *drohende Schrecken vorhersehen* frumento prospicere *für Proviant sorgen*	Prospekt
	re|spicere	zurückschauen; berücksichtigen	spatium praeteriti temporis respicere *einen vergangenen Zeitraum überdenken*	e./f.: respect Respekt

	(speciēs)			
	su|spicere	emporblicken; beargwöhnen		e.: to suspect suspekt
	su|spicārī	argwöhnen, vermuten		
	✧ su|spīciō, -ōnis *f*	Verdacht, Vermutung	alicui in suspicionem venire *bei jemand in Verdacht kommen* suspiciones vitare *Verdachtgründe meiden*	e./f.: suspicion
	✧ spectāre	schauen, anschauen	ad meridiem spectare *nach Süden zu gelegen sein*	
	spectāculum *Pl.:*	Schauplatz, Schauspiel Tribüne		e./f.: spectacle Spektakel spektakulär
	✦ ex|spectāre	ausschauen, erwarten		e.: to expect
66	**spérnere,** spernō, sprēvī, sprētum	verschmähen, ablehnen		
	a|spernārī	verschmähen, zurückweisen	animo aspernari *innerlich ablehnen*	
67	✦ **spēs,** speī *f*	Hoffnung, Erwartung	omni spe sublata *als / weil / obwohl keine Hoffnung mehr bestand*	
	✦ spērāre	hoffen, erwarten		f.: espérer espoir
	dē|spērāre	die Hoffnung aufgeben, verzweifeln	salutem / de salute desperare *die Hoffnung auf Rettung aufgeben / an der Rettung verzweifeln* desperatis rebus *in verzweifelter Lage*	e.: to despair Desperado
	pro|sper / prospera / prosperum prosperus	günstig, glücklich, gedeihlich	prospere cedere *einen günstigen Verlauf nehmen*	e.: prosperous f.: prospère Prosperität
68	**spīrāre**	hauchen, ausatmen	Repertus est spirans. *Man fand ihn noch am Leben.*	Transpiration
	spīritus, -ūs *m*	Atem, Leben; Geist	extremo spiritu *beim letzten Atemzug*	e.: spirit f.: esprit Spiritismus Spiritus

69	**spléndidus**	glänzend, prächtig; angesehen	homines splendidissimi *die angesehensten Leute*	e.: splendid f.: splendide
70	**spolia, -ōrum**	(erbeutete) Rüstung; Beute		e.: spoil
	spoliāre	berauben, plündern	fana atque domos spoliare *Heiligtümer und Häuser plündern*	
71	**spondēre,** spondeō, spopondī, spōnsum	geloben, versprechen	(virgo) sponsa *die Braut*	f.: épouse
	✧ re|spondēre, respondeō, respondī, respōnsum	antworten, erwidern; Bescheid geben; entsprechen	litteris respondere *einen Brief beantworten* opinioni hominum respondere *der Meinung der Leute entsprechen*	e.: to respond f.: répondre Kor-respon-denz
	re|spōnsum	Antwort, Bescheid	responsa prudentium *die Rechtsgutachten der Rechtsgelehrten*	e.: response f.: réponse
72	✧ **sponte** *(Abl.)*	von selbst, absichtlich	Id sua sponte faciunt. *Dies tun sie freiwillig.*	e.: sponta-neous spontan
73	**stadium** *(griech.)*	Rennbahn, Stadion		e.: stadium f.: stade
74	**stāgnum**	(stehendes) Gewässer, Tümpel, Teich		f.: étang stagnieren Stagnation
75	✧ **stāre,** stō, stetī; statūrus	stehen; kosten	a senatu stare *auf Seiten des Senats stehen* magno stare *viel kosten* promisso stare *einem Versprechen treu bleiben*	e.: to stay
	stábilis / stabile	fest(stehend), dauerhaft		e./f.: stable stabil
	ve|stibulum	Vorhalle, Vorhof		e./f.: vestibule Vestibül
	statim *(Adv.)*	auf der Stelle, sofort		
	statiō, -ōnis *f*	Standort; Posten, Wachposten	in statione esse *Wache halten*	e./f.: station Station

(stāre)

✧ **status, -ūs** *m*	Zustand, Lage, Verfassung	Eo tum statu res erat. *So war damals die Lage.*	e.: state f.: état Staat „Status quo“
statua	Standbild, Statue		e./f.: statue
statūra	Gestalt, Wuchs		e.: stature Statur
✧ **cōn|stāre, cōnstō, cōnstitī; cōnstātūrus**	feststehen; bestehen (aus); kosten	sibi constare *sich treu bleiben* ex animo et corpore constare *aus Leib und Seele bestehen* parvo constare *wenig kosten*	e.: to cost f.: coûter
cōn|stat	es steht fest, es ist bekannt		konstatieren
cōn|stāns, cōnstantis	standhaft, fest		e./f.: constant konstant Konstanz
di|stāre	entfernt sein; verschieden sein		e./f.: distant Distanz
īn|stāre	bevorstehen; bedrängen, drohen	nox, quae instat *die bevorstehende Nacht* hostibus instare *den Feinden zusetzen*	e./f.: instant Instanz
ob|stāre	entgegenstehen, hindern	Principiis obsta!* (Ovid) *Wehre den Anfängen!*	
✧ **prae|stāre** 1. *intrans.:*	voranstehen, übertreffen	amico virtute praestare *den Freund an Tüchtigkeit übertreffen*	f.: prêter
2. *trans.:*	leisten, erweisen	officia praestare *Dienste leisten / Pflichten erfüllen* fidem praestare *Wort halten* hilarem se praestare *sich heiter geben*	
prae|stat	es ist besser	Accipere quam facere praestat iniuriam. *Es ist besser Unrecht zu erleiden als zu tun.*	
re|stāre	übrig bleiben		e.: rest f.: rester Rest Ar-rest
supér|stes, supérstitis	überlebend		
✧ **statúere, státuō, státuī, statūtum**	aufstellen; festsetzen, beschließen; (fest) glauben	diem comitiis statuere *den Wahltag bestimmen* cum animo statuere *sich vornehmen* Caesar non exspectandum sibi (esse) statuit. *Caesar glaubte nicht warten zu dürfen.*	statuieren Statut

	(stāre)			
	✦ cōn|stituere, cōnstituō, cōnstituī, cōnstitūtum	aufstellen, festsetzen, beschließen	monumenta constituere *Denkmäler errichten* rem publicam constituere *den Staat ordnen*	e.: to constitute f.: constituer Konstitution
	dē|stituere	verlassen, im Stich lassen; ablassen		
	✧ īn|stituere	einrichten; beginnen; unterrichten	litteris instituere *in den Wissenschaften unterrichten*	e.: to institute f.: instituer
	īn|stitūtum	Einrichtung, Vorhaben		e.: institute f.: institut Institut
	re|stituere	wiederherstellen	libertatem concordiamque civitati restituere *dem Staat Freiheit und Eintracht wiedergewinnen*	f.: restituer
	sí|stere, sistō, stetī / stitī, statum	sich stellen; zum Stehen bringen	Res publica male temperata sistere non potest. *Ein schlecht geordneter Staat kann keinen Bestand haben.*	
	✧ cōn|sistere, cōnsistō, cōnstitī	sich hinstellen; Halt machen; bestehen (in/aus)	prope aliquem consistere *sich in jemands Nähe stellen* In concordia civium salus rei publicae consistit. *Auf der Eintracht der Bürger beruht das Wohl des Staates.*	e.: to consist f.: consister Konsistenz Konsistorium
	dē|sistere	aufhören, ablassen (von)	consilio desistere *einen Plan aufgeben*	e.: to desist f.: désister
	✧ ex|sistere	hervortreten, auftreten; entstehen		e.: to exist f.: exister Existenz
	re|sistere	stehen bleiben, innehalten; Widerstand leisten	factioni inimicorum resistere *sich gegen die Umtriebe seiner Feinde zur Wehr setzen*	e.: to resist f.: resister resistance resistent
	dē|stināre	festsetzen, bestimmen		e.: destiny f.: destiner Prä-destination
76	**stēlla**	Stern		e.: star f.: étoile
77	**stérilis / stérile**	unfruchtbar; erfolglos		e.: sterile f.: stérile steril

78	**stérnere,** sternō, strāvī, strātum	hinbreiten, hinwerfen; niederstrecken	viam sternere *einen Weg pflastern*	e.: street it.: strada Straße
79	**stimulāre**	anspornen; beunruhigen		e.: to stimulate f.: stimuler stimulieren
	di|stínguere, distinguō, distīnxī, distīnctum	unterscheiden, trennen; ausschmücken	vera distinguere a falsis *Wahres vom Falschen unterscheiden* distincti dignitatis gradus *unterschiedliche Rangstufen* poculum gemmis distinctum *ein mit Edelsteinen geschmückter Becher*	e.: to distinguish f.: distinguer Distinktion
	ex|stinguere	auslöschen, vernichten, tilgen	Rumores exstinguuntur. *Die Gerüchte geraten in Vergessenheit.*	e.: to extinguish f.: éteindre
80	**stirps,** stirpis *f*	Wurzelstock, Stamm; Ursprung	stirps ac semen omnium malorum *Wurzel und Ursache aller Übel* Gens ab stirpe exstincta est. *Der Volksstamm wurde völlig ausgerottet.*	
81	**stómachus** *(griech.)*	Speiseröhre, Magen; Ärger		e.: stomach f.: estomac
82	**strēnuus**	tüchtig, tatkräftig, rührig		e.: strenuous
83	**strepitus,** -ūs *m*	Getöse, Lärm	strepitus armorum *Waffenlärm*	
84	**stríngere,** stringō, strīnxī, strictum	straffziehen; abstreifen, (eine Waffe) ziehen	gladio stricto *mit gezücktem Schwert*	e.: to strain „strikt“
	ob|stringere	verstricken; verpflichten	nefario scelere obstrictus *in ein ruchloses Verbrechen verstrickt* iureiurando obstringere *durch einen Eid verpflichten*	
85	**strúere,** struō, strūxī, strūctum	schichten, bauen, errichten		e.: to strew kon-struieren
	ex|struere	aufschichten, errichten	aggerem exstruere *einen Damm errichten*	

	(strúere)			
	✧ īn|struere	aufstellen; ausstatten, unterweisen	aciem instruere *das Heer zur Schlacht aufstellen* litteris instruere *in den Wissenschaften unterweisen*	e.: to instruct f.: instruire Instruktion
	īn|strūmentum	Werkzeug; Hilfsmittel		e./f.: instrument Instrument
	indu|stria	Fleiß, Betriebsamkeit	de industria *mit Absicht*	e.: industry f.: industrie Industrie
86	✧ **studēre,** studeō, studuī	sich bemühen (um), streben (nach)	id studere, ut … *sich darum bemühen, dass …* laudi studere *auf Lob / Anerkennung aus sein*	e.: to study f.: étudier Student
	✦ studium	Vorliebe, Eifer, Bemühung; (wissenschaftl.) Betätigung	studium rei publicae *Vaterlandsliebe* sine ira et studio* (TACITUS) *ohne Hass (eigtl.: Zorn) und Parteilichkeit*	e.: study f.: étude Studium
	studiōsus	eifrig, bedacht; wissbegierig	studiosissimus litterarum *ein großer Freund der Wissenschaften*	e.: studious „stud. med."
87	✧ **stultus**	töricht, dumm		stolz
88	**stupēre,** stupeō, stupuī	staunen, verblüfft sein	admiratione stupere *vor Bewunderung außer sich sein*	stupid
89	**stuprum**	Unzucht		
90	**suāvis /** suāve	süß, lieblich, angenehm	suaviter id meminisse *mit Vergnügen daran denken*	e.: sweet e./f.: suave
	suādēre, suādeō, suāsī, suāsum	raten, zureden		
	✧ per|suādēre	überreden, überzeugen	Themistocles populo persuasit, ut classem aedificaret. *Themistokles überredete das Volk eine Flotte zu bauen.* Socrati persuasum erat animum non interire. *Sokrates war überzeugt, dass die Seele unsterblich ist.*	e.: to persuade f.: persuader

91	✦ **sub** *(Präp. m. Akk.)*	unter … hin; unmittelbar vor/nach	sub montem succedere *an den Fuß des Berges heranrücken* sub vesperum *gegen Abend*	f.: sous
	(Präp. m. Abl.)	unter, unterhalb; während	sub oculis esse *vor Augen liegen* sub eodem tempore *zur gleichen Zeit*	
92	✧ cōn|**suēscere,** cōnsuēscō, cōnsuēvī, cōnsuētum;	sich gewöhnen		
	cōnsuēvisse	gewohnt sein, pflegen	fieri consuevit *es geschieht gewöhnlich*	
	✧ cōn|suētūdō, cōnsuētūdinis *f*	Gewohnheit, Brauch; (geselliger) Umgang	Consuetudo quasi altera natura.* (CICERO) *Die Gewohnheit ist gleichsam eine zweite Natur.* ex consuetudine *gewohnheitsmäßig* consuetudo hominum malorum *Umgang mit schlechten Menschen*	e.: custom f.: coutume Kostüm
93	**suī,** sibi, sē *(Refl.-Pron.)*	seiner / ihrer		
	✦ suus *(Poss.-Pron.)*	sein / ihr	Sapiens omnia sua secum portat.* (nach BIAS) *Der Weise trägt all seine Habe bei sich.* suo tempore abire *zur rechten Zeit gehen*	f.: son
94	✦ cōn|**súlere,** cṓnsulō, cōnsúluī, cōnsúltum	um Rat fragen, beratschlagen; sorgen (für); Maßregeln ergreifen	amicum consulere *den Freund um Rat fragen* saluti civium consulere *für das Wohl der Bürger sorgen* in socios superbe consulere *die Bundesgenossen hochmütig behandeln*	
	cōnsultum	Beschluss, Entscheidung	senatūs consultum *Senatsbeschluss*	
	cōn|sultāre	befragen, beraten	de rebus dubiis consultare *über zweifelhafte Angelegenheiten beraten*	e.: to consult f.: consulter konsultieren
	✦ cōn|sul, cōnsulis *m*	Konsul	*(Die zwei Konsuln waren die ranghöchsten römischen Beamten.)* Cn. Pompeio (et) M. Crasso consulibus *unter dem Konsulat des Gnaeus Pompeius und Marcus Crassus*	e./f.: consul

	(cōn|**súlere**)			
	✧ cōn|sulātus, -ūs *m*	Konsulamt, Konsulat		e.: consulate f.: consulat
	cōn|sulāris / cōnsulāre *Subst.:*	konsularisch gewesener Konsul	comitia consularia *Komitien zur Wahl der Konsuln (Konsulwahlen)*	f.: consulaire
	pró|cōnsul, -ulis *m*	gewesener Konsul, Prokonsul	Proconsuli provincia mandatur. *Dem Prokonsul wird eine Provinz übertragen.*	
	✦ cōn|silium	Plan, Rat; Ratsversammlung; Absicht, Beschluss	communis consilii expers *an der gemeinsamen Planung nicht beteiligt* eo consilio, ut ... *in der Absicht, dass ...* de summis rebus consilium capere *über die wichtigsten Dinge (einen) Beschluss fassen*	e.: counsel f.: conseil
95	**super** *(Präp. m. Akk., selten m. Abl.)*	über, oberhalb, oben auf	Alii super alios ruunt. *Alle stürzen übereinander.*	f.: sur „super“ Super-markt
	(Adv.)	darüber, überdies	satis superque *mehr als genug*	
	superus	oben befindlich, der Obere		Supermarkt
	superī, -ōrum	die Götter (des Himmels)		
	✦ superior / superius	der Obere, der Höhere; früher; überlegen	ex superiore loco *von einem höheren Platz aus* superiore aestate *im vorigen Sommer* superiorem se praestare *sich überlegen zeigen*	e.: superior f.: supérieur
	suprēmus	der Oberste, der Höchste; der Letzte	suprema hora *die Todesstunde*	e.: supreme f.: suprême
	✦ summus	der Oberste, der Höchste	in summa aqua *auf dem Wasserspiegel* summi philosophi *die bedeutendsten Philosophen*	e.: summit
	✧ summa	Hauptsache, Gesamtheit	Haec praecepti summa est. *Dies ist der Hauptinhalt der Lehre.* summa imperii *der Oberbefehl*	e.: sum f.: somme Summe

	(super)			
	✧ suprā *(Präp. m. Akk.)*	oberhalb, über ... hinaus	supra modum *über das Maß hinaus*	Sopran supra-national
			paulo supra hanc memoriam *kurz vor unserer Zeit*	
	(Adv.)	oben, oberhalb; darüber hinaus	ut supra diximus *wie oben erwähnt*	
	✧ superāre	übertreffen, besiegen; überleben	doctrinā superare *an gelehrter Bildung übertreffen*	
	superbus	hochmütig, stolz, erhaben		e.: superb f.: superbe
	✧ superbia	Hochmut, Stolz	alienae superbiae ludibrio esse *fremdem Hochmut zum Gespött dienen*	
96	ab|**surdus**	ungereimt, sinnlos		e.: absurd f.: absurde Absurdität

1	**tabula**	Tafel; Gemälde; Verzeichnis	tabulae publicae *Staatsurkunden*	e./f.: table „Tabula rasa“
2	✧ **tacēre, taceō, tacuī; tacitūrus**	schweigen, verschweigen	Si tacuisses, philosophus manisses.* (nach Boethius) *Hättest du geschwiegen, wärest du Philosoph geblieben.*	f.: taire
	tacitus	verschwiegen, still, schweigsam		e.: tacit f.: tacite
3	**taedet, taeduit**	es erweckt Ekel / Abscheu	Homines quosdam vitiorum non taedet. *Manche Leute empfinden keinen Abscheu vor ihren Lastern.*	
	taedium	Ekel, Abscheu		
	taeter / taetra / taetrum	hässlich, abscheulich	taetra prodigia *unheilvolle Vorzeichen*	
4	**talentum** *(griech.)*	Talent	*(1. Gewichtseinheit: etwa 25 kg; 2. Geldsumme: etwa 5000 Mark)*	e./f.: talent
5	✦ **tam** *(Adv.)*	so, in dem Grade	tam … quam *so … wie … / sowohl … als …* non tam … quam … *nicht so sehr … als vielmehr …*	
	✧ **tamquam** *(Adv.)*	(gleich) wie, gleichsam	Gloria virtutem tamquam umbra sequitur. *Der Ruhm folgt der Tüchtigkeit wie ein Schatten.*	
	tamquam sī *(Subjunktion)*	(gleich) wie wenn, gleich als ob		
	✦ **tamen**	doch, dennoch		
	✧ **tandem** *(Adv.)*	endlich	tandem aliquando *endlich einmal*	
	in Fragesätzen:	denn eigentlich	quo usque tandem …? *wie lange eigentlich noch …?*	
	✦ **tantus**	so groß, so bedeutend	Quem tanta res non permovit? *Wen hat / hätte eine so wichtige Angelegenheit nicht beeindruckt?*	f.: tant
	✧ **tantum** *(Adv.; meist nachgestellt)*	nur, bloß	Nunc id tantum dicam. *Ich will jetzt nur so viel sagen.*	

	(tam)			
	✦ **tum** / **tunc** *(Adv.)*	da, dann, darauf; damals	tum hoc, tum illud facere *bald dies, bald jenes tun*	
	✦ **tālis / tāle**	derartig, so beschaffen, ein solcher	Talis sis, qualis videri cupis.* (Cicero, nach Sokrates) *Sei bitte so, wie du scheinen willst.*	f.: tel
	✧ **tot** *(indekl.)*	so viele	tot per annos *so viele Jahre hindurch*	
	totiēns *(Adv.)*	so oft, so viele Male		
6	✧ **tángere, tangō, tétigī, tāctum**	berühren	de caelo tangi *vom Blitz getroffen werden*	Tangente Tango Takt
	ín|teger / íntegra / íntegrum	unberührt, unversehrt; anständig	de integro *von neuem*	e.: entire f.: entier intègre intégral integer Integration
	✧ **con|tingere, contingō, cóntigī, contāctum**	berühren; erreichen; zuteil werden		e./f.: contact Kontakt
	con|tíngit	es gelingt, es glückt		
7	**tardus**	langsam, träge, bedächtig		f.: tard re-tardierend
8	**taurus** *(griech.)*	Stier		f.: taureau Torero
9	✦ **tégere, tegō, tēxī, tēctum**	decken, bedecken; schützen	muro tectus *durch die Mauer geschützt*	
	✧ **tēctum**	Dach; Haus	tecta relinquere *die Häuser verlassen*	f.: toit
	toga	Toga	*(römisches Obergewand)*	f.: toge
	dē|tegere	aufdecken, entdecken, enthüllen		e.: to detect Detektiv Detektor
	prō|tegere	schützen, beschützen		e.: to protect f.: protéger Protektion Protektorat

10	✧ **tellūs,** tellūris *f*	Erde		Tellurium
11	✦ **tēlum**	Wurfgeschoss; Waffe	tela conicere *Wurfspeere schleudern*	
12	**témere** *(Adv.)*	blindlings, planlos, ohne Überlegung		
	teméritās, temeritātis *f*	Unüberlegtheit, Verwegenheit		e.: temerity f.: témérité
	ténebrae, -ārum	Finsternis, Dunkelheit	Repente tenebrae factae sunt. *Plötzlich wurde es finster.*	f.: ténèbres
13	✧ con|**témnere,** contemnō, contempsī, contemptum	verachten, gering schätzen	Plebei contemni se putabant. *Die Plebejer fühlten sich zurückgesetzt.*	e.: contempt
14	✦ **templum**	heiliger Bezirk; Tempel	visere templa deorum *die Heiligtümer der Götter besichtigen*	e./f.: temple
	con|templārī	betrachten, beobachten		e.: to contemplate f.: contempler „Vita contemplativa"
15	✧ **temptāre**	betasten, versuchen; angreifen	morbo temptari *von einer Krankheit befallen werden*	e.: to tempt f.: tenter
16	✦ **tempus,** temporis *n*	Zeit, Zeitpunkt; Lage, Umstände	O tempora, o mores!* (CICERO) *O diese Zeiten, diese Sitten!* Alienum esse tempus arbitrantur. *Sie halten den Zeitpunkt für unpassend.* ex tempore dicere *aus dem Stegreif sprechen* pro tempore *den Umständen entsprechend* temporibus cogi *sich durch die Verhältnisse gezwungen sehen*	e.: tense f.: temps it.: tempo Tempo Ex-temporale
	✦ tempestās, tempestātis *f*	Sturm, Unwetter; Wetter; Zeit	tempestas ad navigandum idonea *eine zur Seefahrt günstige Witterung*	e.: tempest f.: tempête

(tempus)			
temperāre	mäßigen, schonen; ordnen; leiten	irae suae temperare *seinen Zorn mäßigen* temperare ab iniuria *sich des Unrechts enthalten* rem publicam bonis legibus temperare *den Staat durch gute Gesetze ordnen / leiten*	e.: to temper f.: tempérer Temperament Temperatur temperieren
temperantia	Mäßigung, maßvolle Haltung		
17 **téndere,** tendō, tetendī, tentum	spannen, strecken; zielen	manus ad caelum tendere *die Hände zum Himmel strecken* magna vi tendere *sich sehr anstrengen* Quo tendis?* (HORAZ) *Wohin willst du?*	f.: tendre Tendenz tendieren
at|tendere, attendō, attendī, attentum	beachten, aufmerken		e.: to attend f.: attendre
✦ con|tendere	sich anstrengen; eilen; kämpfen; behaupten	id contendere, ut ... *darauf hinarbeiten, dass ...* In Britanniam proficisci contendit. *Eilends brach er nach Britannien auf.* de principatu contendere *um die Vorherrschaft kämpfen* Stoici contendunt animum immortalem esse. *Die Stoiker behaupten, die Seele sei unsterblich.*	e.: to contend
con|tentiō, -ōnis *f*	Anstrengung; Streit		
in|tendere	anspannen; anstrengen; beabsichtigen	Quod animo intenderat, perficere potuit. *Was er beabsichtigt hatte / sein Ziel, konnte er erreichen*	e.: to intend Intendant Intention
intentus	gespannt; aufmerksam, eifrig beschäftigt (mit)	intentis oculis intueri *aufmerksam beobachten* intentus perficiendo operi *eifrig auf die Vollendung des Werkes bedacht*	
✦ os|tendere	zeigen, darlegen; in Aussicht stellen		e./f.: osten- tation
ostentāre	(prahlend) zeigen, zur Schau stellen, prahlen	prudentiam suam ostentare *seine Klugheit herausstellen*	ostentativ

(téndere)			
✦ **tenēre, teneō, tenuī** *(ohne PPP)*	halten, festhalten	Rem tene, verba sequentur!* (CATO) *Halte dich an das Thema (eigtl. die Sache), die Worte werden sich ergeben.* memoriā tenere *im Gedächtnis behalten* cursum tenere *die Richtung einhalten* modum tenere *Maß halten* locum tenere *einen Platz behaupten / die Stellung halten* Magna me spes tenet. *Große Hoffnung erfüllt mich.* iureiurando teneri *durch einen Eid gebunden sein*	f.: tenir Tenor
abs|tinēre, abstíneō, abstinuī *(ohne PPP)*	abhalten, sich enthalten	(ab) iniuriā abstinere *sich eines Unrechts enthalten*	e.: to abstain f.: abstenir Abstinenz
✧ **con|tinēre, contíneō, continuī** *(ohne PPP)*	zusammenhalten; behalten, festhalten	cupiditates continere *seine Begierden beherrschen* montibus contineri *von Bergen umschlossen sein*	e.: to contain f.: contenir Container
cón|tinēns (*sc.* terra), **continentis** *f*	Festland, Kontinent	Naves continentem petierunt. *Die Schiffe hielten Kurs auf das Festland.*	e./f.: continent kontinental
con|tinentia	Enthaltsamkeit, Selbstbeherrschung		
con|tentus	zufrieden	sorte sua contentum esse *mit seinem Los zufrieden sein*	e./f.: content
con|tinuus	beständig, ununterbrochen	compluribus diebus continuis *an mehreren aufeinander folgenden Tagen*	e.: continuous f.: continu kontinuierlich
Adv.: **continuō**	fortwährend, unmittelbar darauf		
con|tinuāre	fortsetzen	iter die ac nocte continuare *den Marsch Tag und Nacht fortsetzen*	e.: to continue f.: continuer
✧ **ob|tinēre, obtíneō, obtinuī, obtentum**	festhalten, innehaben, behaupten	totius Galliae principatum obtinere *die führende Stellung in ganz Gallien behaupten*	e.: to obtain f.: obtenir

	(téndere)			
	✧ per|tinēre, pertineō, pertinuī *(ohne PPP)*	betreffen, sich erstrecken; gehören (zu), sich beziehen (auf)	Id nihil ad rem pertinet. *Das hat nichts mit der Sache zu tun.*	e.: to pertain
	✧ re|tinēre, retineō, retinuī, retentum	zurückhalten, behalten	parta vix retinere *das Erworbene nur mit Mühe behaupten*	e.: to retain f.: retenir
	✧ sus|tinēre, sustineō, sustinuī *(ohne PPP)*	aushalten, ertragen	labores sustinere *Strapazen ertragen*	e.: to sustain f.: soutenir
	sus|tentāre	aushalten; unterstützen	Augustus rem publicam sustentavit et restituit. *Augustus erhielt den Staat und erneuerte ihn.*	
	prō|tinus *(Adv.)*	vorwärts; sofort		
	ténuis / tenue	dünn, zart; gering	victus tenuis *schmale Kost*	
18	**tener** / tenera / tenerum	zart, jung		e.: tender f.: tendre
19	**térere,** terō, trīvī, trītum	reiben, aufreiben; abnützen	tempus terere *seine Zeit vergeuden* via trita *ein viel begangener Weg*	
	dē|trīmentum	Verlust, Schaden (*eigtl.:* Abrieb)	Videant consules, ne quid detrimenti capiat res publica!* *Die Konsuln mögen darauf sehen, dass der Staat keinen Schaden erleide! (Notstandsformel)*	e.: detriment
20	**tergum**	Rücken	terga vertere *fliehen* a tergo *von hinten*	
21	✦ **terra**	Land, Erde	Ubi terrarum? *Wo in aller Welt?*	f.: terre Terrarium Terrasse Territorium
	terrēnus	irdisch; auf der Erde		

22	**terrēre,** terreō, terruī, territum	erschrecken *(trans.)*	rumoribus terreri *sich von Gerüchten erschrecken lassen*	
	terror, -ōris *m*	Schrecken		e.: terror f.: terreur Terror
	terribilis / terribile	schrecklich, Furcht erregend		e./f.: terrible
	per|terrēre	(gewaltig) erschrecken *(trans.)*, einschüchtern		
23	**téxere,** texō, texuī, textum	weben, flechten; verfertigen		e.: tissue f.: tissu Text Textilien
	sub|tīlis / < sub-texlis subtīle	fein; genau		e.: subtle f.: subtil subtil
24	**theātrum** *(griech.)*	Theater; Schauplatz		e.: theatre f.: théâtre
25	✦ **timēre,** timeō, timuī	fürchten, sich fürchten; besorgt sein (um)	Timeo, ne quid tibi accidat. *Ich fürchte, dass dir etwas zustößt.* Timeo, ut (= ne non) sustineas. *Ich fürchte, dass du nicht standhältst.* libertati timere *um die Freiheit besorgt sein / für die Freiheit fürchten*	
	✧ timidus	furchtsam, ängstlich		e.: timid f.: timide
	✦ timor, -ōris *m*	Furcht, Angst	timorem inicere *Furcht einjagen*	
26	**titulus**	Aufschrift; Ehrenname		e.: title f.: titre Titel
27	✦ **tóllere,** tollō, sús|tulī, sub|lātum	emporheben, aufheben; beseitigen	ancoras tollere *die Anker lichten* Ciceronem ad caelum tollere *Cicero über alles loben* reditionis spem tollere *die Hoffnung auf Rückkehr nehmen*	
	tolerāre	ertragen, aushalten, erdulden	Dum vires annique sinunt, tolerate labores!* (Ovid) *Ertragt Mühen, solange es eure Kräfte und die Jahre zulassen!*	e.: to tolerate f.: tolérer Toleranz

28	**torpēre,** torpeō, torpuī	erstarrt sein		Torpedo
29	**torquēre,** torqueō, torsī, tortum	drehen; foltern	sollicitudine torqueri *von Unruhe gequält werden*	e.: tart f.: tarte Torsion Torte Tortur
	tormentum	Wurfmaschine; Geschoss; Folter	tormenta fortunae *Schicksalsschläge*	
30	✦ **tōtus** *Gen.:* tōtíus *Dat.:* tōtī	ganz	per totum diem *den ganzen Tag lang* tota urbe *in der ganzen Stadt*	e./f.: total f.: tout total totalitär
31	✧ **tráhere,** trahō, trāxī, tractum	ziehen, schleppen	studio laudis trahi *vom Verlangen nach Ruhm getrieben werden* ab incepto trahi *sich von einem Vorhaben abbringen lassen* rapere et trahere *rauben und plündern*	f.: traîner Trakt Traktor
	abs|trahere	wegziehen, fortschleppen; trennen		e.: to abstract f.: abstraire abstrakt
	tractāre	behandeln, besprechen; umgehen (mit)	partem philosophiae tractare *ein Teilgebiet der Philosophie abhandeln*	e.: to treat f.: traiter traktieren trachten
32	**trāns** *(Präp. m. Akk.)*	über … hinüber, jenseits	trans Rhenum incolere *auf der anderen Seite des Rheins ansässig sein*	f.: très trans-portieren
33	**trémere,** tremō, tremuī	zittern		e.: to tremble f.: trembler Tremolo
34	**trepidāre**	sich ängstigen	Tota urbe trepidatur. *In der ganzen Stadt ängstigt man sich.*	
35	**trēs /** tria	drei	Tres faciunt ⟨collegium⟩.* (NERATIUS) *Drei (Leute) bilden ein Kollegium.*	e.: three f.: trois it.: tre Trio
	✧ testis, testis *m*	Zeuge		

	(trēs)			
	testimōnium	Zeugnis, Beweis		e.: testimony f.: témoin Test
	testārī	als Zeugen anrufen; bezeugen	deos hominesque testari *Götter und Menschen als Zeugen anrufen*	
	testāmentum	Testament, letzter Wille		e./f.: testament
	ob|testārī	bitten, beschwören	Per omnes deos te obtestor, ut … *Bei allen Göttern beschwöre ich dich, dass …*	
	tribus, -ūs *f*	Tribus, Stadtbezirk	*(Es gab ursprünglich 3, später 35 Tribus.)*	
	tribūnus	Tribun	*(Vorsteher einer Stammtribus)* tribunus plebis *Volkstribun* tribunus militum *Militärtribun*	
	tribúere, tríbuō, tribuī, tribūtum	zuteilen, zuweisen, zuschreiben	Hoc tibi ignaviae tribuitur. *Dies wird dir als Feigheit ausgelegt.*	f.: attribuer At-tribut
	tribūtum	Abgabe; Steuer	magnitudine tributorum premi *von großer Steuerlast bedrückt werden*	e.: tribute f.: tribut Tribut
	dis|tribuere	verteilen; einteilen	veteranis agros distribuere *den Veteranen Ackerland zuteilen*	e.: to distribute f.: distribuer Distributiv-gesetz
	tri|plex, triplicis	dreifach		e./f.: triple
36	**trīstis / trīste**	traurig, finster, verdrießlich		f.: triste trist
37	**triumphus** *(griech.)*	Triumph, Triumphzug	*(feierlicher Zug eines siegreichen Feldherrn zum Kapitol)* triumphum agere *einen Triumphzug halten*	f.: triomphe „Arc de Triomphe“ Trumpf
38	✦ **tū, tuī** *(Pers.-Pron.)*	du		f.: tu
	✦ **tuus** *(Poss.-Pron.)*	dein	Tuum est … *Es ist deine Pflicht …*	f.: ton

39	**tuba**	Tuba, Trompete	*(gerades, trichterförmiges Blasinstrument)* tubā signum dare *mit der Trompete das Signal geben*	Tube
40	✧ **tuērī,** tueor *(ohne Perf.)*	schützen; sorgen (für); betrachten	ad tuendam libertatem *zum Schutz der Freiheit*	
	✦ tūtus *Adv.:* tūtō	geschützt, sicher	ab hostibus tutus *vor (den) Feinden sicher*	e.: tutor f.: tuteur
	tūtēla	Schutz, Vormundschaft		
	in|tuērī	ansehen, betrachten	terram intueri *zu Boden blicken*	f.: intuition Intuition intuitiv
41	**tumor,** -ōris *m*	Geschwulst; (aufgeblasener) Stolz		e.: tumour f.: tumeur Tumor
	tumulus	Hügel, Grabmal		e./f.: tumulus
	✧ tumultus, -ūs *m*	Aufruhr, Unruhe	tumultum sedare *den Aufruhr beschwichtigen*	e.: tumult f.: tumulte
	con|tumēlia	Beleidigung, Kränkung, Schmach	iniuriis contumeliisque concitatus *durch die ungerechte und schmachvolle Behandlung aufgebracht*	
42	**túnica**	Tunika	*(römisches Unterkleid)* Tunica propior ⟨pallio⟩ est.* (PLAUTUS) *Das Hemd ist (mir) näher als der Rock.**	f.: tunique tünchen
43	✧ **turba**	Verwirrung, Menschengewühl; Menge	maximam turbam in oppido efficere *in der Stadt die größte Verwirrung anrichten* ex hominum turba discedere *sich aus dem Menschengewühl zurückziehen*	e./f.: trouble Trubel Turbine
	turbāre	verwirren, in Unordnung bringen	Noli turbare circulos meos!* (ARCHIMEDES) *Störe meine Kreise nicht!*	e.: to trouble f.: troubler
	✧ per|turbāre	(völlig) verwirren, beunruhigen, stören	religione et metu perturbari *durch abergläubische Angst völlig verwirrt werden*	e.: to perturb f.: perturber
	turbidus	aufgeregt, stürmisch	tam turbido tempore *in einer so bewegten Zeit*	

44	**turpis** / turpe	hässlich, schändlich, (sittlich) schlecht		
45	**turris,** turris *f*	Turm		e.: tower f.: tour
46	✧ **tyrannus** *(griech.)*	Tyrann, Gewaltherrscher, Herrscher	Ex nimia libertate tyrannus gignitur. *Aus übergroßer Freiheit erwächst Tyrannei (der Tyrann).*	Tyrannei tyrannisieren

1	**über,** **überis**	fruchtbar, reichlich		
2	✧ **ubī** *(Adv.)*	wo		f.: où
	(Subjunktion)	sobald	Ubi (primum) de eius adventu certiores facti sunt ... *Sobald sie von seiner Ankunft benachrichtigt waren ...*	
	ubī|que *(Adv.)*	überall	ubique terrarum *überall auf der Welt*	
	✧ **unde** *(Adv.)*	woher		
	✧ **úndi|que** *(Adv.)*	von überall her, von allen Seiten	undique montibus contineri *überall von Bergen eingeschlossen sein*	
	✧ **uter / utra / utrum** *(Interrog.-Pron.)*	welcher von beiden / zweien?	Uter consul? *Welcher Konsul?* Uter nostrum? *Wer von uns beiden?*	
	utrum *(Fragepartikel)*	ob		
	utrum ... an *(Fragepartikel bei Wahlfragen)*	(ob) ... oder	Utrum ea vestra an nostra culpa est? *Ist das eure oder unsere Schuld?* Multum interest, utrum hoc tua sponte an coactus feceris. *Es ist ein großer Unterschied, ob du dies freiwillig oder unter Zwang getan hast.*	
	né|uter / néutra / néutrum	keiner von beiden		e.: neuter f.: neutre Neutrum
	✦ **utér|que / utraque / utrumque**	jeder von beiden / zweien	ab utraque parte *von / auf beiden Seiten*	
	utrim|que *(Adv.)*	von / auf beiden Seiten		
	✦ **ut** / **utī** *(Adv.)*	wie	Ut ille tum demissus erat! *Wie niedergeschlagen er damals war!*	
	(Subjunktion)	1. wie	ut supra demonstravimus *wie oben gezeigt*	
		2. (so dass; damit	Qui fit, ut nemo sorte sua contentus sit? *Wie kommt es, dass niemand mit seinem Los zufrieden ist?*	
		3. sobald	ut (primum) haec audivit *sobald er das gehört hatte*	
		4. gesetzt den Fall, angenommen, mag auch	Ut desint vires, tamen est laudanda voluntas.* (Ovid) *Wenn auch die Kräfte nicht reichen, so ist doch der Wille zu loben.*	

	(ubī)			
	✧ sīc|ut	so wie, wie zum Beispiel		
	úti|nam *(Partikel beim Wunschsatz)*	dass doch, wenn doch; hoffentlich	Utinam ne praecepta nostra neglexisses! *Hättest du doch unsere Vorschriften nicht missachtet!*	
3	ex|**úere,** éxuō, exuī, exūtum	ausziehen, ablegen; berauben	omnem humanitatem exuere *alle Menschlichkeit ablegen* latrones praedā exuere *den Räubern die Beute abnehmen*	
	ind|uere	anziehen, anlegen	veste praeclara indutus *prächtig gekleidet*	
4	**ulcīscī,** ulcīscor, ultus sum	sich rächen (an/für), strafen	coniuratos pro scelere ulcisci *die Verschwörer für das Verbrechen bestrafen*	
5	✧ **umbra**	Schatten		e.: umbrage f.: ombre Umbra-farbe
6	**umerus**	Schulter		
7	**(h)ūmor,** -ōris *m*	Feuchtigkeit, Flüssigkeit		e.: humour f.: humeur Humor
8	✧ **unda**	Welle, Woge	undis et tempestatibus iactari *auf sturmbewegten Wellen herumgeworfen werden*	f.: onde
	ab|undāre	im Überfluss besitzen, reich sein (an)	pecuniā abundare *Geld im Überfluss haben*	e.: to abound f.: abondet Abundanz
9	✦ **ūnus** *Gen.:* ūníus *Dat.:* ūnī	ein, einzig	unus ex / de multis *ein ganz gewöhnlicher Mensch (d. h. einer von vielen)* uno tempore *gleichzeitig* in una virtute positum esse *allein auf der Tugend beruhen*	e.: one f.: un it.: uno
	✧ ūnā *(Adv.)*	zusammen, zugleich	unā cum comitibus venire *zusammen mit den Begleitern kommen*	
	✦ nōn	nicht	non nemo *mancher* nihil non *alles*	e.: no f.: non
	✦ ūllus *(in verneinten Sätzen)* *Gen.:* ūllíus *Dat.:* ūllī	irgendein	sine ulla spe *ohne jegliche Hoffnung*	

	(ūnus)			
	✦ **nūllus** *Gen.:* nūllīus *Dat.:* nūllī	kein	nullo resistente *ohne dass jemand Widerstand leistet*	f.: nul Null
	✧ **nōn|nūllī**	einige, manche		
	ūnicus	einzig, einzigartig	Socratem unice diligere *Sokrates außerordentlich schätzen*	f.: unique Unikum
	ūni|versus	sämtlich, gesamt, ganz		universal Universität
	ūni|versum	Weltall		f.: univers Universum
10	✦ **urbs,** urbis *f*	Stadt	ab urbe condita (*abgekürzt:* a. u. c.) *seit Gründung der Stadt (Rom)*	
	urbānus	städtisch; fein, gebildet	plebs urbana *das städtische Proletariat*	e.: urban f.: urbain Urbanisierung
11	**ūrere,** ūrō, ussī, ustum	brennen, verbrennen, versengen	vulnera urere *Wunden mit Feuer behandeln (eigtl.: Wunden ausbrennen)*	
12	**urgēre,** urgeō, ursī *(ohne PPP)*	drängen, bedrängen	interrogando urgere *durch Fragen in die Enge treiben*	e./f.: urgent
13	**urna**	Krug, Topf		e.: urn f.: urne Urne
14	**ūsque** *(Adv.)*	in einem fort; bis (zu/an)	usque ad vesperum *bis zum Abend*	f.: jusque
15	✦ **ūtī,** ūtor, ūsus sum	gebrauchen, benützen	lege uti *sich an das Gesetz halten* aliquo teste uti *jemand als Zeugen nehmen*	e.: to use f.: user
	✦ **ūsus,** -ūs *m*	Gebrauch, Umgang; Nutzen; Bedarf	usus atque exercitatio *praktische Erfahrung* si usus veniat *falls es erforderlich werden sollte*	e.: use f.: usance Usus
	ūtilis / ūtile	brauchbar, nützlich		f.: utile

	(ūtī)			
	ūtilitās, ūtilitātis *f*	Nutzen, Vorteil		e.: utility f.: utilité Utilitarismus
	ab|ūtī	missbrauchen	Quousque tandem abutēre, Catilina, patientiā nostrā?* (CICERO) *Wie lange willst du, Catilina, eigentlich noch unsere Geduld missbrauchen?*	Abusus
16	✧ **uxor, -ōris** *f*	Ehefrau, Gattin	uxorem ducere *heiraten*	

1	**vacāre**	leer sein, frei sein	vacare metu *frei von Angst sein*	f.: vacant vakant Vakanz
	✧ **vacuus**	leer, frei	opes vacuae consilio *Macht ohne Einsicht*	e.: vacuous Vakuum
	vānus	nichtig, eitel, leer	vanis gaudere *sich über Unwesentliches freuen* legatio vana *eine erfolglose Gesandtschaft*	e.: in vain f.: vain
2	**vādere,** vādō *(ohne Perf.)*	gehen, schreiten		f.: je vais „Vademecum“ waten
	ē|vādere, ēvādō, ēvāsī; ēvāsūrus	herausgehen; entrinnen, sich entwickeln	Somnium verum evasit. *Der Traum stellte sich als wahr heraus.*	e.: to evade f.: évader
	in|vādere	eindringen, angreifen; befallen	Repente omnes metus invasit. *Plötzlich befiel alle Furcht.*	e.: to invade Invasion
	vadum	Furt, Untiefe	flumen vado transire *den Fluss an einer seichten Stelle überqueren*	Watt
3	**vagārī**	umherschweifen; umherziehen; sich ausbreiten	latius vagari *die Streifzüge weiter ausdehnen*	f.: vague vage Vagabund Vagant
4	✦ **valēre,** valeō, valuī; valitūrus	gesund/stark sein; vermögen, Einfluss haben	Vale! *Leb wohl!* apud plebem multum valere *beim Volk großen Einfluss haben*	f.: valoir Valuta Valenz
	válidus	gesund, stark, wirksam		e.: valid f.: valide In-valide
	valdē *(Adv.)* < validē	sehr		
	valētūdō, valētūdinis *f*	Gesundheitszustand, Gesundheit, Krankheit	valetudini parcere *auf den Gesundheitszustand Rücksicht nehmen*	
	con|valēscere, convalēscō, convaluī	gesund werden, genesen, erstarken		f.: convalescent Konvaleszenz Re-konvaleszent

5	**vallis,** vallis *f*	Tal		e.: valley f.: val it.: valle
6	**vallum**	Wall	castra vallo fossāque munire *das Lager mit Wall und Graben befestigen*	e.: wall
	inter|vallum	Zwischenraum, Zwischenzeit	pari intervallo *in gleichem Abstand*	Intervall
7	✦ **varius**	bunt, verschieden, mannigfaltig	multa et varia ingenia *viele verschieden veranlagte Menschen*	e.: various f.: varier Variation
	varietās, varietātis *f*	Verschiedenheit, Vielfalt	Varietas delectat.* (Seneca) *Abwechslung erfreut.*	e.: variety f.: variété
8	**vās,** vāsis *n* *Plural:*	Gefäß, Geschirr		f.: vase Vase
	vāsa, -ōrum	Gepäck	vasa colligere *einpacken*	
9	**vāstus**	wüst, öde; unermesslich, weit	homo vastus *ein ungebildeter Mensch* mare vastum *das unermessliche Meer*	e.: waste vast f.: vaste
	vāstāre	verwüsten	caede atque incendiis vastare *mordend und brandschatzend verheeren*	
10	**vātēs,** vātis } *m* *f*	Seher, Prophet Seherin, Prophetin	Ita cecinerunt vates. *So verkündeten es die Seher.*	
11	✧ **-ve** *(enklit. Partikel)*	oder, oder auch	unus pluresve *einer oder mehrere* sive … sive … *sei es dass … oder dass …*	
12	**véhere,** vehō, vēxī, vectum	fahren *(trans.)*, ziehen	currum vehere *den Wagen ziehen*	Vehikel Vektor
	vehī, vehor, vectus sum	fahren *(intrans.)*, befördert werden	curru vehi *im Wagen fahren* equo vehi *(auf einem Pferd) reiten*	
	véhemēns, vehementis	heftig, leidenschaftlich, energisch		e.: vehement f.: véhément

(véhere)			
vectígal, vectīgālis *n*	Steuer, Abgabe	populo victo vectigalia imponere *einem besiegten Volk Steuern auferlegen*	
✧ **vexāre**	quälen, heimsuchen	conscientiā vexari *vom (schlechten) Gewissen gepeinigt werden*	e.: to vex f.: vexer Vexier-bild
ín|vehī	hineinfahren, angreifen	vehementer invehi in aliquem *leidenschaftlich auf jemand losgehen*	e.: to inveigh Invektive
13 ✦ **velle, volō, voluī**	wollen	Faciam, quod vultis. *Ich werde eure Wünsche erfüllen.* Quid tibi vis? *Was fällt dir ein?*	f.: vouloir
✦ **vel** *vor Superl.:*	oder; sogar	vel optimus *sogar / selbst der Beste*	
vel ... vel ...	entweder ... oder ...		
✧ **vel|ut, vel|utī**	(gleich)wie, wie zum Beispiel		
✧ **voluntās, voluntātis** *f*	Wille, Absicht	sua voluntate facere *aus freiem Willen tun*	f.: volonté
voluntārius	freiwillig	mors voluntaria *Selbstmord*	e.: voluntary f.: volontaire Volontär
✧ **voluptās, voluptātis** *f*	Vergnügen, Lust	incredibilem quandam voluptatem afferre *ein geradezu unglaubliches Vergnügen bereiten*	f.: volupté
bene|volentia	Wohlwollen, Gunst		e.: benevolence „captatio benevolentiae"
✧ **in|vītus**	ungern, widerwillig	Id non invitus feci. *Ich habe dies sehr gern (eigtl.: nicht ungern) getan.*	
in|vītāre	einladen		e.: to invite f.: inviter
quam|vīs *(Adv.)*	(auch) noch so, beliebig	divitiae quamvis magnae *auch noch so großer Reichtum*	
(Subjunktion)	wie / so sehr auch	quamvis prudens sis ... *du magst noch so klug sein ...*	
✧ **mālle, mālō, māluī**	lieber wollen, vorziehen	Cato esse quam videri bonus malebat. *Cato wollte lieber gut sein als scheinen.*	
✧ **nōlle, nōlō, nōluī**	nicht wollen	Nollem dixissem! *Ich wollte, ich hätte es nicht gesagt!* Nolite existimare! *Glaubt nicht!*	„nolens volens"

14	**véllere,** vellō, vellī, vulsum	reißen, zupfen, rupfen	alicui aurem vellere *jemand am Ohr zupfen*	kon-vulsiv
15	**vēlōx,** vēlōcis	schnell, rasch, behend		f.: véloce Velozi-ped
16	**vēlum**	Segel; Vorhang	vela ventis dare *absegeln*	e.: veil f.: voile
	vēlāre	verhüllen, verschleiern		e.: to veil f.: voiler
17	**vēna**	Ader		e.: vein f.: veine Vene
18	**vēnārī**	jagen	venatum ire *auf die Jagd gehen*	e.: venison
19	**vén|dere,** vendō, vendidī, venditum	verkaufen	rem parvo (pretio) vendere *einen Gegenstand billig verkaufen*	f.: vendre
	vēn|īre, vēneō, vēniī	verkauft werden (*eigtl.*: zum Verkauf gehen)	sub corona venire *als Sklave verkauft werden*	
20	**venerārī**	verehren, anbeten		e.: to venerate f.: vénérer Venus
	venēnum	Gift, Gifttrank		e.: venom f.: venin
	venia	Nachsicht, Verzeihung	veniam dare *verzeihen* Sit venia dicto / verbo!* (nach PLINIUS d. J.) *Mit Verlaub (zu sagen)!*	„Venia legendi"
21	✦ **venīre,** veniō, vēnī, ventum	kommen	summam in spem venire *sich die größte Hoffnung machen* Veni, vidi, vici.* (CAESAR) *Ich kam, sah und siegte.*	f.: venir
	ad|venīre	ankommen, herankommen		
	✧ ad|ventus, -ūs *m*	Ankunft, Anmarsch		e.: adventure f.: aventure Advent Abenteuer

	(venīre)			
	✧ circum|venīre	umringen, umzingeln	omnibus necessitudinibus circumventus *von allen (erdenklichen) Nöten bedrängt*	
	✦ con|venīre	zusammenkommen; zusammenpassen; sich einigen	amicum convenire *den Freund besuchen* Pax convēnit. *Man einigte sich über den Frieden / Der Friede kam zustande.* Hoc in eum non cónvenit. *Das passt nicht zu ihm.*	f.: convenir Konvention konventionell
	cónvenit	es ziemt sich, es schickt sich		
	con|véntus, -ūs *m*	Zusammenkunft, Versammlung		e.: convent Konvent
	contiō, < co-ventiō -ōnis *f*	Versammlung, Volksversammlung; Rede *(ans Volk oder Heer)*	in contionem prodire *vor der Volksversammlung auftreten*	
	✧ é|venit, ēvēnit	es ereignet sich; es stößt zu	Haec possunt evenire … *Es kann folgendes passieren …*	e.: to event
	ē|véntus, -ūs *m*	Ausgang, Erfolg	malos eventus habere *ein schlimmes Ende nehmen*	f.: événement eventuell
	✧ in|venīre	finden, erfinden	Apud plerosque auctores invenimus … *Bei sehr vielen Schriftstellern finden / lesen wir …*	e.: to invent Inventar Invention Inventur
	inter|venīre	dazwischenkommen; unterbrechen	Bellum coeptis intervenit. *Der Krieg unterbrach die begonnenen Maßnahmen.*	f.: intervenir Intervention
	✦ per|venīre	(ans Ziel) gelangen, hinkommen		f.: parvenir Parvenu
	sub|venīre	zu Hilfe kommen, abhelfen		f.: subvenir Subvention
22	**venter,** ventris *m*	Bauch; Magen	ventri oboedire *der Fresslust verfallen* Plenus venter non studet libenter.* *Ein voller Bauch studiert nicht gern.**	f.: ventre
23	✧ **ventus**	Wind		f.: vent Ventil
24	**vēr,** vēris *n*	Frühling	primo vere *bei Frühlingsbeginn*	it.: primavèra

25	**vérbera,** verberum *n*	Schläge	contumeliarum verbera subire *schmähende Zurechtweisung über sich ergehen lassen*	
26	✦ **verbum**	Wort	verba facere *eine Rede halten* ad verbum *aufs Wort* Multi verbo sunt liberi. *Viele sind nur dem Namen nach / angeblich / scheinbar frei.*	f.: verbe Verbum
27	**verērī,** vereor, véritus sum	sich scheuen, fürchten; verehren	Vereor te laudare praesentem. *Ich scheue mich dich in deiner Gegenwart zu loben.* Verebatur, ne eius animum offenderet. *Er fürchtete ihn zu kränken.* Auctoritatem huius viri veremur. *Wir haben Ehrfurcht vor dem Ansehen dieses Mannes.*	e.: to revere f.: révérer Re-verenz
	verē|cundia	Scheu, Ehrfurcht; Schamgefühl		
28	**vérgere,** vergō *(ohne Perf.)*	sich neigen, sich erstrecken	loca ad meridiem vergentia *Gebiete, die nach Süden zu liegen*	f.: diverger di-vergieren
29	✧ **vértere,** vertō, vertī, versum	wenden, drehen	terga vertere *sich zur Flucht wenden* aliquid crimini vertere *etwas zum Vorwurf machen*	werden
	versus, -ūs *m*	Zeile, Vers	versus facere / componere *dichten*	e.: verse f.: vers
	vertex, vérticis *m*	Wirbel, Scheitel		e./f.: vertical vertikal
	prō|rsus < pro-vorsus *(Adv.)*	geradewegs, völlig, durchaus (*eigtl.*: vorwärts gewandt)	Ita prorsus existimo. *Ich bin durchaus dieser Meinung.*	Prosa
	✧ rū|rsus < re-vorsus *(Adv.)*	wieder (*eigtl.*: rückwärts gewandt)		
	✧ ā|vertere	abwenden	ab incepto avertere *von einem Vorhaben abbringen*	e.: to avert Aversion
	✧ ad|versus	vornstehend; entgegengesetzt; widrig (*eigtl.*: zugekehrt)	vulnera adversa *Wunden auf der Brust* adverso flumine *flussaufwärts* in rebus adversis *im Unglück*	f.: adverse

(vértere)			
ad|versus **ad|versum** *(Präp. m. Akk.)*	gegen, gegenüber	adversus rem publicam facere *gegen das Staatsinteresse handeln*	
✧ **animad|vertere** < **animum advertere**	aufmerken, wahrnehmen, beachten; vorgehen (gegen)	scelus animadvertere *ein Verbrechen ahnden* in fures animadvertere *gegen Diebe strafend einschreiten*	f.: aventir
✧ **con|vertere**	umwenden, umändern	omnium oculos ad se convertere *die Blicke aller auf sich lenken* iter convertere *kehrtmachen* in contraria converti *ins Gegenteil umschlagen*	e.: to convert f.: convertir konvertieren Konvertit Konverter
contrō|versia	Meinungsverschiedenheit, Streit		e.: controversy f.: controverse kontrovers
✧ **dī|versus**	entgegengesetzt, verschieden	diversis itineribus proficisci *auf verschiedenen Wegen reisen*	e.: diverse f.: divers divers
ē|vertere	umstürzen, zerstören		
re|vertī, **revertor,** **revertī** *(Semi-Deponens)*	zurückkehren		f.: revers Revers
reversus *(Part. Perf.)*	einer, der zurückgekehrt ist		
versāre	hin und her wenden; erwägen	domum versare *das Haus auf den Kopf stellen*	f.: verser versiert
✧ **versārī**	sich aufhalten; sich beschäftigen (mit)	in periculis versari *in Gefahr schweben* in re publica versari *politisch tätig sein*	
30 ✦ **vērus**	wahr, echt	aliquid falsum pro vero credere *etwas Falsches für wahr halten* vera vocabula rerum *treffende Bezeichnungen für die Gegenstände* re vera *in Wirklichkeit*	e.: very f.: vrai it.: vero veri-fizieren
✦ **vērō** *(Adv.)*	in Wahrheit, wirklich; freilich; aber, jedoch	Ego vero cupio te ad me venire. *Ich möchte wirklich, dass du zu mir kommst.* Illud vero plane non est ferendum. *Dies ist aber völlig unerträglich.* minime vero *nein / keineswegs*	
✧ **vērum** *(Adv.)*	aber; sondern	non solum … verum etiam … *nicht nur … sondern auch …*	

31	**vesper, vesperī** *m*	Abendstern, Abend	primo vespere *früh am Abend* vespere / vesperi *abends*	f.: vêpres Vesper
32	**vestīgium**	Fußstapfe, Spur; Standort	eodem vestigio manere *an derselben Stelle bleiben*	e./f.: vestige
	in|vestīgāre	aufspüren, erkunden		e.: to investigate FBI (= *Federal Bureau of Investigation)*
33	✧ **vestis, vestis** *f*	Kleid, Gewand	hominem ex veste aestimare *einen Menschen nach seiner Kleidung beurteilen*	e.: vest f.: veste Weste
	vestīre	bekleiden		f.: vêtir in-vestieren In-vestitur
34	**vetāre, vetō, vetuī, vétitum**	verbieten	Senatores vetiti erant ingredi Aegyptum. *Den Senatoren war es untersagt, Ägypten zu betreten.*	Veto
35	✦ **vetus, veteris** *Komparativ:* vetustior / vetustius *Superlativ:* veterrimus	alt, ehemalig	veteris contumeliae oblivisci *die alte Schmach vergessen*	f.: vieux
	vetustus	alt, altertümlich	vetustae arbores *alter Baumbestand*	
	veterānus *Subst.:*	altgedient, bewährt Veteran	cohortes veteranas in fronte locare *die erprobten Kohorten in vorderster Front aufstellen*	
36	✧ **via**	Weg, Straße	de via declinare *vom Weg abweichen* rectam vitae viam sequi *dem gehörigen Lebensweg folgen* hāc viā *auf folgende Art und Weise*	f. : voie it.: via
	ób|vius	begegnend	obvios percontari *die Entgegenkommenden ausfragen* se gravissimis tempestatibus obvium ferre *sich den schwersten Stürmen entgegenwerfen*	e.: obvious
	ób|viam *(Adv.)*	entgegen	obviam ire *entgegengehen / begegnen*	

37	**vicis** *f* *(Gen.! Nom. nicht gebräuchl.)* *Akk.:* vicem *Abl.:* vice	Wechsel; Stelle	vice versā *umgekehrt / wechselweise*	e./f.: vice- Vize- Vikar
	ín|vicem *(Adv.)*	abwechselnd, wechselweise	invicem diligere *einander hoch schätzen*	
38	**víctima**	Opfertier, Opfer		e.: victim f.: victime
39	**vīcus**	Dorf, Gehöft; Stadtviertel		Weich-bild
	vīcīnus *Subst.:*	benachbart Nachbar		f.: voisin
	vīlla	Landhaus, Landgut		e.: village f.: ville Villa Weiler
40	✦ **vidēre,** videō, vīdī, vīsum	sehen; darauf achten	Utinam illum diem videam! *Hoffentlich erlebe ich jenen Tag noch!* Videndum est, ne … *Man muss darauf achten, dass nicht …*	e.: (to) view f.: voir re-vidieren Video-recorder wissen
	✦ vidērī, videor, vīsus sum	scheinen, erscheinen (als); gelten (als)	mihi videor … *ich glaube / ich schmeichle mir …*	
	vidētur, vīsum est	es (er)scheint richtig	Senatui visum est legatos mittere. *Der Senat beschloss, Gesandte zu schicken.*	Vision audio-visuell
	in|vidēre	beneiden	invidere bonis *die Tüchtigen beneiden*	e.: to envy f.: envier
	in|vīsus	verhasst	omnibus invisum esse *bei allen verhasst sein*	
	✦ in|vidia	Neid, Missgunst	Invidia gloriae comes.* (Nepos) *Der Neid ist der Begleiter des Ruhms.*	e.: envy f.: envie
	prō|vidēre	vorhersehen, sorgen (für)	res futuras providere *die Zukunft voraussehen* rebus futuris providere *für die Zukunft sorgen* frumentum in hiemem providere *Getreide für den Winter besorgen*	e.: to provide f.: prévoir Provision provisorisch
	prūdēns, < prō-vidēns prūdentis	klug, umsichtig		e./f.: prudent

	(vidēre)			
	prūdentia	Klugheit, Kenntnis	intellegendi prudentia *Intelligenz*	f.: prudence Juris-prudenz
	im|prō|vīsus	unvorhergesehen, unvermutet	de improviso *unversehens / unvermutet*	improvisieren
	vīsere, vīsō, vīsī *(ohne PPP)*	besichtigen, besuchen	visendi causā venire *zur Besichtigung kommen*	e.: to visit f.: visiter Visite visitieren
41	✧ dī|**vídere,** dīvidō, dīvīsī, dīvīsum	trennen, teilen	populum in duas partes dividere *das Volk in zwei Parteien spalten* agros civibus dividere *Ackerland an die Bürger verteilen* Divide et impera!* (Grundsatz der römischen Politik) *Teile und herrsche!*	e.: to divide f.: diviser Dividende dividieren In-dividuum Witwe
42	**vigēre,** vigeō, viguī	kräftig sein, frisch sein	Eo tempore Pythagorae nomen vigebat. *Zu dieser Zeit stand der Name (des) Pythagoras in Ansehen.*	e.: vigour f.: vigueur
	✧ vigilia	Wache, Nachtwache; Wachtposten	tertiā fere vigiliā *etwa um die dritte Nachtwache (zwischen 0 und 3 Uhr nachts)*	f.: veille Vigil
	vigilāre	wachen, wach bleiben	ad multam noctem vigilare *bis tief in die Nacht hinein wach bleiben*	f.: veiller
43	**vīlis /** vīle	billig, wertlos	pericula vilia habere *Gefahren gering schätzen*	f.: vil
44	✦ **víncere,** vincō, vīcī, victum	siegen, besiegen, übertreffen	exspectationem omnium vincere *alle Erwartungen übertreffen*	e.: to vanquish f.: vaincre Vinzenz
	✧ victor, -ōris *m* *Adj.:*	Sieger siegreich		e.: victor Viktor
	✧ victōria	Sieg		e.: victory f.: victoire
	con|vincere	*(einer Tat)* überführen, widerlegen	coniuratos sceleris convincere *die Verschwörer des Verbrechens überführen*	e.: to convince f.: convaincre

45	**vincīre,** vinciō, vinxī, vinctum	binden, fesseln	manus post tergum vincire *die Hände auf den Rücken fesseln*	
	✧ **vinculum**	Band, Fessel	Lex est civilis societatis vinculum. *Das Gesetz ist das Band der bürgerlichen Gesellschaft.*	
	Pl.:	Gefängnis	in vincula conici *ins Gefängnis geworfen werden*	
46	✧ **vindicāre**	beanspruchen; befreien; bestrafen	eam laudem pro sua vindicare *diesen Ruhm für sich selbst beanspruchen* crudelitatem vindicare *die Grausamkeit bestrafen* graviter vindicare in aliquem *grausam gegen jemand vorgehen*	e.: to vindicate f.: venger
47	**vīnum**	Wein	In vino veritas!* (nach Plinius d. Ä.) *Im Wein ist Wahrheit!*	f. : vin it.: vino
48	✦ **vir,** virī *m*	Mann	Uxores eodem iure sunt quo viri. *Die Ehefrauen haben die gleiche Rechtsstellung wie die Männer.*	
	Pl.:	Leute		
	virīlis / virīle	männlich; dem Mann eigen	ingenium virile *eine männliche Wesensart* togam virilem sumere *die Männertoga anlegen (die ab dem 15./16. Lebensjahr getragen werden durfte)* pro virili parte *nach Kräften (eigtl.: wie es dem Anteil eines Mannes entspricht)*	e.: virile f.: viril
	✦ **virtūs,** virtūtis *f*	Tüchtigkeit, Tapferkeit; Vorzug, Tugend	Virtus in usu sui tota posita est.* *Die Tugend besteht ganz in ihrer praktischen Betätigung.* virtutes animi *geistige Vorzüge*	e.: virtue f.: vertu Virtuosität
49	**virgō,** virginis *f*	Mädchen, Jungfrau	virgines Vestales *die Vestalinnen (die das heilige Feuer der Vesta hüteten)*	e.: virgin f.: vierge Virginia
50	/ **víridis / viride**	grün		e.: virid f.: vert

51	✦ **vīs,** *(Gen., Dat. Sg. nicht gebräuchl.)* vim, vī *f*	Gewalt, Kraft; Menge; Wesen	vim adhibere *Gewalt anwenden* magna vis auri *eine große Menge Gold* Nostra omnis vis in animo et corpore sita est. *Unser ganzes Wesen beruht auf dem Zusammenwirken von Geist und Körper.*	
	✧ vīrēs, vīrium *f*	Kräfte; Streitkräfte	pro viribus *nach Kräften*	
	violāre	misshandeln, verletzten	foedera violare *Bündnisse brechen*	e.: to violate f.: violer
52	**víscera,** vīscerum *n*	Eingeweide; das Innere	in visceribus haerere *im Innersten haften*	
53	✧ **vītāre**	meiden, vermeiden, aus dem Weg gehen		f.: éviter
54	✧ **vitium**	Fehler, Laster	vitio dare *als Fehler anrechnen*	e./f.: vice
55	✧ **vívere,** vīvō, vīxī; vīctūrus	leben	lacte et carne vivere *von Milch und Fleisch leben*	f.: vivre
	vıctus, -ūs *m*	Lebensunterhalt, Lebensweise		Viktualien-markt
	✦ vīta	Leben	Vita brevis, ars longa.* (Seneca) *Das Leben ist kurz, die Kunst ist lang.*	f. : vie it.: vita vital
	vīvus	lebend; zu Lebzeiten	Catone vivo *zu Lebzeiten Catos*	f.: vif
	con|vīva *m*	Tischgenosse, Gast		
	con|vīvium	Gastmahl, Gelage		
56	✧ **vix** *(Adv.)*	kaum, mit Mühe		
57	**volāre**	fliegen; eilen	Horae volant. *Die Stunden vergehen (wie) im Flug.*	f.: voler
58	✧ **vólvere,** volvō, volvī, volūtum	wälzen, rollen; erwägen	volventibus annis* *im Lauf der Jahre* multa secum volvere *vielerlei bei sich erwägen*	e.: to wallow f.: vouter E-volution Re-volution Re-volver
	volūmen, volūminis *n*	Schriftrolle		e./f.: volume Volumen

59	✧ **vōs,** vestrī / vestrum *(Pers.-Pron.)*	ihr	memoria vestri *die Erinnerung an euch* Quis vestrum? *Wer von euch?*	f.: vous
	✧ vester / vestra / vestrum *(Poss.-Pron.)*	euer	Vestrum est … *Es ist eure Aufgabe …*	f.: votre
60	**vovēre,** voveō, vōvī, vōtum	geloben		e.: vow Votiv-bild De-votionalien
	✧ vōtum	Gelübde, Wunsch	Hoc erat in votis.* (HORAZ) *Das war mein Herzenswunsch.*	e.: (to) vote f.: vœu Votum
61	✦ **vōx,** vōcis *f*	Stimme, Laut; Wort	una voce *einstimmig*	e.: voice f.: voix it.: voce
	✦ vocāre	rufen, nennen; bezeichnen	in ius vocare *vor Gericht laden / anklagen* in crimen vocare *beschuldigen* ista bona, quae vocantur *diese sogenannten Güter*	Vokal Vokativ
	vocābulum	Benennung, Name	Ea res proprium vocabulum non habet. *Dafür gibt es keine eigene Bezeichnung.*	f.: vocable Vokabel
	ad|vocāre	herbeirufen		e.: advocate f.: avocat Advokat
	con|vocāre	zusammenrufen, versammeln	senatum (con)vocare *den Senat einberufen*	
	ē|vocāre	herausrufen; vorladen	in laetitiam evocare *(zum Frohsinn) aufmuntern*	f.: évoquer
	prō|vocāre	(zum Kampf) herausfordern; Berufung einlegen	iniuriis provocari *durch Ungerechtigkeiten herausgefordert werden* ad populum provocare *beim Volk Berufung einlegen*	e.: to provoke f.: provoquer Provokation provozieren
	con|vīcium	Scheltwort, Gezänk		
62	✧ **vulgus,** vulgī *n*	Volk, (breite) Masse; Pöbel	in vulgus efferre *beim Volk bekannt machen*	vulgär
	vulgō *(Adv.)*	allgemein, massenhaft		

63	✦ **vulnus,** vulneris *n*	Wunde	vulnera accipere *verwundet werden*	
	vulneräre	verwunden, verletzen, kränken		e.: vulnerable f.: vulnérable
64	✧ **vultus,** -ūs *m*	Gesichtsausdruck, Miene	Nihilne te horum ora vultusque moverunt? *Haben auf dich die Gesichter und Mienen dieser Leute keinen Eindruck gemacht?*	

ZUSATZWORTLISTE

für den Lektüreunterricht in der gymnasialen Oberstufe

I. Römischer Alltag

abhorrēre, abhorreō, abhorruī ↗H 15: horrēre	zurückschaudern, abgeneigt sein; abweichen	a consuetudine abhorrere *von der Gewohnheit abweichen*
abicere, abiciō, abiēcī, abiectum ↗I 1: iacere	wegwerfen, preisgeben	
acuere, acuō, acuī, acūtum ↗A 2: acūtus	schärfen; anspornen	linguam acuere *das Sprachgefühl schärfen*
adscīscere, adscīscō, adscīvī, adscītum ↗S 20: cōnscīscere	beiziehen, zulassen; sich aneignen	in numerum civium adsciscere *unter die Zahl der Bürger aufnehmen*
adversārius ↗V 29: adversus	gegnerisch, feindlich	
Subst.:	der Feind	
aerarium ↗A 10: aes	Staatskasse	
alternus ↗A 21: alter	abwechselnd	alternus versus *Distichon (Hexameter und Pentameter)*
antīquitus *(Adv.)* ↗A 32: antīquus	seit langer Zeit, seit langem	
applicāre	anfügen, verbinden	animum applicare ad philosophiam *sich auf die Philosophie verlegen*
āridus	trocken; dürftig; gehaltlos	aridus victus *eine dürftige Kost*
assuēscere, assuēscō, assuēvī, assuētum ↗S 92: cōnsuēscere	sich gewöhnen	
attinēre, attineō, attinuī ↗T 17: tenēre	festhalten; betreffen	quod ad me attinet *was mich betrifft*
attingere, attingō, attigī, attāctum ↗T 6: tangere	berühren, treffen	attingere rem publicam *sich mit dem Staat befassen*
avītus ↗A 68: avus	großväterlich; ererbt; uralt	avitum malum *Erbübel*

balneum	Bad, Badezimmer	
bīnī/bīnae/bīna ↗D 27: bis	je zwei; zwei	binae litterae *zwei Briefe*
cadūcus ↗C 1: cadere	hinfällig, vergänglich	
cālīgō, cālīginis *f*	Dunkel, Finsternis; Dunst	quasi per caliginem videre *wie durch einen Nebel sehen*
cantus, -ūs *m* ↗C 10: canere	Gesang, Klang; Zauberspruch	
castīgāre	zurechtweisen, tadeln; züchtigen	
cerebrum	Hirn, Gehirn	
cis/citrā *(Präp. m. Akk.)*	diesseits	citra Alpes *diesseits der Alpen (von Rom aus gesehen)*
clāvus	Streifen, Purpursaum der Tunika	latum clavum induere *das Senatorengewand anlegen*
compos, cómpotis ↗P 57: potior	*(einer Sache)* teilhaftig/mächtig	mentis suae compos *bei Verstand/bei Sinnen*
concupīscere, concupīscō, concupīvī ↗C 77: cupere	begehren, verlangen	caritatem civium concupiscere *die Liebe der Mitbürger gewinnen wollen*
cūriōsus ↗C 78: cūra	besorgt, neugierig	
currus, -ūs *m* ↗C 80: currere	Wagen, Rennwagen, Triumphwagen	
curūlis/curūle ↗C 80: currere	zum Wagen gehörig; kurulisch	magistratus curulis *ein kurulisches Amt (Sammelbezeichnung für die Ämter des Ädils/Prätors/Konsuls)*
dēnūntiāre ↗N 29: nūntius	ankündigen, androhen	
dēprāvāre ↗P 59: prāvus	entstellen, verderben, verführen	
dēprecārī ↗P 60: precēs	inständig anflehen; erbitten; durch Bitten abzuwenden versuchen	poenam deprecari *um Strafverschonung bitten*
dēterior/dēterius *Sup.:* dēterrimus	geringer an Wert, schlechter	
dēvincere, dēvincō, dēvīcī, dēvictum ↗V 44: vincere	vollständig besiegen	

diffīdere, diffīdō, diffīsus sum ↗F 25: cōnfīdere	misstrauen, keinen Glauben schenken	sibi diffidere *an sich zweifeln*
dīs, dītis *Komp.:* dītior/dītius *Sup.:* dītissimus ↗D 16: dīves	reich	
disertus ↗S 32: disserere	redegewandt; beredt	
diurnus ↗D 13: diēs	zum Tag gehörig, einen Tag dauernd	acta diurna *Tagesbericht*
effēmināre ↗F 14: fēmina	verweichlichen, verzärteln	effeminatus *Weichling*
effigiēs, effigiēī *f* ↗F 28: fingere	Bild, Abbild; Ideal	effigies iusti imperii *das Ideal einer gerechten Herrschaft*
ēlabōrāre ↗L 2: labōrāre	ausarbeiten; sich anstrengen	(in) litteris elaborare *sich eifrig um die Wissenschaften bemühen*
ēmolumentum	Nutzen, Vorteil	emolumento esse *Nutzen bringen*
ēsurīre ↗E 2: edere	hungern	
excidium ↗C 1: cadere	Zerstörung, Vernichtung	excidium Carthaginis *der Untergang Karthagos*
exōrdium ↗O 16: ōrdīrī	Anfang, Beginn	exordium orationis *die Einleitung einer Rede*
exstāre, exstō, exstitī ↗S 76: stāre	herausragen, sich deutlich zeigen; noch vorhanden sein	
extemplō *(Adv.)* ↗T 14: templum	sofort, augenblicklich	
exter(us)/extera/exterum ↗E 13: extrā	auswärtig, ausländisch	nationes exterae *die auswärtigen Völker (Völker außerhalb Italiens)*
extollere ↗T 27: tollere	emporheben, erhöhen; ermutigen	laudibus extollere *rühmen*
fāstīgium	Giebel, Spitze; Höhe, Würde	operi fastigium imponere *ein Werk krönen*
flāgitāre	dringend fordern, dringend verlangen	

forēnsis/forēnse ↗F 49: forum	öffentlich; gerichtlich	causa forensis *ein öffentlicher Prozess*
fovēre, foveō, fōvī, fōtum	wärmen; begünstigen, unterstützen	
frētus *(m. Abl.)*	gestützt *(auf)*, im Vertrauen *(auf)*	opibus fretus *im Vertrauen auf die Macht/ den Reichtum*
funditus *(Adv.)* ↗F 63: fundus	von Grund auf, völlig	funditus perire *völlig zugrunde gehen*
gestīre ↗G 8: gerere	übermütig sein; heftig verlangen	laetitiā gestire *vor Freude ausgelassen sein*
gubernāculum ↗G 21: gubernāre	Steuerruder; Leitung	rei publicae gubernacula tenere *den Staat lenken*
gustāre	kosten, einen Bissen nehmen; kennen lernen	
harúspex, haruspicis *m* *(etrusk.)*	Opferschauer, Eingeweideschauer	
hebes, hébetis	stumpf, matt; unempfindlich	homo hebes *ein stumpfsinniger Mensch*
histriō, -ōnis *m* *(etrusk.)*	Schauspieler, Clown	
hospitium ↗H 18: hospes	Gastfreundschaft; Herberge	hospitio accipere *gastfreundschaftlich aufnehmen*
iānua	Haustür, Eingang	
illicere, illiciō, illexī, illectum ↗L 5: dēliciae	verlocken, verleiten	
imbellis/imbelle ↗B 5: bellum	unkriegerisch; friedlich	exercitus imbellis *ein zum Krieg untaugliches Heer*
imbuere, imbuō, imbuī, imbūtum	befeuchten, benetzen; vertraut machen	se studiis imbuere *sich mit den Wissenschaften vertraut machen*
inclīnāre ↗C 51: dēclīnāre	sich neigen; hinwenden; zum Wanken bringen	inclinare ad pacem faciendam *für einen Friedensschluss Neigung zeigen*
inclūdere, inclūdō, inclūsī, inclūsum ↗C 50: claudere	einschließen, einsperren; verschließen	
increpāre, increpō, increpuī ↗C 64: crepāre	schelten; ertönen lassen	verbis increpare *mit Worten schelten*

ineptiae, -ārum ↗A 35: ineptus	Possen, Albernheiten	
inermis/inerme ↗A 49: arma	unbewaffnet, wehrlos	
inops, inopis ↗O 13: inopia	machtlos, hilflos; arm	inops consilii *ratlos*
īnsistere, īnsistō, īnstitī ↗S 75: sistere	sich hinstellen; Halt machen; verfolgen	viam insistere *einen Weg einschlagen* hostibus insistere *den Feinden nachsetzen*
intericere, intericiō, interiēcī, interiectum ↗I 1: iacere	dazwischenwerfen, einfügen	spatio mediocri interiecto *in geringer Entfernung*
intrepidus ↗T 34: trepidāre	unerschrocken, furchtlos	Sine philosophia nemo intrepide potest vivere.* (SENECA) *Ohne Philosophie kann niemand angstfrei leben.*
labrum	Lippe	primis labris attingere *nur oberflächlich kennen lernen*
laqueus	Strick, Schlinge; Falle	laquei Stoicorum *die Trugschlüsse der Stoiker*
lascīvia	Ausgelassenheit, Zügellosigkeit	
laxāre	lockern, erleichtern; nachlassen	Vis morbi laxatur. *Die Heftigkeit der Krankheit lässt nach.*
lūbricus	schlüpfrig, unsicher, gefährlich	in lubrico versari *sich auf unsicherem Boden bewegen*
malīgnus ↗M 5: malus	böswillig, missgünstig; kärglich	maligna lux *kärgliches Licht*
medērī, medeor *(m. Dat.)* ↗M 16: medicus	heilen; abhelfen	inopiae mederi *der Not abhelfen*
natāre/nāre	schwimmen; überströmen	
naufragium ↗N 4: nāvis ↗F 50: frangere	Schiffbruch; Untergang	naufragium urbis *der Untergang einer Stadt*
noxius ↗N 12: nocēre	schädlich; schuldig	

ōcius *(Adv.)* ↗V 15: vēlōx	schneller, rascher	
onustus ↗O 9: onus	beladen, belastet	praedā onustus *beutebeladen*
orbus *(m. Abl.)*	beraubt; kinderlos, elternlos	omnibus sensibus orbus *aller Sinne beraubt* orbus liberis *kinderlos*
os, ossis *n* *Pl.:*	Knochen Gebeine; das Innerste	
pāgus	Gau, Bezirk	
patrimōnium ↗P 12: pater	väterliches Erbgut; Vermögen	
pecus, pecoris *n* ↗P 21: pecus	Vieh, Kleinvieh	pecus molle *Schafe mit feiner Wolle*
penes *(Präp. m. Akk.)*	im Besitz *(von)*, in der Gewalt; bei	CICERO *(sagte):* „Penes Cn. Pompeium omnis potestas debet esse. *Bei Cn. Pompeius muss die ganze Befugnis liegen.*“
penitus *(Adv.)*	von Grund aus; völlig	penitus nosse *gründlich kennen*
perfugium ↗F 60: fugere	Zuflucht, Asyl	
periūrium ↗I 27: iūrāre	Meineid, Eidbruch	
persevērāre ↗S 39: sevērus	beharren; beharrlich behaupten	in errore perseverare *im Irrtum verharren*
pertināx, pertinācis ↗T 17: tenēre	beharrlich, hartnäckig	
piger/pigra/pigrum	träge, faul	
plāga	Hieb, Stoß; Wunde	plagam ferre *einen Hieb versetzen* plagam accipere *verwundet werden*
populārī ↗P 53: populus	verwüsten, verheeren	
portentum ↗T 17: tendere	schreckliches Vorzeichen; Ungeheuer	
pōtāre ↗P 47: pōculum	trinken, zechen	totos dies potare *die ganzen Tage hindurch zechen*
potis/pote esse ↗P 57: posse	vermögen, in der Lage sein	

praedium	Grundstück, Besitz	praedium rusticum *ein Besitz auf dem Land*
profundus ↗F 63: fundus	(unergründlich) tief; unermesslich; unersättlich	profunda cupido imperii *unersättliche Herrschsucht*
prōnūntiāre ↗N 29: nūntius	berichten, verkünden; bekannt machen	versus pronuntiare *Verse vortragen*
propitius ↗P 32: petere	gewogen, günstig	propitium reddere *gewogen stimmen*
prōscrībere, prōscrībō, prōscrīpsī, prōscrīptum ↗S 21: scrībere	öffentlich bekannt machen; ächten, konfiszieren	legem proscribere *ein Gesetz veröffentlichen* proscriptus *der Geächtete* vicinos proscribere *die Nachbarn ihrer Güter verlustig erklären*
prōverbium ↗V 26: verbum	Sprichwort	proverbii locum obtinere *als Sprichwort gebraucht werden*
pūblicānus ↗P 53: pūblicus	Steuerpächter	
puppis, puppis *f*	Achterdeck	puppes vertere *(mit den Schiffen) kehrtmachen*
quīlibet/quaelibet/quodlibet ↗Q 6: quī	jeder Beliebige; der erste Beste	Quilibet adhibetur. *Der erste Beste wird herangezogen.*
quispiam	irgend jemand, irgendeiner	
quotus quisque	wie wenige	Quotus quisque disertus? *Wie wenige sind (wirklich) redegewandt?*
rādere, rādō, rāsī, rāsum	schaben, glätten; rasieren	caput rasum *das geschorene Haupt (als Zeichen des Sklavenstandes)*
ratus ↗R 12: rērī	bestimmt; gültig, rechtskräftig	ratum habere *ratifizieren/genehmigen*
reverentia ↗V 27: verērī	Ehrfurcht, Respekt	reverentia adversus maiores *die Ehrfurcht vor den Vorfahren*
rogus ↗R 8: regere	Scheiterhaufen	
rōstra, -ōrum	Rednerbühne	descendere de rostris *die Rednerbühne verlassen*
rotundus ↗R 21: rota	rund	

salūtāris/salūtāre ↗S 10: salūs	heilsam, zuträglich, nützlich	
sárcina	Gepäck; Last, Bürde	
satur/satura/saturum	satt, gesättigt	decedere ut conviva satur* (HORAZ) *(vom Tisch) aufstehen wie ein satter Gast*
scaena *(griech.)*	Bühne, Schauplatz; Öffentlichkeit	in scaena esse *die Aufmerksamkeit der Öffentlichkeit auf sich ziehen*
scandere, scandō, scandī, scānsum ↗S 16: ascendere	steigen, besteigen	
scītum ↗S 20: cōnscīscere	Verordnung, Beschluss	plebis/plebi scitum (*auch:* plebiscitum) *Beschluss des Volkes (besitzt seit 387 v. Chr. Gesetzeskraft)*
sēnsim *(Adv.)* ↗S 28: sentīre	allmählich, nach und nach	
sēstertius *(zu ergänzen:* nummus/as)	Sesterz *(gebräuchlichste römische Silbermünze; eigtl.: zweieinhalb Asse)*	decem sestertii (HS X) *10 Sesterze* decies sestertium (HS $\overline{|X|}$) *1 000 000 Sesterze*
situs, -ūs *m* ↗S 48: sinere	Lage, Stellung	urbs situ munita *eine (bereits) durch ihre Lage gesicherte Stadt*
sodālis, sodālis *m*	Gefährte, Kamerad, Freund	
sollertia ↗A 49: ars	Kunstfertigkeit, Geschicklichkeit	non modo diligentiam, sed etiam sollertiam mirari *nicht nur die Umsicht, sondern auch das Geschick bewundern*
sordēs, sordium *f* ↗S 61: sordidus	Schmutz; niedrige Herkunft; schmutzige Gesinnung	
sortīrī, sortior, sortītus sum ↗S 32: sors	(durch Los) gewinnen	
subsellium ↗S 25: sedēre	Sitzbank; Gericht	in subselliis habitare *als Anwalt tätig sein*
sūdor, -ōris *m*	Schweiß; Mühe, Anstrengung	multi sudoris esse *viel Anstrengung kosten*
suppeditāre ↗P 30: pēs	zur Verfügung stehen; zur Verfügung stellen	
surdus	taub; gefühllos	surdis auribus canere *tauben Ohren predigen*
sūs, suis *m/f*	Schwein, Wildschwein	

tabella ↗T 1: tabula	Täfelchen, Brettchen; Schreibtafel; Urkunde	tabellae publicae *öffentliche Urkunden*
tempestīvus ↗T 16: tempus	rechtzeitig, zeitig; günstig	
ternī/ternae/terna ↗T 35: trēs	je drei, zu dritt	
tondēre, tondeō totondī, tōnsum	scheren	barbam tondere *den Bart scheren (rasieren)* campum tondere *ein Feld abweiden*
trūdere, trūdō, trūsī, trūsum	stoßen, treiben; wegdrängen	
turbulentus ↗T 43: turba	aufgeregt, stürmisch; beunruhigend	tribunus turbulentus *ein revolutionärer Tribun*
tūtārī ↗T 40: tūtus	schützen, sichern	a frigoribus et calore se tutari *sich vor Frost und Hitze schützen*
vēnālis/vēnāle ↗V 19: vēnīre	käuflich	venale habere *zum Kauf anbieten*
Subst.:	Sklave	
vicissim *(Adv.)* ↗V 37: vicis	abwechselnd, wechselseitig	
vīsus, -ūs *m* ↗V 40: vidēre	Anblick; Erscheinung	visu percipere *mit den Augen wahrnehmen*
vītis, vītis *f*	Weinrebe, Weinstock	
vituperāre ↗V 54: vitium	tadeln	
vólucer/volucris/volucre ↗V 57: volāre	fliegend, geflügelt; eilend; vergänglich	fortuna volucris *das flüchtige Glück*
Subst.:	Vogel	

II. Philosophie

accūrātus ↗C 78: cūra	sorgfältig, genau	
āctus, -ūs *m* ↗A 14: agere	Handlung, Tätigkeit	inter medios rerum actus *mitten im Drang der Staatsgeschäfte*
aegritūdō, aegritūdinis *f* ↗A 6: aeger	Kummer, Gram	
aequābilis/aequābile ↗A 8: aequāre	gleich, gleichmäßig; unparteiisch	
affectus, -ūs *m* ↗F 2: afficere	Zustand; Stimmung; Leidenschaft	affectus animi *Gemütsverfassung*

affinis/affine ↗F 29: fīnis	angrenzend; verwandt	
ambiguus ↗A 23: ambō ↗A 14: agere	schwankend; ungewiss	in ambiguo esse *im Zweifel sein* res ambigua *eine missliche Lage*
angere, angō	ängstigen, beunruhigen	angi et cruciari *in Angst und Sorge sein*
animāns, animantis ↗A 30: anima *Subst.:*	lebendig Lebewesen, Tier	
appetītus, -ūs *m* appetītiō, -ōnis *f* ↗P 32: appetere	Verlangen; Trieb	appetitus laudis *Ehrgeiz*
commōtiō, -ōnis *f* ↗M 50: commovēre	Erregung; Aufregung	
commūniō, -ōnis *f* ↗M 55: commūnis	Gemeinschaft	communio sermonis *die gemeinsame Sprache*
complexus, -ūs *m* ↗P 43: complectī	Umarmung; Umkreis	e complexu abstrahere *aus den Armen reißen*
conclūsiō, -ōnis *f* ↗C 50: conclūdere	Schluss, Schlussfolgerung; Abschluss	
congregāre ↗G 19: grex	zusammenscharen, versammeln	
coniectūra ↗I 1: conicere	Vermutung	coniectura somniorum *Traumdeutung*
cōnsentāneus ↗S 28: cōnsentīre	übereinstimmend, folgerichtig; vernunftgemäß	
cōnstantia ↗S 57: cōnstāns	Beständigkeit; Charakterfestigkeit	constantia stellarum *die Regelmäßigkeit der Sternenbahnen*
cōnstitūtiō, -ōnis *f* ↗S 75: cōnstituere	Einrichtung, Verfassung; Begriffsbestimmung	
convenientia ↗V 21: convenīre	Übereinstimmung, Harmonie	
conversiō, -ōnis *f* ↗V 29: convertere	Umdrehung, Veränderung; Periode	conversiones rei publicae *der Kreislauf der Staatsverfassungen*
dēfectiō, -ōnis *f* ↗F 2: dēficere	Abtrünnigkeit; Schwinden, Erschöpfung	defectio solis *die Sonnenfinsternis* defectio animi *Mutlosigkeit*

dēfēnsiō, -ōnis *f* ↗F 15: dēfendere	Verteidigung, Rechtfertigung	
dēfōrmis/dēfōrme ↗F 46: fōrma	missgestaltet, hässlich; ungebührlich	
dēlīrāre	wahnsinnig sein, verrückt sein	
dēsipere, dēsipiō, dēsipuī ↗S 13: sapere	unsinnig handeln, töricht sein	
differentia ↗F 20: differre	Unterschied; Unterscheidung	differentiam non adhibere *nicht unterscheiden*
disputātiō, -ōnis *f* ↗P 80: disputāre	(wissenschaftliche) Untersuchung, Erörterung; Streitgespräch	disputationem in utramque partem habere *ein Streitgespräch über das Für und Wider führen*
dissēnsiō, -ōnis *f* ↗S 28: dissentīre	Meinungsverschiedenheit, Spaltung	dissensio civium *eine Spaltung innerhalb der Bürgerschaft*
dīvīnāre ↗D 10: dīvīnus	weissagen; ahnen	quiddam divinans *ein gewisses Ahnungsvermögen*
effrēnātus ↗F 54: frēnum	ungezügelt, ungebändigt	affectus effrenatus *ungezügelte Leidenschaft*
fīnis		finis bonōrum/malōrum *das höchste Gut/Übel*
fortuītus *Adv.:* fortuītō ↗F 20: forte	zufällig	fortuita *die zufälligen Dinge/ der Zufall*
iactātiō, -ōnis *f* ↗I 1: iactāre	(heftiges) Schwanken; Wankelmut; Prahlerei	iactatio verborum *Großsprecherei*
imbēcillitās, imbēcillitātis *f* ↗B 1: imbēcillus	Schwäche	imbecillitas corporis *Gebrechlichkeit*
indāgāre ↗A 14: agere	aufspüren; erforschen	canis natus ad indagandum *Jagdhund*
indīviduus ↗V 41: dīvidere	unteilbar	individua corpora *die unteilbaren Körper (Atome)*
indolēs, indolis *f* ↗A 20: alere	Veranlagung, Begabung	indoles virtutis *die Veranlagung zur Tüchtigkeit/ Tugend*
īnsānīre ↗S 12: īnsānus	verrückt sein, unsinnig handeln	ex amore insanire *vor Liebe blind sein*

īnsipiēns, īnsipientis ↗S 13: sapiēns	unverständig, töricht	insipientes *die Toren*
intellegentia	Verstand, Einsicht	
liquet, liquit/licuit ↗L 40: liquidus	es ist klar	Non liquet. *Die Sache ist (noch) nicht klar.* *(Erklärung der Richter bei unklarer Sachlage)*
māgnanimus ↗M 4: māgnus ↗A 30: animus	hochherzig	
malitia ↗M 5: malus	Schlechtigkeit, Bosheit	
mentiō, -ōnis *f* ↗M 20: meminisse	Erwähnung, Erinnerung	mentionem facere *zur Sprache bringen*
moderātiō, -ōnis *f* ↗M 42: moderātus	Mäßigung, Selbstbeherrschung	moderatione dicendi uti *sich bescheiden äußern*
nōtiō, -ōnis *f* ↗G 13: nōscere	Kenntnis, Begriff, Vorstellung	notio deorum *die Vorstellung von den Göttern*
perspicuus ↗S 65: perspicere	deutlich, klar	
perturbātiō, -ōnis *f* ↗T 43: perturbāre	Verwirrung, Störung; Leidenschaft	perturbatio animi *die Gemütsstörung/der Affekt*
probābilis/probābile ↗P 66: probāre	anerkennenswert, annehmbar; wahrscheinlich	probabilis coniectura *eine begründete Vermutung*
prōvidentia ↗V 40: prōvidēre	Vorsicht; Fürsorge; Vorsehung	providentia deorum *die göttliche Vorsehung*
refellere, refellō, refellī ↗F 3: fallere	(als irrig) zurückweisen, widerlegen	orationem testium refellere *die Rede der Zeugen als irrig zurückweisen*
repūgnāre ↗P 75: pūgnāre	sich widersetzen; im Widerspruch stehen	res inter se repugnantes *Dinge, die sich nicht vereinbaren lassen*
sagāx, sagācis	scharfsinnig	
sancīre, sanciō, sānxī, sānctum ↗S 1: sānctus	festsetzen	lege sancire *gesetzlich festlegen*
satietās, satietātis *f* ↗S 15: satis	Sättigung; Überdruss	satietatem capere *überdrüssig werden*

scrūtārī	durchforschen, untersuchen	omnes sordes scrutari *jeden Schmutz durchwühlen*
sēcūritās, sēcūritātis *f* ↗C 78: sēcūrus	Sorglosigkeit; Sicherheit	
sociāre ↗S 30: socius	vereinigen, verbinden	
speculārī ↗S 65	erforschen, erkunden	
superstitiō, -ōnis *f*	ängstliche Scheu, Aberglaube	superstitione obligari *dem Aberglauben verfallen*
terminus	Grenzstein, Grenze; Ende	terminus vitae *das Lebensende*
trānquillitās, trānquillitātis *f* ↗Q 6: trānquillus	Ruhe, Stille; Meeresstille	tranquillitas animi *innere/geistige Ruhe*
vacuitās, vacuitātis *f* ↗V 1: vacuus	Leere; Freisein	vacuitas doloris *Schmerzlosigkeit*

III. Dichtung

aëneus ↗A 10: aes	ehern, aus Erz	aënea proles *das eherne Zeitalter*
aethēr, aetheris *m*	Äther *(obere Luftschicht)* Himmel(sraum)	in aethere ponere *unter die Götter versetzen*
amārus	bitter, herb; kränkend	fumus amarus *beißender Rauch*
anguis, anguis *m/f*	Schlange	Frigidus latet anguis in herba.* (VERGIL) *Kalt lauert die Schlange im Gras.*
aper, aprī	Eber, Keiler	uno in saltu duos apros capere* (PLAUTUS) *zwei Fliegen mit einer Klappe schlagen*
apis, apis *f*	Biene	examen apium *Bienenschwarm*
aquilō, -ōnis *m*	Nord(nordost)wind; Norden	ad aquilonem conversus *nach Norden gewandt*
arātrum ↗A 38: arāre	Pflug	
arcānus *Adv.*: arcānō	geheim, heimlich	nox arcana *schweigende Nacht* sacra arcana *Mysterien*
armentum *Pl.*:	Großvieh(herde) Rinder, Vieh	

arvum ↗A 38: arāre	Ackerland, Flur	
attonitus	(wie vom Donner) betäubt, bestürzt; verzückt	
auster, austrī	Süd(ost)wind; Süden	ad austrum versus *nach Süden zu*
bāca	Beere; Perle	baca Minervae *Olive*
bāsium	Kuss	basium alicui dare *jemand küssen*
bellus	hübsch, angenehm	belle se habere *gesund und munter sein*
caerul(e)us	(dunkel)blau	nubes caeruleae *dunkle Wolken*
cānus	grau; hochbetagt	
carīna	Schiffskiel, Schiff	
castus ↗C 18: carēre	rein, züchtig; gottesfürchtig	casta Minerva *die jungfräuliche Minerva*
charta	Papyrusblatt; Schriftwerk (Buch, Brief, Gedicht)	
coma	Haupthaar; Locken	comis emptis uti *falsches Haar tragen*
cortex, corticis *m (f)*	Rinde, Schale; Kork	sine cortice nare *auf eigenen Füßen stehen*
crātēr, crātēris *m (griech.) Akk. Sg.:* crātēra	Mischkrug; Wasserbecken; Erdschlund	
crūdus	roh, grausam	cruda vulnera *noch blutende Wunden*
crūs, crūris *n*	Unterschenkel, (Schien-)bein	
cubīle, cubīlis *n* ↗C 70: cubāre	Lagerstätte, Bett	
cutis, cutis *f*	Haut; Leder	cutem curare *es sich wohl gehen lassen*
daps, dapis *f*	Festmahl, Speise	mensae dapibus exstructae *mit Speisen aufgetürmte Tafeln*
ēbrius	betrunken	verba ebria *im Rausch gesprochene Worte*
ēnsis, ēnsis *m*	*(zweischneidiges Lang-)* Schwert	

fēcundus	fruchtbar, ergiebig, reichlich	fons fecundus *eine wasserreiche Quelle*
fētus, -ūs *m*	das Gebären; Frucht, Spross	fetus geminus *Zwillinge* fetus dare/edere *Frucht tragen*
flēbilis/flēbile ↗F 36: flēre	beweinenswert, bedauernswert	
fretum	Meerenge; Brandung	
fūnis, fūnis *m*	Seil, Tau	funem solvere *das Schiffstau lösen*
furere, furō ↗F 66: furor	rasen, wüten, toben	amore furere *rasend verliebt sein*
galea	(Leder-)Helm	
grāmen, grāminis *n*	Gras, Rasen	graminis herba *(frischer) Grashalm*
gravidus ↗G 17: gravis	schwanger, trächtig; beladen	uber gravidum *strotzendes Euter*
lacertus	(Ober-)Arm	
Pl.:	Muskeln, Kraft	
lāna	Wolle; Wollstoffe	aurea lana *das goldene Widderfell*
lassus	müde, matt, abgespannt	
libāre	ein Trankopfer spenden; sanft berühren; kosten	ex omnibus optima libare *von allem das Beste entnehmen*
lucerna ↗L 48: lucēre	(Öl-)Lampe, Leuchte	vinum et lucernae *nächtliche Gelage*
luctārī	ringen, sich abmühen	fluctibus luctari *gegen die Fluten kämpfen*
lūcus ↗L 48: lucēre	Hain, Wald	
lūsus, -ūs *m* ↗L 50: lūdere	Spiel; Kurzweil	per lusum *zum Zeitvertreib*
madēre	feucht sein, triefen	lacrimis madere *von Tränen überströmt sein*
merus	unvermischt, rein; echt	libertas mera *unbeschränkte Freiheit* merum (sc. vinum) *nicht mit Wasser vermischter Wein*
nēquitia	Nichtsnutzigkeit	
nīdus	Nest	nidum servare *das Nest hüten*
nūgae, -ārum	Possen, unnützes Zeug	nugis delectari *sich über Lappalien freuen* nugas agere *Possen treiben*

olēre, oleō, oluī	duften; stinken	suave olere *angenehm riechen*
olīva	Olive, Ölbaum	
ōsculum ↗O 18: os	Kuss (*eigtl.*: Mündchen)	osculum alicui ferre/dare *jemand küssen*
pallēre, palleō, palluī	blass sein; sich fürchten	metu pallere *vor Angst bleich sein*
pāscua, -ōrum ↗P 11: pāscere	Weide(land)	
perennis, perenne ↗A 31: annus	(das ganze Jahr hindurch) dauernd; beständig	monumentum aere perennius* (HORAZ) *ein Denkmal, beständiger als Erz*
pīnus, -ī *f*	Fichte; Schiffsbauholz, Schiff	
plūma	Flaumfeder	levior plumā *federleicht*
pōma, -ōrum	Obst	
postis, postis *m*	(Tür-)Pfosten	
Pl.:	Tür	
prātum	Wiese	prata secare *Wiesen mähen*
quatere, quatiō, –, quassum ↗Q 2	schütteln, schlagen, erschüttern	terram pede quatere *mit dem Fuß die Erde stampfen* mentem alicuius quatere *jemand aus der Fassung bringen*
rabiēs, rabiēī *f*	Raserei, blinde Wut	rabies hostilis *Kampfwut der Feinde* rabies maris *Ungestüm des Meeres*
scēptrum *(griech.)*	Zepter; Herrschaft	
seges, segetis *f*	Saat, Saatfeld	
sēgnis/sēgne	schwerfällig, langsam, träge	nihilo segnius *um so eifriger*
sūcus	Saft	omnem sucum amittere *Saft und Kraft völlig verlieren*
sulcus	Furche, Rinne	aratro sulcum patefacere *mit dem Pflug eine Furche aufreißen*
tepēre, tepeō, tepuī	(lau-)warm sein	aurae tepentes *linde Lüfte*
tinguere, tinguō, tīnxī, tīnctum	benetzen, eintauchen; färben	litteris tinctum esse *einen Anstrich von wissenschaftlicher Bildung haben*
torrēre, torreō, torruī, tōstum	dörren, rösten	crines tosti *versengte Haare*

torus	Polster, Sofa, Bett	sacra tori *Hochzeitsfest*
tumēre, tumeō, tumuī, ↗T 41: tumor	geschwollen sein, strotzen	inani superbia tumere *in eitlem Stolz sich aufblähen*
ūber, ūberis *n*	Euter; Fruchtbarkeit	
unguis, unguis *m*	Nagel (an Fingern/Zehen); Kralle	ab imis unguibus ad verticem summum *vom Scheitel bis zur Sohle*
ūva	Traube	
vagus ↗V 3: vagārī	umherschweifend; schwankend	stellae vagae *Planeten*
vigil, vigilis ↗V 42: vigilia	wach, wachsam	vigil ignis *immer brennendes Feuer*
Subst.:	Wächter	
virga ↗V 50: viridis	Zweig, Rute; Pfropfreis	virgae *die Stäbe in den Fasces der Liktoren*

IV. Recht und Prozesswesen

absolūtiō, -ōnis *f* ↗I 51: absolvere	Freispruch	absolutio maiestatis *Freispruch von der Anklage wegen Majestätsbeleidigung*
āctiō, -ōnis *f* ↗A 14	[Handlung, Gerichtsverhandlung; Rede;] Klage, Klageformel; Rechtsgeschäft	actio in personam *persönliche Klage (zur Durchsetzung einer Forderung/Leistung)* actio in rem *dingliche Klage (zur Durchführung eines Sachrechts, z. B. zur Wiedererlangung von Eigentum)* actio in factum *eine auf einen bestimmten Sachverhalt zugeschnittene Klage* actio ex empto *Klage aus einem Kaufvertrag* actionem instituere/constituere/intendere adversus aliquem *eine Klage gegen jemand erheben* actionem dare *eine Klage zulassen*
agere, agō, ēgī, āctum ↗A 14	[treiben, betreiben, verhandeln; ausführen;] Klage erheben	agere in rem *eine dingliche Klage erheben* agere in factum *eine auf einen bestimmten Sachverhalt zugeschnittene Klage erheben*
appellātiō, -ōnis *f* ↗P 23: appellāre	Berufung; Bezeichnung, Begriff	appellatio ad populum *Berufung ans Volk*

cōdex, cōdicis *m*	Verzeichnis, Urkunde; Schrift	
commodāre ↗M 42: commodum	(unentgeltlich) verleihen	commodatum *Leihe/Leihvertrag*
condemnātiō, -ōnis *f* ↗D 1: condemnāre	Verurteilung	condemnationem facere *verurteilen*
conductum ↗D 23: condūcere	Mietvertrag; Mietwohnung	
cōnstitūtiō, -ōnis *f* ↗S 75: cōnstituere	Anordnung, Verfügung	constitutio principis *kaiserliche Anordnung/Entscheidung*
contrahere, contrahō, contrāxī, contractum ↗T 31: trahere	einen Vertrag schließen	res rationesque contrahere cum aliquo *mit jemand Geschäfts- und Handelsbeziehungen eingehen*
contractus, -ūs *m* ↗T 31: trahere	Vertrag	ex contractu alicui obligatum esse *jemandem vertraglich verpflichtet sein*
dēbitor, -ōris *m* ↗H 1: dēbēre	Schuldner	
dēpositiō, -ōnis *f* ↗S 48: dēpōnere	Hinterlegung, Verwahrung	
dēpositum ↗S 48: dēpōnere	Verwahrungsvertrag	
dolus ↗D 19	List, Betrug	dolus malus *böswillige Täuschung*
dōnātiō, -ōnis *f* ↗D 2: dōnāre	Schenkung	
ēmptiō, -ōnis *f* ↗E 6: emere	Kauf	tabella emptionis *Kaufbrief*
epistula *(griech.)* ↗E 7	[Brief;] schriftlicher Rechtsbescheid	
exceptiō, -ōnis *f* ↗C 12: excipere	Vorbehalt, Klausel	sine ulla exceptione *ohne jede Einschränkung/unbedingt*
fallācia ↗F 3: fallere	Betrug	fallaciam ferre/afferre *mit Lug und Trug vorgehen*
fidēs, fideī *f*	[Treue, Glaube, Vertrauen]	(ex) fide bona *nach Treu und Glauben* fide bona emere *in gutem Glauben kaufen*

fūrārī ↗F 20: fūr	stehlen, entwenden	
fūrtum ↗F 20: fūr	Diebstahl	
iūdex, iūdicis *m* ↗I 27	[Richter]	apud iudicem *Verfahren vor dem Richter/ Geschworenenkollegium*
iūrgium	Wortwechsel, Zank, Streiterei	
iūs, iūris *n* ↗I 27	[Recht,] Befugnis; Gericht	ius civile *positives Recht* ius naturale *Naturrecht* ius publicum *Staatsrecht/Strafrecht* in ius vocare *vor Gericht laden* in iure *Verfahren vor dem Gerichtsmagistrat*
lībra	Pfund; Waage	aere et librā *durch förmlichen Kauf*
locātum ↗L 45: locāre	Miet-, Pachtvertrag, Dienstvertrag	ex conducto aut locato *aus Vermietung oder Verpachtung*
lucrārī ↗L 49: lucrum	Gewinn ziehen, sich bereichern	stipendium lucrari *Profit machen*
mancipāre ↗M 10: mancipium	(förmlich) zu Eigen übertragen	
mancipātiō, -ōnis *f* ↗M 10: mancipium	(förmliche) Eigentums- übertragung	
mancipium ↗M 10	[Kauf; Besitz; Sklave]	mancipio dare *durch (förmliche) Übertragung zu Eigen geben* mancipio accipere *durch Kauf an sich bringen* res mancipi *eine Sache, die zum gültigen Erwerb eines förmlichen Übertragungsaktes bedarf* res nec mancipi *eine Sache, die zum gültigen Erwerb eines Übertragungsaktes nicht bedarf*
mēnsūra ↗M 28: mētīrī	Messung, Maß	mensuram alicuius rei facere/inire/ agere/agitare *eine Messung an etwas vornehmen* in vendendo rem pronuntiare *beim Verkauf die auf dem Kaufobjekt liegenden Dienstbarkeiten/ Mängel anzeigen*

prōnūntiāre ↗N 29: nūntius	[berichten]	
quaestiō, -ōnis *f* ↗Q 1	[Frage;] gerichtliche Untersuchung	quaestiones perpetuae *auf Dauer eingesetzte Gerichtshöfe*
rescrīptum ↗S 21: scrībere	schriftlicher Rechtsbescheid	
respōnsum ↗S 71	[Antwort, Bescheid;] Rechtsgutachten	responsa (iuris) prudentium *die Rechtsgutachten der Rechtsgelehrten*
rīxa	Zank, Streit	
thēsaurus *(griech.)*	Schatz, Schatzkammer; Speicher	
tribūnal, tribūnālis *n*	Tribunal *(halbkreisförmige, erhöhte Bühne für Amtspersonen)*	
ūsūra ↗U 15: ūtī	Nutzung; Zinsen	usuram pendere *Zinsen zahlen*
vindex, vindicis *m/f* ↗V 46: vindicāre	Bürge; Schützer; Rächer	vindex rerum capitalium *Strafvollstrecker in Kapitalsachen*
vindicātiō, -ōnis *f* ↗V 46: vindicāre	Eigentumsklage	

V. Partikeln und Konjunktionen

aliōquīn *(Adv.)*	im Übrigen, sonst	
deinceps *(Adv.)* ↗C 12: capere	darauf; nacheinander; und so weiter	
dumtaxat *(Adv.)*	genau genommen; lediglich; natürlich	
étenim ↗N 1: enim	nämlich, denn	
fermē *(Adv.)* ↗F 17: ferē	ungefähr, fast; gewöhnlich	
idcircō *(Adv.)* ↗I 24: is ↗C 47: circā	deshalb, deswegen	

idéntidem *(Adv.)* ↗I 24: īdem	immer wieder, unaufhörlich
nempe *(Adv.)* ↗N 1: nam	doch wohl, doch sicherlich
nēve/nēu	und nicht, oder nicht
nīmīrum *(Adv.)* ↗M 38: mīrus	allerdings, ohne Zweifel; selbstverständlich
prout ↗P 66: prō ↗U 2: ut	sowie, je nachdem
quātenus ↗Q 6: quī	soweit, insofern
quoad ↗Q 6: quī	soweit, insofern wie; solange
quōcircā ↗Q 6: quī ↗C 47: circā	daher, deswegen
secus *(Adv.)*	anders
sīquidem ↗S 41: sī ↗Q 6: quī	wenn ja, weil ja; wenn doch einmal
subinde *(Adv.)* ↗S 91: sub ↗I 24: īs	gleich darauf, unmittelbar danach
tametsī ↗T 5: tamen ↗S 41: sī	obwohl; jedoch
tantúmmodo *(Adv.)* ↗T 5: tantus ↗M 42: modus	nur, bloß
ūsquam *(Adv.)* ↗Q 6: quī	irgendwo; irgendwohin; in irgendeiner Sache
útique *(Adv.)* ↗U 2: ut	durchaus, unter allen Umständen; besonders

WORTBILDUNGSLEHRE

Wie im Deutschen und Englischen sind auch in der lateinischen Sprache sehr viele Wörter durch Weiterbildung aus anderen Wörtern entstanden.

Ausgangspunkt dieser Entwicklung waren meistens sog. **Wurzelwörter**, d. h. alte Grundwörter, die für uns oft nur noch als gemeinsamer Urbestandteil einer sog. **Wortfamilie** greifbar sind; in ihr werden jeweils alle mit der gleichen Wurzel gebildete Wörter zusammengefasst.

Innerhalb einer Wortfamilie wird das Wort, aus dem für uns am leichtesten die anderen Weiterbildungen abzuleiten sind, **Leitwort** genannt. Es hat sich in der Regel bereits aus der ursprünglichen Wurzel weiterentwickelt, stellt aber auch selbst das sog. **Grundwort** für die Bildung anderer Wörter dieser Wortfamilie dar, aus denen dann wieder neue Weiterbildungen hervorgehen können.

Bei diesen Neu- bzw. Weiterbildungen tritt jeweils an das Grundwort eine stammerweiternde Ergänzung; man nennt sie **Suffix**, wenn sie hinter dem Grundwort, **Präfix**, wenn sie vor dem Grundwort steht. Dementsprechend unterscheidet man Wortbildung durch (I.) **Ableitung mit Suffix** und durch (II.) **Zusammensetzung mit Präfix**[1].

Die Bedeutung des neuen Wortes wird wesentlich durch das Grundwort vorgeformt und durch das Suffix bzw. Präfix festgelegt.

[1]) Andere Arten und Eigenheiten der Wortbildung (z. B. Infix, Reduplikation) bleiben hier außer Betracht. Wertvolle Anmerkungen zu weiteren Studien findet man z. B. bei Leumann-Hofmann-Szantyr, Lateinische Grammatik, 2. Band, Allgemeiner Teil, München 1965, S. 67 ff. oder im Kleinen Stowasser, lat.-deutsches Schulwörterbuch, München 1991[3], §§ 65 ff., S. XXIV ff.

I. Ableitungen mit Suffixen

Grundwörter für Ableitungen können Verbal- und Nominalstämme (Substantive und Adjektive) sein.

1. Ableitungen aus Verbalstämmen[1]

1.1 **Substantive**, die aus Verbalstämmen abgeleitet sind, können, je nach Suffix, bezeichnen

1.1.1 eine **Person**, welche die im Verbalstamm ausgedrückte Handlung (regelmäßig) ausführt.

1.1.2 eine **Tätigkeit** oder das **Ergebnis einer Tätigkeit**, deren Inhalt das zugrunde liegende Verbum angibt.

1.1.3 ein **Mittel** zur genannten Tätigkeit oder den **Ort**, an dem sie ausgeübt wird.

zu **1.1.1** **Beispiele und Übungen**

<table>
<tr><td rowspan="2">„script-or[2]" (scribere, script-um) bezeichnet eine Person, die regelmäßig, vielleicht sogar berufsmäßig, schreibt, also einen „Schriftsteller".

Das Suffix tritt an den PPP-Stock.

Erkläre genauso[3]:
cens-or (censere, cens-um), genit-or (gignere, genit-um), imperat-or (imperare), past-or (pascere, past-um), vict-or (vincere, vict-um), auct-or (augere, auct-um „fördern"), orat-or (orare „reden"), praet-or (*prae|it-or, prae|ire, prae|it-urus)

Erschließe selbständig[4]:
doct-or (docere), gubernat-or (gubernare), pro|dit-or (pro|dere)</td><td>script-or</td></tr>
<tr><td>V
-or

handelnde Person</td></tr>
</table>

Vereinzelt kommen *auch Ableitungen mit Suffix -a* vor, das an den Wortstock tritt: „agri|col-a" (colere) bezeichnet eine Person, die Felder bestellt („pflegt"), also einen „Bauer";

ähnlich: con|viv-a (vivere), in|col-a (incolere), parri|cid-a (caedere).

[1]) Graphisch sind in den folgenden Beispielen und Übungen die jeweiligen Grundwortstämme mit **V**, **S** oder **A** bezeichnet. **V** steht dabei für Ableitungen aus **V**erbalstämmen, **S** bzw. **A** bezeichnen entsprechend Ableitungen aus **S**ubstantiven bzw. **A**djektiven.

[2]) Die Trennungen sind nach der Zusammensetzung aus Wortbildungselementen angegeben.

[3]) Bei der Übung *„Erkläre genauso"* werden nur Wörter verwendet, die als Grundwörter und als abgeleitete Formen im Grundwortschatz enthalten sind.

[4]) Bei der Übung *„Erschließe selbstständig"* sollen die Bedeutungen von im Grundwortschatz nicht enthaltenen Ableitungen aus ihren dort aufgeführten Grundwörtern erkannt werden.

zu **1.1.2** **Beispiele und Übungen**

a) „cogitat-io“ (cogitare, cogitat-um) bezeichnet die Tätigkeit des „Denkens“ bzw. ihr Ergebnis, also den „Gedanken“.

Das Suffix tritt an den PPP-Stock.

Erkläre genauso:

act-io (agere, act-um), co|gnit-io (co|gnoscere, co|gnit-um), pos|sess-io (pos|sidere, pos|sess-um), quaest-io (quaerere, quaesit-um), rat-io (reri, rat-um), oc|cas-io (oc|cídere, oc|casurus; *eigtl.* „entgegenfallen“)

Vereinzelt tritt das Suffix an den Wortstock: opin-io (opin-ari), su|spic-io (su|spic-ere).

Erschließe selbstständig:

dis|putat-io (dis|putare), ex|spectat-io (ex|spectare), imitat-io (imitari), ob|liv-io (ob|livisci), op|pugnat-io (op|pugnare)

cogitat-io

-iō

Tätigkeit/Ergebnis

b) „in|cend-ium“ (in|cendere) bezeichnet die Tätigkeit des „Anzündens“ bzw. ihr Ergebnis, also den „Brand“.

Das Suffix tritt an den Wortstock.

Erkläre genauso:

col|loqu-ium (col|loqui), co|nub-ium (nubere), con|viv-ium (vivere), desider-ium (desiderare), gaud-ium (gaudere), of|fic-ium (*opi|fic-ium; facere; *eigtl.* „Dienstleistung“), stud-ium (studere), taed-ium (taedet)

Erschließe selbstständig:

ob|sequ-ium (ob|sequi)

incend-ium

-ium

Tätigkeit/Ergebnis

officium: *opificium: facere *Vokalschwächung*

c) „con|sens-us“ (con|sentire, con|sens-um) bezeichnet den Vorgang des „Übereinstimmens“ bzw. die endlich zustande gekommene „Übereinstimmung“.

Das Suffix tritt an den PPP-Stock.

Erkläre genauso:

ad|vent-us (ad|venire, ad|vent-um), cult-us (colere, cult-um), curs-us (currere, curs-um), mot-us (movere, mot-um), red|it-us (red|ire, red|it-urus)

Erschließe selbstständig:

part-us (párere), vestit-us (vestire)

consens-us

-us

Tätigkeit/Ergebnis

zu 1.1.2 Beispiele und Übungen

d)	„cult-ura" (colere, cult-um) bezeichnet die Tätigkeit des „Pflegens", also die „Pflege, Ausbildung". **Das Suffix tritt an den PPP-Stock.** *Erschließe selbstständig:* mercat-ura (mercari „kaufen"; *vgl.* mercat-or) Hierher gehören auch die „Amtstätigkeiten": dictat-ura (dictare, dictat-or; *eigtl.* „Tätigkeit eines Diktators", „Diktatur"), cens-ura (censere, cens-or), praet-ura (*prae|it-ura; prae|ire, praet-or), quaest-ura (quaerere, quaest-or).	**cult-ura** **-ūra** *Tätigkeit/Amt*

e)	„dis|cri-men" (dis|cernere < *dis|crinere) bezeichnet den Vorgang der „Unterscheidung", vor allem aber ihr Ergebnis, den „Unterschied". **Das Suffix tritt an den Wortstock bzw. Präsensstamm.** *Erkläre genauso:* car-men (canere), certa-men (certare), flu-men (fluere), ful-men (fulgere), lu-men (lucere), se-men (serere) *Wie hat sich demnach die Bedeutung folgender Wörter entwickelt:* ag-men (agere), nu-men (nuere), volu-men (volvere)?	**discri-men** **-men** *Vorgang/Ergebnis*

carmen: *can-men *Dissimilation*; fulmen: *fulg-smen > fulg-men wie lumen: *luc-smen *Konsonantenschwund*; semen: *Wurzel* se-, se-vi.

f)	„err-or" (errare) bezeichnet das „Irren" bzw. den daraus entstehenden „Irrtum". **Das Suffix tritt** (anders als bei 1.1.1) **an den Wortstock.** *Erkläre genauso:* am-or (amare), ard-or (ardere), cal-or (calere *warm sein*, cal-idus), clam-or (clamare), dol-or (dolere), horr-or (horrere), maer-or (maerere), pav-or (pavere *sich ängstigen*, pav-idus), pud-or (pudere), terr-or (terrere), tim-or (timere), splend-or (splendere *glänzen*, splend-idus) *Erschließe selbstständig:* ferv-or (fervere), vig-or (vigere)	**err-or** **-or** *Vorgang/Zustand*

zu **1.1.3** **Beispiele und Übungen**

a)

<table>
<tr><td>

„argu-mentum“ (arguere) bezeichnet im ursprünglichen Sinn das „Beweismittel“ (*eigtl.* „Aufhellungsmittel“), d. h. aber auch den „Beweis“.

Das Suffix tritt an den Wortstock bzw. Präsensstamm.

Erkläre genauso:

docu-mentum (docere), orna-mentum (ornare), testa-mentum (testari), monu-mentum (monere)

Was bedeuten demnach eigentlich:

fru-mentum (frui), iu-mentum (iungere), in|stru-mentum (in|struere), im|pedi-mentum (im|pedire)?

Erschließe selbstständig:

ali-mentum (alere), experi-mentum (experiri), muni-mentum (munire), sup|ple-mentum (sup|plere)

</td><td>

argu-mentum

-mentum

Mittel/Ergebnis

</td></tr>
</table>

docu-mentum: docere; monu-mentum: monere *Vokalschwächung*; iu-mentum < *iug-smentum *Konsonantenschwund, Wortstock* iug-, vgl. iugum

b)

<table>
<tr><td>

„voca-bulum“ (vocare) bezeichnet das Mittel, mit dem jemand (oder etwas) benannt wird, also die „Bezeichnung“; *ähnlich:* vehi-culum (vehere) „Fahrzeug“ (*eigtl.* „Mittel zum Fahren“).

Das Suffix tritt an den Wortstock bzw. Präsensstamm.

Es kommt teilweise auch in verkürzter Form vor, wobei sich oft **-blum/-clum** durch Dissimilation zu **-brum/-crum** entwickelt haben.

Erkläre genauso:

po-culum (potare „trinken“), simula-crum (simulare)

Erschließe selbstständig:

guberna-culum (gubernare), pa-bulum (pascere)

Einige Substantive bezeichnen auch den Ort der Handlung: ora-culum (orare „sprechen“) bedeutet sowohl „Götterspruch“ wie auch „Orakelstätte“; *ähnlich:* specta-culum (spectare) „Schauspiel“, aber auch (seltener) „Theater“ und (meist Pl. spectacula) „Zuschauerplätze“; vinculum (vincire) „Fessel“, (Pl. vincula) „Gefängnis“.

Bei mehreren Ableitungen beschränkt sich die Bedeutung auf die Ortsangabe: de|lu-brum (de|luere „abwaschen“) bezeichnet die „Wasserstelle für die religiöse Waschung vor dem Opfer“ und dann ein „Heiligtum“; ähnlich: sepul-crum (sepelire) „Bestattungsort“, d. h. „Grabmal“.

Erschließe selbstständig:

cubi-culum (cubare), sta-bulum (stare)

</td><td>

voca-bulum
vehi-culum

-bulum/
-brum
-culum/
-crum

Mittel/Ort

</td></tr>
</table>

1.2 **Adjektive**, die aus Verbalstämmen abgeleitet sind, können, je nach Suffix, bedeuten, dass

1.2.1 der Vollzug der im Grundwort genannten Tätigkeit **möglich** (im Dt. oft „-bar, -lich") bzw. „**-wert**" ist.

1.2.2 die im Grundwort genannte Aussage sich **fortwährend (zuständlich)** vollzieht (häufig ursprüngliche Partizipialformen des Präsens).

1.2.3 der im Grundwort genannte Vorgang einen **ergebnishaften** Charakter angenommen hat.

Die Suffixe treten an den Wortstock bzw. Präsensstamm,
soweit die Adjektive nicht (wie bei 1.2.3) ursprüngliche Partizipialformen des Perfekt Passiv sind.

zu **1.2.1** **Beispiele und Übungen**

tolera-bilis
ut-ilis

„tolera-bilis" (tolerare) bezeichnet die Möglichkeit, dass ein bestimmter Vorgang bzw. Sachverhalt „ertragen" werden kann, also „erträglich" ist; *ähnlich:* fac-ilis (facere) „leicht" (*eigtl.* „machbar").

Erkläre genauso:

cred-ibilis (credere), dif|fic-ilis (facere), frag-ilis (frangere, Wortstock: frag-), mo-bilis (*mov-ibilis, movere)

Erschließe selbstständig:

hab-ilis (habere), in|numera-bilis (numerare)

Solche Adjektive bezeichnen manchmal auch die „Würdigkeit": ad|mira-bilis (ad|mirari) „wunderlich, bewundernswert"; *ähnlich:* misera-bilis (miserari) „jämmerlich, beklagenswert".

Erschließe selbstständig:

ama-bilis (amare), memora-bilis (memorare), nota-bilis (notare), proba-bilis (probare)

Die Möglichkeit der Handlung kann auch im aktiven Sinn gemeint sein: „terr-ibilis" (terrere) charakterisiert einen Vorgang, der Schrecken erregen kann, also „schrecklich" ist; *ähnlich:* ut-ilis (uti) „nützlich".

Erschließe selbstständig:

horr-ibilis (horrere), vis-ibilis (visere)

-bilis
-ibilis
-ilis

möglich/-wert

zu **1.2.2** **Beispiele und Übungen**

a)

„patie-ns" (pati; ursprüngl. Part. Präs.) bezeichnet die Eigenschaft eines Menschen, der fortwährend „duldet", also „duldsam" bzw. „geduldig" ist; *ähnlich:* consta-ns (constare) „beständig, standhaft".	**patie-ns**
Erkläre demnach die Bedeutungsentwicklung folgender Adjektive, die ursprünglich Partizipien waren: dilige-ns (diligere), e|loque-ns (loqui), in|noce-ns (nocere; „nicht schadend"), in|opina-ns (opinari), in|sole-ns (solere), prude-ns (*pro|vide-ns; pro|videre), sapie-ns (sapere)	**-ns**
Hierher gehören auch die von „esse" abgeleiteten ursprünglichen Partizipien: ab|se-ns, pote-ns (*potesse), prae|se-ns. Manche solcher Partizipien sind vorwiegend als Substantive gebräuchlich: in|fa-ns (fari), oc|cide-ns (oc|cídere), orie-ns (oriri), pare-ns/parentes (párere), serpe-ns (serpere „kriechen").	
Erschließe selbstständig: con|tine-ns (con|tinere; Adjektiv und Substantiv), prae|sta-ns (prae|stare)	*fortwährend handelnd* *(Partizip Präsens Aktiv)*

patiens: *pati-e-nt-s; *Stammerweiterungsvokal* -e; *nt-s > ns
absens: *ab|s-e-nt-s; *Schwundstufe vom Stamm* es-; *ähnlich* praesens; potens: *pote|s-e-nt-s

Vereinzelt kommen hier auch Ableitungen mit Suffix **-ibundus/-icundus** bzw. **-ax** vor: mor-ibundus (mori) „sterbend" (und deshalb auch) „sterblich"; iu-cundus (*iuv-icundus; iuvare) „erfreulich, angenehm"; aud-ax (audere) „wagemutig, kühn".

b)

„tim-idus" (timere) bezeichnet die Eigenschaft eines Lebewesens, das sich fortwährend (zuständlich) „fürchtet", also „furchtsam" ist.	**tim-idus**
Erkläre genauso: cup-idus (cupere), horr-idus (horrere), rap-idus (rapere), splend-idus (splendere „glänzen"), turb-idus (turbare), val-idus (valere)	**-idus**
Erschließe selbstständig: luc-idus (lucere), nit-idus (nitere)	*zuständlich*

zu 1.2.2 Beispiele und Übungen

c)

„assid-uus" (as|sidēre) bezeichnet den Zustand oder die bleibende Eigenschaft beispielsweise eines Menschen, der fortwährend (zuständlich) „bei (einer Sache) sitzt", also „beharrlich, fleißig" ist. *Erkläre genauso:* con|tin-uus (con|tinere), vac-uus (vacare) Solche Ableitungen haben teilweise auch passive Bedeutungen: mut-uus (mutare) „wechselseitig, geliehen". *Wie hat sich demnach die Bedeutung folgender Adjektive entwickelt:* ex|ig-uus (ex|igere), prae|cip-uus (prae|cipere), pro|misc-uus (miscere)? *Erschließe selbstständig:* con|spic-uus (con|spicere; pass. Bedeutung!)	**assid-uus** **-uus** *zuständlich*

In entsprechender Bedeutung kommen seltener auch Ableitungen mit dem Suffix **-ius** vor: ex|im-ius (ex|imere „herausnehmen") „ausnehmend, besonders", con|sc-ius (< con|sci-ius *Kontraktion*; scire) „mitwissend", in|sc-ius „unkundig".

zu **1.2.3** **Beispiele und Übungen**

„quie-tus" (quiescere) bezeichnet die Eigenschaft „ruhig", die sich als Ergebnis des „Ausruhens" einstellt; *ähnlich:* cel-sus (ex|cellere) „aufragend". *Erkläre genauso:* adul-tus (adolescere), cau-tus (cavere), in|vi-sus (in|videre), ira-tus (irasci), maes-tus (maerere), na-tus (nasci), no-tus (noscere), soli-tus (solere), taci-tus (tacere) *Wie hat sich demnach die Bedeutung folgender Adjektive entwickelt:* ad|ver-sus (vertere), al-tus (alere), co|gnatus (*gnasci > nasci), con|ten-tus (con|tinere), fal-sus (fallere), im|men-sus (metiri), promp-tus (promere), rec-tus (regere), sub|i-tus (sub|ire)? Viele zu dieser Gruppe gehörige Adjektive sind nach Form und Bedeutung reine Partizipien des Perfekts Passiv. *Erkläre demnach:* aper-tus (aperire), doc-tus (docere), ef|fu-sus (ef|fundere), e|rudi-tus (e|rudire), ex|pedi-tus (ex|pedire), in|ten-tus (in|tendere), per|di-tus (per|dere)	**quie-tus** **cel-sus** **-tus** **-sus** *ergebnishaft* *(Partizip Perfekt Passiv)*

1.3 **Verben**, die von Verbalstämmen abgeleitet sind, verdeutlichen, je nach Suffix, die im Grundwort genannte Tätigkeit.
Sie bezeichnen

1.3.1 den **Beginn** einer Tätigkeit *(verba incohativa)*

1.3.2 die **Wiederholung** bzw. die (oft daraus folgende) **Verstärkung** einer Tätigkeit *(verba frequentativa* bzw. *verba intensiva).*

zu **1.3.1** **Beispiele und Übungen**

„con|vale-scere" (valere) bezeichnet den Vorgang, dass beispielsweise eine Person beginnt, „stark" bzw. „gesund" zu werden, also „erstarkt" bzw. „gesundet".	**convale-scere**
Das Suffix tritt an den Präsensstamm[1]. *Erkläre genauso:* con|sci-scere (scire), pro|fici-sci (facere; *eigtl.* „voranmachen"), re|mini-sci (me-minisse) *Erschließe selbstständig:* co|ale-scere (alere), con|tice-scere (tacere), ex|arde-scere (ardere), ex|time-scere (timere), in|gemi-scere (gemere), per|horre-scere (horrere), re|vivi-scere (vivere)	V **-scere** *beginnende Tätigkeit*

[1]) Der Präsensstamm ist bei Konsonantenstämmen durch Bindevokal erweitert.

zu **1.3.2** **Beispiele und Übungen**

<table>
<tr><td>

„vers-are" (vertere, versum) bezeichnet über das Grundwort hinaus eine Tätigkeit, bei der jemand „Gewendetes" nochmals oder wiederholt „wendet", es also „hin- und her wendet";
„capt-are" (capere, captum) bezeichnet über das Grundwort hinaus eine Tätigkeit, bei der jemand das „Ergriffene" gleichsam nochmals „fasst", also „hastig nach etwas greift" bzw. etwas „fängt".

Die Suffixe treten an den PPP-Stock.

Oft gehen frequentative und intensive Bedeutung ineinander über, teilweise sind sie auch ganz verblasst, so dass die abgeleiteten Verben bedeutungsgleich mit den Grundwörtern sind.

Erkläre demnach:

con|cit-are (ciere), habit-are (habere), iact-are (iacĕre), ostent-are (ostendere), puls-are (pellere), salt-are (salire), sect-ari (sequi), tract-are (trahere), vers-ari (vertere; *eigtl.* „sich häufig irgendwo umdrehen", „sich aufhalten")

Vereinzelt kommen auch Ableitungen vom Wortstock vor, die mit dem Suffix **-itare** gebildet werden: ag-itare (agere); genauso werden die sog. Doppelfrequentativa gebildet: dict-itare < dict-are < dicere; vent-itare < *vent-are < venire.

Erschließe selbstständig:

af|flict-are (af|fligere), con|iect-are (con|icere), sus|tent-are (sus|tinere), vis-itare (visere)

Die Bedeutung der Ableitung ist verblasst bei folgenden Verben: cant-are (canere), consult-are (consulere), pens-are (pendere), spect-are (con|spicere).

</td><td>

vers-are
capt-are

V

-āre

wiederholte/ verstärkte Tätigkeit

</td></tr>
</table>

2. Ableitungen aus Nominalformen/Substantiven

2.1 **Substantive**, die aus anderen Substantiven abgeleitet sind, haben als Grundwort in der Regel eine Personenbezeichnung.

Die Ableitungen verdeutlichen im allgemeinen

2.1.1 den **Zustand**, der dem Wesen oder Alter des Nomens entspricht.

2.1.2 die **Tätigkeit** bzw. das **Amt**, die zu der im Grundwort genannten Person gehören, oder den Ort, an dem Tätigkeit stattfindet.

2.1.3 Manchmal bezeichnen Ableitungen aus Substantiven **Verkleinerungsformen** *(Diminutiva).*

Die Suffixe treten jeweils an den Wortstock.

zu **2.1.1** **Beispiele und Übungen**

„amic-itia" (amicus) bezeichnet die Haltung, die unter „Freunden" üblich ist, also die „Freundschaft"; *ähnlich:* civ-itas (civis) „Bürgerschaft", vir-tus (vir; *eigtl.* „Mannhaftigkeit") „Tüchtigkeit, Tugend". *Erkläre genauso:* auctor-itas (auctor; *eigtl.* „Urheberschaft"), soci-etas (socius) Hierher gehören auch Substantive, die bestimmte Altersstufen bezeichnen: puer-itia (puer), iuven-tus (iuvenis), senec-tus (senex < *senec-s).	**amic-itia** **civ-itas** **vir-tus** **-itia** **-itās** **-tūs** *Zustand/ Altersstufe*

societas < *soci-itas *Vokalschwächung*

zu **2.1.2** **Beispiele und Übungen**

a)	„custod-ia“ (custos, custod-is) bezeichnet die Tätigkeit, die ein „Wächter“ ausübt, also die „Bewachung, Wache“; *ähnlich:* princip-ium (princeps, princip-is; *eigtl.* „Tätigkeit des Ersten“) „Anfang“ (*vgl. auch* **1.1.2**b). *Erkläre genauso:* arbitr-ium (arbiter), milit-ia (miles), minister-ium (minister) Manche dieser Substantive bezeichnen nicht nur die Tätigkeit bzw. ihr Ergebnis, sondern **auch den Ort der Handlung**: iudic-ium (iudex, iudic-is; *eigtl.* „Tätigkeit des Richters“) „Urteil“, aber auch „Gericht“; hospit-ium (hospes, hospit-is) „Gastfreundschaft“, aber auch „Herberge“; so auch „municip-ium“ „selbständige Landstadt“, also der Ort, an dem der (von Rom teilweise unabhängige) Kleinstädter (municeps, municip-is) tätig ist; *ähnlich:* colon-ia (colonus).	**custod-ia princip-ium** **-ia** **-ium** *Tätigkeit/Ort*
b)	„consul-atus“ (consul) bezeichnet das Amt des „Konsuls“, also das „Konsulat“; ähnlich die Standesbezeichnung „sen-atus“ (senex, sen-is) „Senat“. *Wie hat sich demnach die Bedeutung folgender Substantive entwickelt:* domin-atus (dominus), equit-atus (eques, equit-is), magistr-atus (magister, magistr-i), princip-atus (princeps, princip-is)?	**consul-atus** **-ātus** *Amt/Zustand*

zu **2.1.3** **Beispiele und Übungen**

Die Suffixe **-ulus, -ellus** bezeichnen die Verkleinerungsformen des Grundwortes: „adulescent-ulus“ (adulescens, adulescent-is) ist demnach ein „ganz junger Mensch“, cast-ellum (castrum/castra) ein „kleiner befestigter Ort“, ein „Kastell“. Hierher gehören ursprünglich auch: puella (*feminine Deminutivform* von puer) „Mädchen“; avunc-ulus (avus) „Onkel“ (*wörtl. Bedeutung?*). *Erschließe selbstständig:* ag-ellus (ager), lib-ellus (liber Buch), reg-ulus (rex)	**reg-ulus** **-ulus** **-ellus** *Verkleinerung*

castellum: *castr-ulum > castr-lum > caster-lum > castel-lum; puella: *puer-ulus > puer-lus > puel-lus: puella

2.2 **Adjektive**, die von Substantiven abgeleitet sind, kommen mit einer Vielzahl von Suffixen vor, deren Bedeutungsunterschiede jedoch vielfach nicht sehr ausgeprägt sind.

Sie bezeichnen im Wesentlichen

2.2.1 die **Zugehörigkeit** nach Art und Beschaffenheit

2.2.2 die **Fülle**, große Zahl u. ä.

Die Suffixe treten jeweils an den Wortstock.

zu **2.2.1** **Beispiele und Übungen**

a)	„aur-eus" (aurum) bezeichnet die Eigenschaft eines Gegenstandes, der aus „Gold" besteht, also „golden" (oder „vergoldet") ist. *Leite selbstständig ab:* argent-eus (argentum), ferr-eus (ferrum), lapid-eus (lapis), lign-eus (lignum)	**aur-eus** **-eus** *bestehend aus*
b)	„civ-ilis" (civis) bezeichnet die Eigenschaft eines Nomens, das (nach Art und Beschaffenheit) zum „Bürger" gehört, also „bürgerlich" ist; *ähnlich:* ann-alis (annus) „jährlich", milit-aris (miles, milit-is) „soldatisch", fid-elis (fides) „treu". *Erkläre genauso:* capit-alis (caput, capit-is), consul-aris (consul), famili-aris (familia), host-ilis (hostis), hum-ilis (humus), mort-alis (mors, mort-is), popul-aris (populus), serv-ilis (servus), vir-ilis (vir)	**civ-ilis** **ann-alis** **-īlis** **-ālis** **-ēlis** *zugehörig zu*

militaris < *milit-alis *Dissimilation*; genauso: familiaris, popularis

c)	„reg-ius" (rex, reg-is) bezeichnet die Eigenschaft eines Nomens, das (nach Art und Beschaffenheit) zum „König" gehört, also „königlich" ist. *Erkläre genauso:* patr-ius (pater, patr-is), e|greg-ius (grex, greg-is; *eigtl.* „außerhalb der Herde befindlich"), nefar-ius (nefas), plebe-ius (plebs, *alte Form*: plebes, plebei) Hierher gehören auch die Ableitungen mit dem Suffix **-arius** bzw. **-(t)icus:** volunt-arius (voluntas), domes-ticus (domus), mod-icus (modus), pud-icus (pudor), rus-ticus (rus).	**reg-ius** **-ius** **-ārius** **-(t)icus** *zugehörig zu/ verbunden mit*

nefarius < *nefas-ius *Rhotazismus*; domes-ticus: domus *Vokalschwächung*

zu 2.2.1 Beispiele und Übungen

d)	„hum-anus" (homo; vgl. humus) bezeichnet die Eigenschaft eines Nomens, das (nach Art und Beschaffenheit) zum „Menschen" gehört, also „menschenartig" bzw. „menschlich/gebildet" ist; *ähnlich* (meist bei geographischen Begriffen): terr-enus (terra), vic-inus (vicus; *eigtl.* „zum gleichen Dorf gehörig") „benachbart"; auch bei Eigennamen: Pompei-anus (Pompeius; *eigtl.* „zu Pompejus gehörig") „Anhänger des Pompejus", Rom-anus (Roma), Sull-anus (Sulla). *Erkläre genauso:* urb-anus (urbs) *Erschließe selbstständig:* mont-anus (mons), oppid-anus (oppidum)	**hum-anus** **-ānus** **-ēnus** **-īnus** *zugehörig zu*

Seltener sind Wortbildungen mit folgenden bedeutungsähnlichen Suffixen:
-itimus („im Bereich von"): fin-itimus (finis), leg-itimus (lex, leg-is), mar-itimus (mare)
-uus („zugehörig"): ann-uus (annus), mort-uus (mors, mort-is)
-ester („zugehörig"): equ-ester (equus), ped-ester (pes, ped-is)
-estis („zugehörig"); agr-estis (ager, agr-i), cael-estis (caelum)

zu **2.2.2** **Beispiele und Übungen**

a)	„pericul-osus" (periculum) bezeichnet die Eigenschaft „reich an Gefahren", also „gefährlich". *Erkläre genauso:* copi-osus (copia), form-osus (forma), gener-osus (genus, gener-is; *eigtl.* „reich an vornehmer Abstammung"), odi-osus (odium), oti-osus (otium), studi-osus (studium) *Erschließe selbstständig:* glori-osus (gloria), luxuri-osus (luxuria), pernici-osus (pernicies), preti-osus (pretium), sed|iti-osus (sed|itio)	**pericul-osus** **-ōsus** *reich an*
b)	Ähnliche Bedeutung wie die unter 2.2.2a) erläuterten Adjektive haben die Ableitungen mit dem Suffix **-tus**: „moles-tus" (moles) *eigtl.* „mit Belästigung verbunden", also „lästig". *Erkläre genauso:* modes-tus (modus), sceles-tus (scelus), ius-tus (ius), hones-tus (honos), onus-tus (onus), robus-tus (robur)	**moles-tus** **-tus** *verbunden mit*

modestus: modus, *modes-is (Gen.); vgl. moder-ari < *modes-ari *Rhotazismus*; scelestus: scelus, *sceles-is

2.3 **Verben**, die von Substantiven abgeleitet sind, bezeichnen eine Tätigkeit, deren Verlauf oder Ziel durch das im Grundwort genannte Nomen wesentlich bestimmt wird.

Die Suffixe treten an den Wortstock.

zu **2.3** **Beispiele und Übungen**

a)

„don-are“ (donum) bezeichnet die Tätigkeit, die wesentlich durch ein „Geschenk“ geprägt wird, also „schenken“; ähnlich: vest-ire (vestis) „bekleiden“; manchmal auch Deponens: min-ari (minae) „drohen“.	**don-are** **vest-ire**
Erkläre genauso: arm-are (arma), cur-are (cura), damn-are (damnum; *eigtl.* „schädigen“), fin-ire (finis), form-are (forma), in|flamm-are (flamma), iur-are (ius, iur-is), labor-are (labor), laud-are (laus, laud-is), loc-are (locus), mun-ire (*alte Form* moen-ire; moenia), nomin-are (nomen, nomin-is), numer-are (numerus), nunti-are (nuntius), oner-are (onus, oner-is), pac-are (pax, pac-is), pun-ire (*alte Form* poen-ire; poena), regn-are (regnum), sign-are (signum), son-are (sonus), sper-are (spes), spoli-are (spolia), voc-are (vox, voc-is), vulner-are (vulnus, vulner-is) *Wie hat sich demnach die Bedeutung folgender Verben entwickelt:* ac|cus-are (causa), de|riv-are (rivus), generare (genus), im|ped-ire (pes), in|vestig-are (vestigium)?	**-āre/-īre** *tätig sein durch/an*

sperare <* spes-are *Rhotazismus*; spes: *alter s-Stamm*

b)

Wenn solche Verben von Personenbezeichnungen abgeleitet sind, haben sie die Bedeutung „tätig sein als . . .“: „iudic-are“ (iudex, iudic-is) *eigtl.* „tätig sein als Richter“, d. h. „urteilen, richten“; *ähnlich:* custod-ire (custos, custod-is) „bewachen“; auch als Deponens: comit-ari (comes, comit-is) „begleiten“.	**iudic-are** **serv-ire**
Erkläre genauso: arbitr-ari (arbiter, arbitr-i), domin-ari (dominus), serv-ire (servus), test-ari (testis; „bezeugen“ oder „als Zeugen anrufen“)	**-āre/-īre** *tätig sein als*

3. Ableitungen aus Nominalformen/Adjektiven

3.1 **Substantive**, die von Adjektiven abgeleitet sind, kommen verhältnismäßig häufig vor. Die entsprechenden Suffixe drücken in der Regel die Bedeutung des Adjektivs substantivisch aus (im Dt. oft „-heit, -keit").

Die Suffixe treten an den Wortstock.

zu **3.1** **Beispiele und Übungen**

a) „diligent-ia" (diligens, diligent-is) bezeichnet die substantivisch ausgedrückte Eigenschaft eines „gewissenhaften" Menschen, also die „Gewissenhaftigkeit"; *ähnlich:* laet-itia (laetus) „Fröhlichkeit".

Erkläre genauso:

audac-ia (audax, audac-is), con|cord-ia (con|cors, con|cord-is), divit-iae (dives, divit-is), grat-ia (gratus), ignav-ia (ignavus), iust-itia (iustus), miser-ia (miser), modest-ia (modestus), patient-ia (patiens, patient-is), sapient-ia (sapiens, sapient-is), stult-itia (stultus), superb-ia (superbus)

Erschließe selbstständig:

clement-ia (clemens), constant-ia (constans), per|fid-ia (per|fidus), prudent-ia (prudens), trist-itia (tristis)

diligent-ia
laet-itia

-ia
-itia

substantivierte Eigenschaft

b) Auch Ableitungen mit den Suffixen **-(i)tas** und **-itudo** bezeichnen solche Eigenschaften: dign-itas (dignus) „Würde", alt-itudo (altus) „Höhe".

Erkläre genauso:

dif|ficul-tas (dif|ficilis), grav-itas (gravis), liber-tas (liber), liberal-itas (liberalis), nobil-itas (nobilis), pauper-tas (pauper), pi-etas (pius), util-itas (utilis), vari-etas (varius); ampl-itudo (amplus), fort-itudo (fortis), mult-itudo (multus), sol-itudo (solus)

Erschließe selbstständig:

op|portun-itas (op|portunus), san-itas (sanus), sever-itas (severus), tranquill-itas (tranquillus), ver-itas (verus); lat-itudo (latus), long-itudo (longus), pulchr-itudo (pulcher), simil-itudo (similis), turp-itudo (turpis)

dign-itas
alt-itudo

-(i)tās
-itūdo

substantivierte Eigenschaft

difficultas: difficilis *Vokalverdunkelung*; pietas < *pi-itas, varietas < *vari-itas *Vokalschwächung*

3.2 **Adjektive**, die von Adjektiven abgeleitet sind, kommen nur in Deminutivformen vor, allerdings sehr selten (z. B. parv-ulus; Wortbildung wie bei 2.1.3).

3.3 **Verben**, die von Adjektiven abgeleitet sind, stellen die im Grundwort genannte Eigenschaft als Ziel der Handlung dar.

zu **3.3** **Beispiele und Übungen**

„con|tinu-are" (con|tinu-us) bezeichnet eine Handlung, deren Ziel es ist, bestimmte Dinge zusammenhängend zu machen, also „anzuschließen" bzw. „fortzusetzen"; *ähnlich:* moll-ire (moll-is) „weich machen". *Erkläre genauso:* aequ-are (aequus), com|memor-are (memor), matur-are (maturus), prae|cipit-are (prae|ceps, prae|cipit-is); len-ire (lenis) *Leite selbstständig ab:* alien-are (alienus), nud-are (nudus), e|rud-ire (rudis)	**continu-are** **moll-ire** A **-āre** **-īre** *machen zu*

II. Zusammensetzungen mit Präfixen

1. Zusammensetzungen kommen vor allem bei Verben, aber auch bei Nomina (Substantiven und Adjektiven) vor.

2. Als Präfixe werden im Wesentlichen nur Präpositionen und präpositionsartige Vorsilben verwendet[1]; die Struktur der Wortfügungen ist daher in der Regel recht einfach.

3. Diese Präfixe beeinflussen als Bestimmungswörter oft entscheidend die Bedeutungen der einzelnen Zusammensetzungen, indem sie die Aussage des Grundwortes

3.1 bei Verben (Komposita) **genauer bestimmen** bzw. die **Richtung** der Handlung angeben.

3.2 bei Nomina **verneinen** bzw. ins **Gegenteil** verkehren.

3.3 bei Adjektiven **verstärken** bzw. steigern.

---

[1]) Es gibt auch Zusammensetzungen, deren Bestimmungswörter (Vorsilben) aus Nomina bzw. Adverbien gebildet sind (z. B. agri-cola, magni-ficus, bene-ficus). Sie sind aber vergleichsweise selten.

zu **3.1** **Beispiele und Übungen**

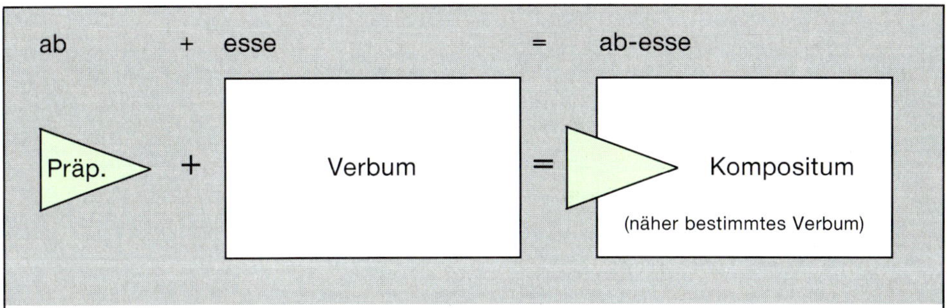

Durch die Zusammensetzung mit der Präposition „ab“, („weg-“) wird das Grundwort „esse“ („sein“) genauer bestimmt; „ab-esse“ bedeutet also „abwesend sein“; ähnlich: „inter-esse“ „dazwischen sein, dabei-sein“; „per-ducere“ „(bis zum Ende) durch-führen“.

Erkläre genauso:

ad-dere[1] (dare), ad-imere (emere; *eigtl.* „an sich nehmen“), af-ficere (*ad-facere), ante-ponere; as-sentiri (sentire); circum-venire; com-ponere[2], con-cludere (claudere), col-loqui, cor-rumpere; de-cedere („weg-“), de-silire (salire; „herab-“); e-ducere, ef-fugere, ex-haurire; im-pendēre, in-stituere (statuere); ob-oedire (audire), oc-currere, of-ferre; prae-stare; pro-hibere (habere), sub-venire, suc-cedere, suf-ficere (facere), sus-tinere (tenere); tra-dere (dare), trans-ire

Hierher gehören auch Zusammensetzungen von Verben mit den Vorsilben **di(s)-** („auseinander-, weg- von“), **re(d)-** („zurück-, wieder-“), **se(d)-** („beiseite-“): „dis-serere“ (*eigtl.* „auseinander-reihen“) „erörtern“; „re-ferre“ „zurück-tragen“, („eine Botschaft zurückbringen“), „melden“; „se-cernere“ „ab-sondern“.

Erkläre genauso:

dif-ferre (*2 Bedeutungen*!), dif-fundere, di-ligere (legere), di-spergere (spargere); re-cedere, re-cordari (*eigtl.* „wieder ins Bewusstsein bringen“), re-ficere (facere); se-cedere, se-parare

1) Assimilation, Vokalschwächung und Annäherung von Konsonanten kommen bei Zusammensetzungen sehr häufig vor.
2) com- < cum-; nach Angleichung von Konsonanten bzw. Assimilation con-, col-, cor-.

zu **3.2** **Beispiele und Übungen**

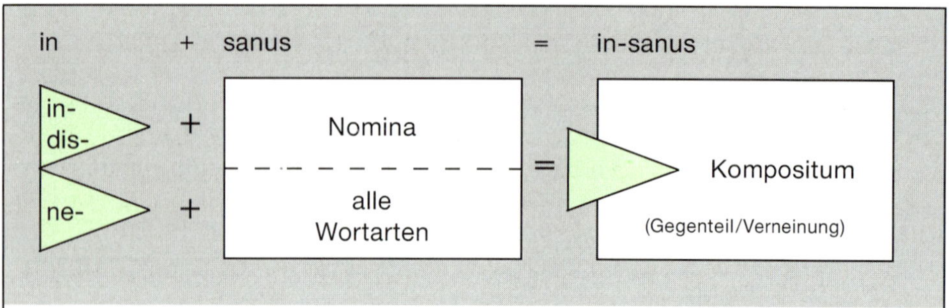

Bei **Nomina** bewirken die Präfixe **in-** und **dis- (anders als bei Verben)** eine Verneinung des Grundwortes:
„in-certus" „un-gewiss"; „in-iuria" „Unrecht"; „dis-similis" „un-ähnlich".

Erkläre genauso:

in-firmus, in-gratus, im-probus, in-iquus (aequus), in-sanus; dif-ficilis (facilis)

Grundwörter **aller** Art werden durch das Präfix **ne(g)-** verneint:
„ne-scire" „nicht wissen"; „ne-cessarius" (cedere) „un-ausweichlich", „notwendig"; „neg-otium" (*eigtl.* „Nicht-Muße"), „Beschäftigung"; „ne-uter" „keiner von beiden".

Erkläre genauso:

ne-quire, neg-legere, ne-farius, nullus (*ne-ullus), ne-mo (*ne-hemo < ne-homo), nisi < *ne-si, non < *ne-oenum (ne-unum)

Vereinzelt gibt es in „verneinender" Bedeutung auch Wortbildungen mit dem Präfix **se-** (i. S. v. „ohne"; vgl. Beispiele und Übungen zu 3.1): „se-curus" (vgl. cura) „sorg-los".

zu **3.3** **Beispiele und Übungen**

Bei **Adjektiven und Verben** wird durch die Präfixe **per-** und **prae-** manchmal eine Verstärkung bzw. Steigerung ausgedrückt:
„per-pauci" „sehr wenige"; *ähnlich:* per-facilis, per-magnus, per-multi; per-discere („gründlich lernen"), per-movere („heftig bewegen"), „prae-clarus" (*eigtl.* „sehr berühmt") „ausgezeichnet".

Durch die **Verbindung von zwei selbstständigen Wörtern** entstehen öfter feststehende Ausdrücke, die dann durch Zusammenschreibung als Gesamtbegriff ausgewiesen werden. Diese Art der Zusammensetzung, die bei allen Wortarten vorkommt, nennt man **„Zusammenrückung".**

Beispiele:

agri-cultura, ius-iurandum; anim-advertere < animum advertere, satis-facere; magn-opere < magno opere, quem-admodum, quo-modo, sci-licet < scire licet, qui-vis, quam-vis, tamquam.

WORTBEDEUTUNGSLEHRE

Die meisten lateinischen Wörter lassen sich nicht mit einem einzigen deutschen Wort wiedergeben; man braucht oft zwei oder mehr Bedeutungen, wenn man den Anwendungsbereich treffen will. Unter Umständen hat ein Wort im Lateinischen zwei sich scheinbar ausschließende Bedeutungen, so dass man nur aus dem Zusammenhang des Textes erklären kann, welche von beiden passt.

Manchmal haben sich auch die Bedeutungsbereiche einzelner Wörter verschoben, wenn sich etwa die gesellschaftlichen oder kulturellen Gegebenheiten geändert hatten.

1. Manche Wörter erfahren einen **Bedeutungswandel.**

			ursprünglich:	*später:*
agere	treiben	ager[1]	„Trift“, Weide	Acker, Feld
forma	Gestalt	formosus	gestaltet	wohlgestaltet, schön
pecus	Vieh	pecunia[1]	„Viehbestand“ als Vermögen	Geld
os	Mund	orare[2]	„den Mund auftun“ (laut sprechen, in der Öffentlichkeit reden)	beten, bitten
supplex	kniefällig	supplicium[3]	das Niederknien (als Zeichen des demütigen Wartens auf körperliche Strafe)	Strafe (Todesstrafe) **und** demütiges Gebet

2. Von einer **Bedeutungsverengung** spricht man, wenn der Anwendungsbereich eines Wortes spezieller wird. Wenn ein Wort hauptsächlich oder ausschließlich von einer bestimmten Berufsgruppe gebraucht wird, entwickelt sich der ursprüngliche Bedeutungsumfang allmählich immer mehr nach der speziellen Sprachregelung dieser Gruppe.

	allgemeine Bedeutung:	*spezielle Bedeutung:*
arma	Geräte, Ausrüstung	Waffen (Ausrüstung des Kriegers)
ars	Geschicklichkeit, Fertigkeit	Kunst (Geschicklichkeit, Können des Künstlers)
auctor	Mehrer, Förderer	Verfasser, Schriftsteller
faber	Handwerker, Arbeiter,	Schmied, Zimmermann, Künstler
ludus	(Kinder-)Spiel	Schule, Gladiatorenschule
ornare	ausstatten	schmücken

[1]) Wir können z. B. annehmen, dass die lateinische Sprache auch von Gruppen gesprochen wurde, die ein nomadenhaftes Leben führten. Als sie sesshaft wurden, wandten sie alte Bezeichnungen für neue Begriffe an.

[2]) Vermutlich handelte es sich um die Aufgabe des *Vor*-beters bei einer liturgischen Handlung. Das von *orare* abgeleitete Substantiv *orator* lässt nichts mehr vom Gebet erkennen; es bezeichnet den Mann, der in der politischen Versammlung tätig ist, den *Redner*.

[3]) Vgl. R. Heinze, Vom Geist des Römertums, Darmstadt 1960 3. Aufl. S. 28 ff. – Die beiden Bedeutungen kann man unmittelbar hintereinander in der Rede Catos bei Sallust antreffen: Coni. Cat. 52.

3. Von einer **Bedeutungserweiterung** spricht man, wenn eine besondere oder übertragene Bedeutung zu der ursprünglichen hinzukommt, die allgemeine Bedeutung jedoch daneben erhalten bleibt.

	allgemeine Bedeutung:	*besondere oder übertragene Bedeutung:*
auctor	Mehrer, Förderer	Urheber
ferrum	Eisen	Schwert (verarbeitetes Eisen)
cornu	Horn	Heeresflügel (in der Formation eines seitlich herausragenden Horns)
caput	Kopf, Haupt	Hauptstadt (wichtigster Teil eines Gebietes) Gipfel („Kopf" eines Berges) Quelle („Kopf" eines Flusses) Leben des Bürgers (Kopf als Träger der Rechtspersönlichkeit)
detrimentum	der Abrieb (z. B. an der Pflugschar beim Pflügen)	Verlust, Schaden
firmare	stärken, befestigen	bekräftigen, bestätigen
forma	Form, Gestalt, Figur	schöne Gestalt, Schönheit Art, Beschaffenheit, Gepräge
ludus	Spiel (als Erholung)	Scherz, Spaß Wettkampf
tormentum	Mittel zum Drehen	Wurfmaschine (mit gedrehten Seilen) Folter(gerät), Folter

In vielen Fällen ist es uns nicht möglich, den Weg des Bedeutungswandels nachzuvollziehen. Es bleibt aber eine reizvolle Aufgabe die Fülle der möglichen Bedeutungen zu entdecken und so Einblicke in die Denkweise des römischen Volkes zu gewinnen.

FREMDWÖRTER

Die folgenden Zusammenstellungen wollen an einigen Beispielen aus wichtigen Bereichen zeigen, wie die Kenntnis des lateinischen Wortschatzes zum aktiven und passiven Fremdwortverständnis hinführen kann. Als Orientierungshilfe sind jeweils neben den Fremdwörtern die zugrunde liegenden Wörter angegeben.

Die angegebenen lateinischen Wörter richten sich nach dem Bestand des „Münchner Wortschatzes". Ableitungen bzw. Zusammensetzungen, die selbst erschlossen werden können, sind durch Trennstriche bzw. Kommata verdeutlicht.

Die ausgewählten Fremdwörter stammen aus den Bereichen:

1. Mathematik
2. Biologie
3. Medizin
4. Recht
5. Psychologie
6. Wirtschaft
7. Politik

1. Mathematik

Abszisse	ab|scindere
Addition	addere
aequivalent	aequus, valere
Amplitude	amplitudo
approximativ	ad, proximus
Computer	computare
Differenz	differre
Dividend	dividere
Divisor	dividere
Exponent	exponere
Faktor	facere
Funktion	fungi
identisch	idem
Infinitesimalrechnung	infinitus
Koeffizient	cum, efficere
Komplement	complere
Komponente	componere
Koordinate	cum, ordo
Minus	minus
Multiplikation	multiplex
negativ	negare
Null	nullus
numerisch	numerus
Operator	opera
Ordinate	ordo
Plus	plus
positiv	ponere
Potenz	potentia
Prozent	pro, centum
Quadrat	quadratus
Quote	quot/quotus
Quotient	quotiens
Radius	radius
Resultat	re-, saltare
Segment	secare
Sinus	sinus
Subtraktion	sub|trahere
Summe	summa
Tangente	tangere
Vektor	vehi

2. Biologie

<table>
<tr><td>Aberration</td><td>ab|errare</td></tr>
<tr><td>Akkomodation</td><td>accomodare</td></tr>
<tr><td>aktiv</td><td>agere</td></tr>
<tr><td>Assimilation</td><td>ad, similis</td></tr>
<tr><td>Aurikel</td><td>auris</td></tr>
<tr><td>Bazillen</td><td>baculum</td></tr>
<tr><td>bipolar</td><td>bis, polus</td></tr>
<tr><td>Defekt</td><td>deficere</td></tr>
<tr><td>Dentition</td><td>dens</td></tr>
<tr><td>Derivat</td><td>derivare</td></tr>
<tr><td>Deszendenz</td><td>descendere</td></tr>
<tr><td>Dominanz</td><td>dominari</td></tr>
<tr><td>Extremität</td><td>extremus</td></tr>
<tr><td>Filialgeneration</td><td>filius, generare</td></tr>
<tr><td>Flora</td><td>flos</td></tr>
<tr><td>Formation</td><td>forma</td></tr>
<tr><td>Fossilien</td><td>fodere</td></tr>
<tr><td>Fructose</td><td>fructus</td></tr>
<tr><td>Herbizid</td><td>herba, caedere</td></tr>
<tr><td>Hominiden</td><td>homo</td></tr>
<tr><td>Kadaver</td><td>cadaver</td></tr>
<tr><td>Kapillaren</td><td>capillus</td></tr>
<tr><td>Lokomotion</td><td>locus, movere</td></tr>
<tr><td>Mutation</td><td>mutare</td></tr>
<tr><td>okulieren</td><td>oculus</td></tr>
<tr><td>Ovarium</td><td>ovum</td></tr>
<tr><td>ovipar</td><td>ovum, parere</td></tr>
<tr><td>Population</td><td>populus</td></tr>
<tr><td>Primaten</td><td>primus</td></tr>
<tr><td>radial</td><td>radius</td></tr>
<tr><td>Relikt</td><td>relinquere</td></tr>
<tr><td>Reptil</td><td>repere</td></tr>
<tr><td>resistent</td><td>resistere</td></tr>
<tr><td>rudimentär</td><td>rudis</td></tr>
<tr><td>Sekret</td><td>secernere</td></tr>
<tr><td>Sensillen</td><td>sensus</td></tr>
<tr><td>spezifisch</td><td>species</td></tr>
<tr><td>Sterilität</td><td>sterilis</td></tr>
<tr><td>Struktur</td><td>struere</td></tr>
<tr><td>Substrat</td><td>sub|sternere</td></tr>
<tr><td>Testikel</td><td>testis</td></tr>
<tr><td>Ubiquisten</td><td>ubique</td></tr>
<tr><td>Vakuolen</td><td>vacuus</td></tr>
<tr><td>vasomotorisch</td><td>vas, movere</td></tr>
<tr><td>ventral</td><td>venter</td></tr>
<tr><td>Vertebraten</td><td>vertere</td></tr>
<tr><td>Vitamine</td><td>vita</td></tr>
<tr><td>vivipar</td><td>vivus, parere</td></tr>
</table>

3. Medizin

<table>
<tr><td>Abszess</td><td>abs|cedere</td></tr>
<tr><td>akut</td><td>acutus</td></tr>
<tr><td>Albinismus</td><td>albus</td></tr>
<tr><td>Akupunktur</td><td>acus, pungere</td></tr>
<tr><td>Ambulanz</td><td>ambulare</td></tr>
<tr><td>Amputation</td><td>amputare</td></tr>
<tr><td>Approbation</td><td>approbare</td></tr>
<tr><td>degenerativ</td><td>de|generare</td></tr>
<tr><td>Digitalis</td><td>digitus</td></tr>
<tr><td>Dilatation</td><td>dis-, latus</td></tr>
<tr><td>Disposition</td><td>disponere</td></tr>
<tr><td>Dr. med. = doctor medicinae</td><td>docere, medicina</td></tr>
<tr><td>Exitus</td><td>exitus</td></tr>
<tr><td>expektorieren</td><td>ex, pectus</td></tr>
<tr><td>Extraktion</td><td>ex|trahere</td></tr>
<tr><td>Exzision</td><td>ex|cidere</td></tr>
<tr><td>Facialis</td><td>facies</td></tr>
<tr><td>Fontanelle</td><td>fons</td></tr>
<tr><td>Fraktur</td><td>frangere</td></tr>
<tr><td>Genitalien</td><td>gignere</td></tr>
<tr><td>Hospital</td><td>hospes</td></tr>
<tr><td>immunisieren</td><td>immunis</td></tr>
<tr><td>Indikation</td><td>indicare</td></tr>
<tr><td>Infektion</td><td>in|ficere</td></tr>
<tr><td>Infusion</td><td>in|fundere</td></tr>
<tr><td>Injektion</td><td>inicere</td></tr>
<tr><td>Inkubation</td><td>in|cubare</td></tr>
<tr><td>Insuffizienz</td><td>in, sufficere</td></tr>
<tr><td>intravenös</td><td>intra, vena</td></tr>
<tr><td>Invalide</td><td>in|validus</td></tr>
<tr><td>Kalorie</td><td>calor</td></tr>
<tr><td>Kollaps</td><td>col|labi</td></tr>
<tr><td>Kompresse</td><td>comprimere</td></tr>
<tr><td>Konvulsion</td><td>con|vellere</td></tr>
<tr><td>Koronargefäße</td><td>corona</td></tr>
<tr><td>latent</td><td>latere</td></tr>
<tr><td>Lokalisation</td><td>locus</td></tr>
<tr><td>Lunula</td><td>luna</td></tr>
<tr><td>Medizin</td><td>medicina</td></tr>
<tr><td>Menstruation</td><td>mensis</td></tr>
<tr><td>Nihilitis</td><td>nihil</td></tr>
<tr><td>Obduktion</td><td>ob|ducere</td></tr>
<tr><td>oral</td><td>os, oris</td></tr>
<tr><td>Ovulation</td><td>ovum</td></tr>
<tr><td>Patient</td><td>patiens</td></tr>
<tr><td>Präparat</td><td>praeparare</td></tr>
<tr><td>Puls</td><td>pellere</td></tr>
<tr><td>Purgativum</td><td>purgare</td></tr>
<tr><td>Reflex</td><td>re|flectere</td></tr>
<tr><td>Rekonvaleszent</td><td>re-, convalescere</td></tr>
<tr><td>rektal</td><td>rectus</td></tr>
</table>

<table>
<tr><td>Resektion</td><td>re|secare</td></tr>
<tr><td>Retardation</td><td>re-, tardus</td></tr>
<tr><td>Rezept</td><td>recipere</td></tr>
<tr><td>Sanatorium</td><td>sanare</td></tr>
<tr><td>Sedativum</td><td>sedare</td></tr>
<tr><td>Solarium</td><td>sol</td></tr>
<tr><td>Station</td><td>statio</td></tr>
<tr><td>Stimulator</td><td>stimulus</td></tr>
<tr><td>Suppositorium</td><td>sup|ponere</td></tr>
<tr><td>Tablette</td><td>tabula</td></tr>
<tr><td>Tinktur</td><td>tingere</td></tr>
<tr><td>Transpiration</td><td>trans, spirare</td></tr>
<tr><td>Transplantation</td><td>trans, planta</td></tr>
<tr><td>Trigeminus</td><td>tres, geminus</td></tr>
<tr><td>Tumor</td><td>tumor</td></tr>
<tr><td>Visite</td><td>visere</td></tr>
<tr><td>Vivisektion</td><td>vivus, secare</td></tr>
</table>

4. Recht

<table>
<tr><td>Advokat</td><td>advocare</td></tr>
<tr><td>Akte</td><td>agere</td></tr>
<tr><td>Appellationsgericht</td><td>appellare</td></tr>
<tr><td>Assessor</td><td>as|sidere</td></tr>
<tr><td>Gesetzesnovelle</td><td>novus</td></tr>
<tr><td>Indemnität</td><td>in, damnum</td></tr>
<tr><td>Jurist</td><td>ius</td></tr>
<tr><td>Jurisdiktion</td><td>ius, dicere</td></tr>
<tr><td>Jurisprudenz</td><td>ius, prudentia</td></tr>
<tr><td>Justiz</td><td>iustitia</td></tr>
<tr><td>Kasuistik</td><td>casus</td></tr>
<tr><td>Kaution</td><td>cavere</td></tr>
<tr><td>Klausel</td><td>claudere</td></tr>
<tr><td>Klient</td><td>cliens</td></tr>
<tr><td>Kontrahent</td><td>contrahere</td></tr>
<tr><td>Kontrakt</td><td>contrahere</td></tr>
<tr><td>Kriminalfall</td><td>crimen</td></tr>
<tr><td>legal</td><td>lex</td></tr>
<tr><td>Legitimation</td><td>legitimus</td></tr>
<tr><td>Mandant</td><td>mandare</td></tr>
<tr><td>Präzedenzfall</td><td>prae|cedere</td></tr>
<tr><td>Prozess</td><td>procedere</td></tr>
<tr><td>Revision</td><td>re|visere</td></tr>
<tr><td>Senat</td><td>senatus</td></tr>
<tr><td>Testament</td><td>testamentum</td></tr>
<tr><td>Verbalinjurie</td><td>verbum, iniuria</td></tr>
</table>

5. Psychologie

<table>
<tr><td>abreagieren</td><td>re-, agere</td></tr>
<tr><td>Adaption</td><td>ad, aptus</td></tr>
<tr><td>Aggression</td><td>aggredi</td></tr>
<tr><td>Affekt</td><td>afficere</td></tr>
<tr><td>Akkomodation</td><td>accomodare</td></tr>
<tr><td>altruistisch</td><td>alter</td></tr>
<tr><td>Animosität</td><td>animus</td></tr>
<tr><td>Aversion</td><td>avertere</td></tr>
<tr><td>Depression</td><td>de|primere</td></tr>
<tr><td>Efferenz</td><td>efferre</td></tr>
<tr><td>Effektor</td><td>efficere</td></tr>
<tr><td>Emotion</td><td>ex, movere</td></tr>
<tr><td>Exploration</td><td>explorare</td></tr>
<tr><td>Extinktion</td><td>exstinguere</td></tr>
<tr><td>Falsifikation</td><td>falsus, facere</td></tr>
<tr><td>Fixierung</td><td>figere</td></tr>
<tr><td>Frigidität</td><td>frigidus</td></tr>
<tr><td>Frustration</td><td>frustra</td></tr>
<tr><td>Hospitalismus</td><td>hospes</td></tr>
<tr><td>Illusion</td><td>illudere</td></tr>
<tr><td>Imitation</td><td>imitari</td></tr>
<tr><td>Immanenz</td><td>in, manere</td></tr>
<tr><td>imponieren</td><td>imponere</td></tr>
<tr><td>Impuls</td><td>impellere</td></tr>
<tr><td>Individuum</td><td>in, dividere</td></tr>
<tr><td>Infantilismus</td><td>infans</td></tr>
<tr><td>Indolenz</td><td>in, dolere</td></tr>
<tr><td>Initiation</td><td>initium</td></tr>
<tr><td>Intellekt</td><td>intellegere</td></tr>
<tr><td>Intelligenz</td><td>intellegere</td></tr>
<tr><td>Intention</td><td>intendere</td></tr>
<tr><td>Interdependenz</td><td>inter, dependere</td></tr>
<tr><td>intermediär</td><td>inter, medius</td></tr>
<tr><td>Introspektion</td><td>intro|spicere</td></tr>
<tr><td>Intuition</td><td>intueri</td></tr>
<tr><td>Irritation</td><td>irritare</td></tr>
<tr><td>Kohärenz</td><td>co|haerere</td></tr>
<tr><td>Kommunikation</td><td>communis</td></tr>
<tr><td>Konflikt</td><td>confligere</td></tr>
<tr><td>Konstellation</td><td>cum, stella</td></tr>
<tr><td>Konvergenz</td><td>cum, vergere</td></tr>
<tr><td>Kreativität</td><td>creare</td></tr>
<tr><td>Labilität</td><td>labi</td></tr>
<tr><td>Meditation</td><td>meditari</td></tr>
<tr><td>Mentalität</td><td>mens</td></tr>
<tr><td>Motiv</td><td>movere</td></tr>
<tr><td>Motivation</td><td>movere</td></tr>
<tr><td>Motorik</td><td>movere</td></tr>
<tr><td>primitiv</td><td>primus</td></tr>
<tr><td>Projektion</td><td>proicere</td></tr>
<tr><td>prospektiv</td><td>prospicere</td></tr>
<tr><td>Reminiszenz</td><td>reminisci</td></tr>
</table>

<table>
<tr><td>Resozialisierung</td><td>re-, socius</td></tr>
<tr><td>Sanguiniker</td><td>sanguis</td></tr>
<tr><td>Somnambulismus</td><td>somnus, ambulare</td></tr>
<tr><td>Subkultur</td><td>sub, cultura</td></tr>
<tr><td>Temperament</td><td>temperare</td></tr>
<tr><td>Test</td><td>testis</td></tr>
<tr><td>Transparenz</td><td>trans, parere</td></tr>
<tr><td>Transvestit</td><td>trans, vestire</td></tr>
<tr><td>Verbalsuggestion</td><td>verbum, sug|gerere</td></tr>
<tr><td>Vigilanz</td><td>vigilare</td></tr>
<tr><td>Virilismus</td><td>virilis</td></tr>
</table>

6. Wirtschaft

<table>
<tr><td>Aktie</td><td>agere</td></tr>
<tr><td>Apparat</td><td>apparatus</td></tr>
<tr><td>Assekuranz</td><td>ad, securus</td></tr>
<tr><td>Auktion</td><td>augere</td></tr>
<tr><td>Bonität</td><td>bonus</td></tr>
<tr><td>Damnum</td><td>damnum</td></tr>
<tr><td>Defizit</td><td>deficere</td></tr>
<tr><td>degressiv</td><td>de|gredi</td></tr>
<tr><td>Direktorium</td><td>dirigere</td></tr>
<tr><td>Emission</td><td>emittere</td></tr>
<tr><td>Experte</td><td>experiri</td></tr>
<tr><td>Export</td><td>exportare</td></tr>
<tr><td>Extension</td><td>ex|tendere</td></tr>
<tr><td>Fusion</td><td>fundere</td></tr>
<tr><td>Immobilien</td><td>im|mobilis</td></tr>
<tr><td>Import</td><td>importare</td></tr>
<tr><td>Industrie</td><td>industria</td></tr>
<tr><td>Inflation</td><td>in|flare</td></tr>
<tr><td>Investition</td><td>in, vestire</td></tr>
<tr><td>Kapazität</td><td>capere</td></tr>
<tr><td>Kapital</td><td>capitalis</td></tr>
<tr><td>kommerziell</td><td>commercium</td></tr>
<tr><td>Konkurrenz</td><td>concurrere</td></tr>
<tr><td>Konsum</td><td>consumere</td></tr>
<tr><td>Kontingent</td><td>contingere</td></tr>
<tr><td>Konzern</td><td>cum, cernere</td></tr>
<tr><td>Kooperation</td><td>cum, opera</td></tr>
<tr><td>Kredit</td><td>credere</td></tr>
<tr><td>Kurs</td><td>cursus</td></tr>
<tr><td>liquidieren</td><td>liquidus</td></tr>
<tr><td>Merkantilismus</td><td>merx</td></tr>
<tr><td>Montan-Union</td><td>mons, unus</td></tr>
<tr><td>Moratorium</td><td>mora</td></tr>
<tr><td>Notierung</td><td>notare</td></tr>
<tr><td>Obligation</td><td>obligare</td></tr>
<tr><td>Offerte</td><td>offerre</td></tr>
<tr><td>Option</td><td>optare</td></tr>
<tr><td>Produktion</td><td>producere</td></tr>
<tr><td>Projekt</td><td>proicere</td></tr>
<tr><td>prolongieren</td><td>pro, longus</td></tr>
<tr><td>Regress</td><td>re|gredi</td></tr>
<tr><td>Reklame</td><td>re|clamare</td></tr>
<tr><td>Restriktion</td><td>re|stringere</td></tr>
<tr><td>Rezession</td><td>re|cedere</td></tr>
<tr><td>solvent</td><td>solvere</td></tr>
<tr><td>Stabilität</td><td>stabilis</td></tr>
<tr><td>Stagnation</td><td>stagnum</td></tr>
<tr><td>Statistik</td><td>status</td></tr>
<tr><td>Steuerprogression</td><td>progredi</td></tr>
<tr><td>Subvention</td><td>subvenire</td></tr>
<tr><td>Tendenz</td><td>tendere</td></tr>
<tr><td>Valuta</td><td>valere</td></tr>
</table>

7. Politik

<table>
<tr><td>Adhoc-Programm</td><td>ad hoc</td></tr>
<tr><td>Aktion</td><td>actio</td></tr>
<tr><td>Aktualität</td><td>agere</td></tr>
<tr><td>Alternative</td><td>alter</td></tr>
<tr><td>Argumentation</td><td>argumentum</td></tr>
<tr><td>Aspekt</td><td>aspicere</td></tr>
<tr><td>bilateral</td><td>bis, latus</td></tr>
<tr><td>Demonstration</td><td>demonstrare</td></tr>
<tr><td>Direktorium</td><td>dirigere</td></tr>
<tr><td>Dissens</td><td>dis|sentire</td></tr>
<tr><td>Emanzipation</td><td>ex, mancipium</td></tr>
<tr><td>Föderation</td><td>foedus, foederis</td></tr>
<tr><td>Fraktion</td><td>frangere</td></tr>
<tr><td>Gremium</td><td>gremium</td></tr>
<tr><td>Immunität</td><td>immunis</td></tr>
<tr><td>Information</td><td>in|formare</td></tr>
<tr><td>Interpellation</td><td>interpellare</td></tr>
<tr><td>Intervention</td><td>inter|venire</td></tr>
<tr><td>Intoleranz</td><td>tolerare</td></tr>
<tr><td>Junktim</td><td>iungere</td></tr>
<tr><td>Koalition</td><td>co|alescere</td></tr>
<tr><td>Koexistenz</td><td>cum, existere</td></tr>
<tr><td>Kollegium</td><td>collega</td></tr>
<tr><td>Kommission</td><td>committere</td></tr>
<tr><td>Kommune</td><td>communis</td></tr>
<tr><td>Kommunismus</td><td>communis</td></tr>
<tr><td>Kompromiss</td><td>cum, promittere</td></tr>
<tr><td>Konferenz</td><td>conferre</td></tr>
<tr><td>Konflikt</td><td>confligere</td></tr>
<tr><td>Konfrontation</td><td>cum, frons</td></tr>
<tr><td>Konjunktur</td><td>coniungere</td></tr>
<tr><td>Konsens</td><td>consentire</td></tr>
</table>

konservativ	conservare
Kontroverse	controversia
Korruption	corrumpere
Kriminalität	crimen
Labilität	labi
Legislative	lex, ferre
liberal	liberalis
Majorität	maior
Mandat	mandatum
Militarismus	militaris
Ministerium	ministerium
Minorität	minor
Neutralität	neuter
Obstruktion	ob | struere
Offensive	offendere
Opposition	opponere
paritätisch	par
Partei	partes
Pazifist	pax, facere
Petition	petitio
Plazet	placet
Präsenz	praesens
Präsident	praesidere
Presse	premere
Pression	premere
progressiv	progredi
Provokation	provocare
Qualifikation	qualis, facere
reaktionär	re-, agere
Reform	re | formare
Repräsentant	re-, praesens
Republik	res publica
Resolution	re | solvere
Rezession	recedere
Sekretariat	secretum
Sozialpartner	socius, pars
Statusquo	status quo
Territorium	terra
Ultimatum	ultimus
Utilitarist	utilis
Vizepräsident	vicis, praesidere
Zivilisation	civilis

REGISTER

Die als Leitsymbol verwendete Buchstaben-Zahlenkombination gibt jeweils den Anfangsbuchstaben und die fortlaufende Nummerierung der Wortfamilie an, in der das Wort nachgeschlagen werden kann. Fettdruck des Buchstabens verdeutlicht den Anlaut des Leitwortes, Fettdruck der Zahl kennzeichnet ein Leitwort.

A

Q

T